西安交通大学人文社会科学学术著作出版基金
中央高校基本科研业务费专项资金　　资助

质量管理实践对企业创新绩效的作用机理研究

ZHILIANG GUANLI SHIJIAN DUI QIYE CHUANGXIN JIXIAO DE ZUOYONG JILI YANJIU

孙　卫　马　啸　杨军红　著

西安交通大学出版社
XI'AN JIAOTONG UNIVERSITY PRESS

图书在版编目(CIP)数据

质量管理实践对企业创新绩效的作用机理研究 / 孙
卫,马啸,杨军红著. --西安：西安交通大学出版社，
2025.4. -- ISBN 978-7-5693-4047-1

Ⅰ. F279.23

中国国家版本馆 CIP 数据核字第 2025VZ8614 号

书　　名	质量管理实践对企业创新绩效的作用机理研究
	ZHILIANG GUANLI SHIJIAN DUI QIYE CHANGXIN
	JIXIAO DE ZUOYONG JILI YANJIU
著　　者	孙　卫　马　啸　杨军红
责任编辑	魏照民
责任校对	郭　剑
封面设计	任加盟
出版发行	西安交通大学出版社
	(西安市兴庆南路 1 号　邮政编码 710048)
网　　址	http://www.xjtupress.com
电　　话	(029)82668357　82667874(市场营销中心)
	(029)82668315(总编办)
传　　真	(029)82668280
印　　刷	广东虎彩云印刷有限公司
开　　本	700 mm×1000 mm　1/16　印张 13.875　字数 274 千字
版次印次	2025 年 4 月第 1 版　　2025 年 4 月第 1 次印刷
书　　号	ISBN 978-7-5693-4047-1
定　　价	89.90 元

如发现印装质量问题,请与本社市场营销中心联系。
订购热线:(029)82665248　(029)82667874
投稿热线:QQ897899804
读者信箱:897899804@qq.com

序　言

当前,中国经济发展已由高速增长阶段转向高质量发展阶段。在此新常态下,提升质量与效益成为企业发展的核心命题。实践中,质量管理日益被企业视为战略性改进工具:通过提供满足顾客需求的高质量产品,结合渐进性创新,企业得以构建竞争优势、实现可持续发展。面对全球竞争环境的不确定性,创新更被视为企业获取持续竞争优势的关键准则。

然而,质量管理实践与创新绩效的关系仍是学术界的争议焦点。现有研究存在显著分歧:部分学者认为质量管理实践促进创新绩效,另一部分学者则指出其可能抑制创新。这种理论分歧导致企业实践者陷入"是否继续推行质量管理"的决策困境。因此,厘清二者关系已成为学界、企业界及政策制定者亟待解决的重要课题。

基于此,本研究以中国本土企业为样本,整合资源基础观、组织学习理论、动态能力理论和知识基础观,构建"质量管理实践—创新绩效"的理论模型。通过实证分析,揭示二者作用机理,为创新管理与质量管理理论提供新见解,并为政策制定提供依据。

为此,我们以中国本土企业为研究对象,从企业资源禀赋的视角出发,在大量文献回顾的基础上,基于资源基础观、组织学习理论、动态能力理论、知识基础观,构建了质量管理实践对创新绩效影响的整体模型和分析框架,通过对本土企业问卷调查和假设验证,探索了中国企业质量管理实践与创新绩效的内在逻辑关系与作用规律,进一步丰富创新管理与质量管理理论,为国家、企业相关政策的制定提供了依据。

一、本书主要研究内容

本书包括 7 章,主要研究内容如下。

1. 不同分级水平下质量管理实践对创新绩效的影响研究

鉴于目前学术界对"质量管理实践对创新绩效的影响"这一问题上没有达成共识,因此该领域研究的首要问题就是确定两者的关系[桑托斯等(Santos et al.,2007)]。因此,本书引入质量管理成熟度概念,根据质量管理实践活动的实施情况,通过聚类分析的方法,将企业质量管理成熟度划分为不同的级别,并讨论不同级别企业簇间的质量管理特点与差异,更加清晰地揭示质量管理实践与企业创新绩效的关系。

2.资源禀赋视角下质量管理实践对创新绩效的作用特征和作用机理研究

本书从资源类型和作用模式两个方面入手分析了企业资源禀赋,按照"企业不同资源—资源获取的不同模式—资源匹配的不同模式—利用资源形成不同能力的构建模式"的逻辑主线,将企业资源禀赋分为技术资源、网络资源、知识资源与市场资源四个维度,从企业资源禀赋的本质和质量管理成熟度分级水平入手,厘清质量管理实践、资源禀赋与创新绩效的内在逻辑关系与演变规律,为企业整合资源,提升企业创新绩效提供坚实的理论基础。

3.不同情境条件下质量管理实践、资源禀赋对创新绩效的作用机理研究

现有研究尚未考虑市场竞争强度因素、区域经济因素与开放式创新因素作为情境变量,探究不同内外部环境下质量管理实践、资源禀赋对创新绩效的作用机理。首先,研究不同市场竞争强度下,不同资源对质量管理实践与企业创新绩效的影响,验证了不同市场竞争强度对上述关系不同的调节影响;其次,研究不同区域经济水平下,质量管理实践、资源禀赋对企业创新绩效的影响,验证不同区域经济水平对质量管理实践、资源禀赋和创新绩效的作用机制;第三,研究不同开放式创新类型下质量管理实践、资源禀赋对创新绩效的影响机制。

4.政策建议

根据研究结果,首先,对中国企业不同分级下质量管理实践对创新绩效的作用规律进行系统总结,为企业创新绩效提升,提供质量管理和资源整合的新路径;其次,通过总结不同资源禀赋条件下质量管理实践对创新绩效的作用机理,明晰三者之间的关系,有助于为政府和企业提供政策支持;最后,为各级政府建立健全不同区域发展水平、平衡市场竞争强度、发挥好开放式创新作用提供相应参考,从而推动国家质量强国战略实施和整体创新水平提升,并促进区域创新能力的协调发展。

二、本书的研究结论

本书主要研究结论如下:

(1)成熟度分级下质量管理实践对创新绩效的影响研究。引入质量管理成熟度概念,以本土企业为研究对象,对其质量管理实践水平进行分级,分析了中国企业质量管理实践的成长规律,探索了不同分级水平下质量管理实践对创新绩效的影响。研究表明,质量管理的有效实施为企业创造了较好的环境和氛围,促进了我国企业质量管理水平特别是核心管理实践水平的提高。根据聚类分析,我国企业根据其质量管理实践成熟度水平由低到高可以分为4类:启蒙级、发展级、完善级和卓越级,分别代表了不同的质量管理水平和企业质量管理水平

提升的方向。在不同质量管理成熟度下,企业质量管理实践活动对创新绩效的影响效果不同,发展级和完善级的企业,质量管理基础实践对创新绩效的影响具有显著正向作用,启蒙级企业显示弱显著影响,但是卓越级下的企业质量管理实践对创新绩效的影响不显著。首次从质量管理成熟度水平分级的视角解释了质量管理实践对企业创新绩效的异质性问题。

(2)资源禀赋视角下质量管理实践对创新绩效的作用机理研究。基于资源基础理论,引入资源禀赋这一变量,对其内在结构进行了辨析,构建了质量管理实践与创新绩效的概念模型,探索资源禀赋在其间的作用机理。研究发现,对企业创新与竞争优势提升有帮助的企业资源禀赋,不仅包括涵盖在企业内部的关键资源(技术资源与市场资源),企业之间的资源(网络资源和知识资源)也同样是企业的关键资源,可以帮助企业在复杂动态的市场环境中以更低的成本获取价值信息与稀缺资源。而资源的价值性和稀缺性保证了企业能够实施不同于其他企业的独特战略,从而具有竞争优势,最终形成企业超额利润和竞争优势的来源。实证研究表明,资源禀赋在质量管理实践与企业创新绩效之间具有显著中介作用,不存在调节作用,揭示了资源禀赋在质量管理实践与企业创新绩效之间具有的重要路径作用。而且,网络资源与知识资源的中介作用强于技术资源与市场资源。将资源禀赋作为中介变量,建立了质量管理成熟度分级下质量管理实践一资源禀赋一企业创新绩效的关系模型,研究发现,不同分级条件下资源禀赋在质量管理实践与创新绩效之间起到了正向中介作用,因为资源禀赋的作用,质量管理实践对创新绩效发挥了积极的正向影响,为企业借助资源获取和整合,正确发挥质量管理实践对创新的作用提供了新的思路。

进一步引入组织惯性这一变量,试图从资源禀赋(技术、市场、网络和知识资源)与组织惯性(行为惯性与认知惯性)的双路径视角,来解释质量管理实践对企业创新绩效的异质性问题。实证研究表明,如果资源禀赋的正向作用超越组织惯性的负面作用时,质量管理实践对创新绩效就会显示正向影响,反之,如果资源禀赋的正向作用弱于组织惯性的负面作用时,质量管理实践对创新绩效就会显示负面影响,而且组织惯性中行为惯性的影响要高于认知惯性。上述研究成果对企业质量管理实践和企业创新绩效的关系有了新的认知和解释,首次阐明了资源禀赋和组织惯性对企业质量管理实践和创新绩效的影响机制,为企业提升资源禀赋作用,抑制组织惯性的影响,从而提高创新绩效提供了新途径。

(3)不同情境下(市场竞争强度、区域经济水平和开放式创新)质量管理实践、资源禀赋对创新绩效的作用机制。为探索质量管理实践对创新绩效的边界条件,选取了与创新紧密相关的市场竞争因素、区域经济发展水平与开放式创新因素,研究不同情境下质量管理实践、资源禀赋对创新绩效的影响机制。由于网络资源与知识资源的中介作用强于技术资源与市场资源,为此,专门选择网络资源与知识资源作为资源禀赋的代表进行实证检验。①选取市场竞争强度作为调节变量,验证市场竞争强度对质量管理实践、网络资源/知识资源与创新绩效之间的调节效应。研究表明,市场竞争强度在不同资源对质量管理实践与创新绩效的影响关系中具有不同的调节中介作用。②选取区域经济水平作为调节变量,验证区域经济水平对网络资源/知识资源在质量管理实践和创新绩效之间中介作用的调节效应。研究表明,未发现区域经济水平在不同资源对质量管理实践与企业产品创新绩效和过程创新绩效的影响关系中具有调节中介作用。③选取开放式创新作为情景变量,验证开放式创新对网络资源/知识资源在质量管理实践和创新绩效之间中介作用的调节效应。研究发现,内向开放式创新和外向开放式创新对质量管理实践与创新绩效之间的关系总体具有负向调节作用;内向开放式创新和外向开放式创新对质量管理实践通过不同资源对创新绩效产生的中介作用有不同的负向调节作用。

(4)政策建议。

①各级政府和企业应营造重视质量管理提升的氛围和环境,加大资源投入和整合力度,促进本土企业质量管理实践成熟度水平不断提升,从而发挥质量管理实践对企业创新的积极作用。具有高水平的质量管理成熟度,又具有高水平的创新绩效的企业才能有效实现渐进性创新与突破性创新,推动企业高质量的发展。因此,需要各级政府和企业继续加大支持力度,推动创新驱动战略的同时,促进质量管理战略的实施,产生更大的创新溢出作用。

②各级政府和企业要深刻认识到资源禀赋在质量管理实践和创新绩效之间的桥接作用,而非调节作用,应高度重视资源禀赋的获取、积累和整合,充分发挥资源禀赋的作用,尤其要发挥网络资源与知识资源的作用,针对不同资源采取不同策略,推动企业质量管理实践水平和创新水平的提升,从而发挥出质量管理实践与创新两项提升企业核心竞争力的利器作用,创造条件发挥质量管理实践对创新绩效更大的积极作用。

③各级政府和企业要高度关注组织惯性对创新的负面影响,不断增强资源禀赋的正向作用。企业中客观存在的以行为惯性和认知惯性为代表的组织惯性使质量管理实践对创新绩效有可能产生负面作用,尤其是行为惯性的负面影响。因此,各级政府和企业有效评估组织惯性程度,并采取积极有效的抑制措施,同时,不断增强资源禀赋的正向作用,是创造更佳创新绩效的关键。

④政府和企业要高度关注市场竞争强度和开放式创新的影响。面对激烈的市场竞争,应相机抉择,推动创新水平的提升。合理把握开放式创新程度,有效避免其在质量管理实践通过资源禀赋对创新绩效产生的中介作用的负面调节效应。

三、本书的学术贡献

本书的学术贡献主要体现在以下四个方面。

1.质量管理实践成熟度分级下的创新绩效影响机制研究

基于本土企业质量管理实践成熟度的分级评估，系统揭示了不同成熟度水平下质量管理实践对创新绩效的差异化影响。通过构建"实践—机制—效果"分析框架，不仅拓展了质量管理理论的研究维度，更为企业精准匹配质量管理策略与创新目标提供了理论依据。

2.资源禀赋视角的理论模型构建

创新性地提出"质量管理实践—资源禀赋—创新绩效"三元传导模型，通过结构方程模型验证了资源禀赋的中介效应。该模型揭示了质量管理系统通过资源积累与配置能力影响创新产出的内在规律，为平衡质量管控与创新投入的矛盾提供了方法论支持。

3.双路径结构模型的实证突破

首次整合组织惯性理论(行为惯性/认知惯性)与资源基础观，构建双路径解释模型。研究发现：高成熟度质量管理实践能通过增强资源禀赋(正向路径)和打破组织惯性(反向路径)共同促进创新，这一发现为破解"质量卓越但创新乏力"的企业困境提供了新思路。

4.情境依赖效应的多维度验证

通过层次回归分析证实：市场竞争强度、区域经济水平和开放式创新等情境变量，显著调节资源禀赋的中介效应强度。该发现完善了质量管理实践效用的边界条件理论，为差异化政策制定提供了实证依据。

全书共分7章，第1—4章为孙卫撰写，第5章为孙卫、马啸撰写，第6章为孙卫、杨军红撰写，第7章为马啸撰写。

本研究承蒙国家社会科学基金项目(18XGL003)资助，并获西安交通大学社会科学处"人文社会科学学术著作出版基金"及"中央高校基本科研业务费专项"支持。谨向匿名评审专家提出的建设性意见致以特别谢忱，同时感谢马啸、杨军红博士在核心章节研究中的贡献，以及王璇、孟诗瑶、张凌祥、张文影、林子鹏、徐梓轩等研究生参与企业调研与部分研究工作。

本书仅初步构建了质量管理与创新绩效的理论框架，期待本成果能为学界与实务界提供启示，共同推进该领域的纵深化发展。

孙卫

2024年6月28日

目　录

第1章 绪 论

1.1 研究背景与研究问题

1.1.1 研究背景

1. 现实背景

改革开放以来,我国工业自动化进程加速,依托要素驱动型增长模式实现了经济高速发展,创造了举世瞩目的"中国奇迹"。2001年我国经济进入新增长阶段,国内生产总值达1.34万亿元,跃居世界第六位;2010年人均国民收入增至4340美元,成为世界第二大经济体,正式迈入中等收入国家行列。然而,当前我国经济潜在增速呈现明显放缓趋势,面临"中等收入陷阱"风险。2019年人均国民收入虽提升至10410美元,但与高收入国家门槛仍存在显著差距。在此背景下,科学研判经济发展阶段特征,探索有效应对策略显得尤为重要。

当前,我国经济发展呈现三大阶段性特征:工业化中后期转型、产业升级关键阶段和信息化深度发展时期。从数量型增长向质量型增长的转变,已成为现代经济发展的显著趋势。纵观美国、德国、日本等经济强国的发展历程,均经历了规模扩张、结构优化和质量跃升的演进过程,其间涌现的诸多管理大师为全球质量管理体系发展作出了卓越贡献。尽管全球一体化进程面临挑战,国际贸易与全球化市场仍是推动各国经济发展的重要引擎。正如质量管理专家刘源张(2012)所言,质量管理已成为企业追求卓越绩效、实现可持续发展的根基。质量管理大师朱兰(Juran,1986)更预言,21世纪将是"质量的世纪"。

质量管理在企业生存发展中的核心作用日益凸显,为相关实践推广创造了新的机遇:第一,自加入WTO以来,以卓越绩效模式为代表的西方质量管理实践与全面质量管理理念逐步引入我国,配合国家"质量强国"战略实施,共同推动了质量管理实践的蓬勃发展;第二,2001年设立的全国质量奖持续激励企业追求质量卓越,截至2021年10月,已有183家质量管理标杆企业获此殊荣。张群祥(2015)研究发现,质量管理实践已从企业的临时性举措发展为战略性管理工具,深度融入组织运营体系。部分领先企业更将其与战略目标、绩效考核和企业文化有机融合(张颖等,2021)。然而,质量管理实践并非万能良方,柯达、摩托罗拉、诺基亚等曾被视为质量标杆的国际企业,最终仍因创新不足而陷入发展困境。这表明在动态复杂的市场环境中,持续创新能力已成为企业获取竞争优势的关键要素。

对企业而言,创新过程往往伴随着高风险和资源的高消耗,这使得大多数企业难以持续保持创新能力(陈小洪,2009)。随着技术需求和生产复杂度的提升,企业需要整合多维度的资源体系。在此背景下,同时培育创新能力和质量管理能力,已成为中国本土企业实现可持续发展、推动产业转型升级的关键路径。

国家政策层面已明确这一战略方向:2021 年 3 月 11 日,十三届全国人大四次会议通过的《国民经济和社会发展第十四个五年规划和 2035 年远景目标纲要》在第二篇中突出强调"坚持创新驱动发展";而《中国制造 2025》的颁布则标志着"质量强国"战略的正式实施。这些政策既反映了政府对创新和质量工作的高度重视,也回应了社会公众对企业提升产品质量和服务水平、通过科技创新驱动经济增长的迫切期待。

质量管理作为企业核心竞争力的重要组成部分,在品牌建设、成本控制和竞争优势培育等方面发挥着关键作用。然而,不同企业实施质量管理的效果存在显著差异,这种差异被定义为"质量管理成熟度"[李等(Li et al.,2002)]。质量管理成熟度的概念揭示了三个层面的异质性:质量管理实践的实施程度、实施范围以及实施效果。因此,有必要建立质量管理成熟度分级体系,系统评估中国各地区、各行业的质量管理水平,并深入研究不同成熟度分级下质量管理实践对企业创新绩效的影响机制。

基于资源基础理论视角,企业本质上是各类资源的有机整合体。如何在质量管理体系框架下有效获取和配置创新资源,既保持创新活力又不被制度僵化所束缚,成为企业在动态竞争环境中建立持续优势的关键课题。扬德特(Youndt,2005)指出,创新是企业持续发展的动力源泉,而质量管理实践则是突破路径依赖、创造核心价值的战略工具。这就引发出若干亟待解决的研究问题:①质量管理实践如何影响企业创新绩效? ②不同类型的质量管理实践是否产生差异化影响? ③在创新复杂度不断提升的背景下,各类资源如何与质量管理实践协同作用于创新绩效?

现有研究尚未从资源基础理论视角系统探讨上述问题,也未充分考虑市场竞争强度、区域经济水平和开放式创新等情境因素的调节作用。

基于此,本研究将以中国本土企业为样本,通过以下路径展开研究:①建立质量管理成熟度分级体系;②构建"质量管理实践—资源禀赋—创新绩效"的理论框架;③揭示不同成熟度分级下质量管理实践影响创新绩效的作用机理。

研究成果将为政府制定产业政策和企业实施质量创新战略提供理论依据和实践指导。

2. 理论背景

1)质量管理实践对创新绩效影响的争议性

关于质量管理实践(quality management practices,QMP)与创新绩效的关系,学界尚未形成一致结论。现有研究主要分为两类观点:

支持论认为,QMP通过营造创新氛围、促进知识共享和引导组织变革,正向影响创新绩效[普拉乔格等(Prajogo et al.,2004);刘睿泳,2010;金等(Kim et al.,2012)]。反对论则指出,QMP的标准化特性可能导致组织僵化,抑制创新思维[斯莱特等(Slater et al.,1998)],其风险规避倾向和顾客导向也可能限制探索性创新[摩根(Morgan,1993);古拉蒂(Gulati,1996)]。

当前研究存在两点局限:

(1)机制不明确。虽有学者提出组织学习(奉小斌,2015)、创新能力[佩尔多莫-奥尔蒂斯等(Perdomo-Ortiz et al.,2009)]等中介变量,但缺乏对QMP分级及其作用路径的深度剖析。

(2)结论碎片化。现有成果多停留在概念层面,需通过可操作的变量设计破解"黑箱"(许庆瑞,2007)。

2)资源禀赋视角的缺失

资源基础理论[巴尼(Barney,1991)]强调,异质性资源是企业竞争优势的核心。QMP作为战略工具,可能通过改变资源积累动态[马里坦等(Maritan et al.,2010)]影响创新绩效,但现有研究尚未系统考察以下问题:

(1)资源禀赋的分类作用(如市场资源 vs. 知识资源);

(2)其在QMP与创新绩效间的角色定位(中介效应或调节效应)。

引入资源禀赋视角,有助于构建"QMP→资源重构→创新绩效"的逻辑链条,弥补理论空白。

3)情境因素的边界作用

QMP的经济后果受内外部情境双重制约:

(1)内部情境。ISO认证状态、技术战略导向等[索萨等(Sousa et al.,2001)]。

(2)外部情境。文化差异[弗林等(Flynn et al.,2006)]、政府质量奖励(曾珍等,2017)。

未来研究需进一步探索:①新兴情境变量。如区域经济水平、开放式创新环境;②交互效应。多层级情境因素的协同影响。

1.1.2 研究问题

本研究基于质量管理成熟度理论框架,通过分级评估企业质量管理实践水平,揭示我国企业质量管理实践的差异化特征,进而探究不同成熟度分级下质量管理实践对企业绩效的影响机制。同时,从资源禀赋视角出发,解析技术资源、网络资源、知识资源与市场资源四类禀赋对"质量管理实践—创新绩效"关系的作用机理。此外,引入市场竞争强度、区域经济水平和开放式创新类型三类情境变量,拓展现有研究的边界。具体研究内容如下。

1. 质量管理实践分级及其对创新绩效的差异化影响

针对现有研究对"质量管理实践与创新绩效关系"的争议(Santos et al.,2007),本研究创新性地采用聚类分析方法,依据质量管理实践实施程度将企业划分为不同成熟度等级,通过对比分析各等级企业簇的质量管理特征,系统揭示二者关系的动态变化规律。

2. 资源禀赋的作用机理研究

基于"资源类型—获取模式—匹配模式—能力构建"逻辑链,构建四维资源禀赋分析框架(技术/网络/知识/市场资源),结合质量管理成熟度分级,阐明三者关系的演化路径:资源禀赋差异→资源整合模式差异→创新能力差异→创新绩效差异。该研究为企业优化资源配置提供理论依据。

3. 多情境下的作用机理分析

突破现有研究局限,引入以下三类情境变量:

(1)市场竞争强度。验证其对"质量管理实践—资源禀赋—创新绩效"链式关系的调节效应。

(2)区域经济水平。揭示区域差异对上述作用路径的影响机制。

(3)开放式创新类型。探究不同开放模式(如内向型/外向型)下的差异化影响规律。

4. 政策启示与管理建议

基于实证结论提出以下两级建议体系:

(1)企业层面。提供分级质量管理实施方案与资源整合路径。

(2)政府层面。建议制定差异化区域创新政策,平衡市场竞争生态。

1.1.3 研究重点及难点

1. 研究重点

(1)质量管理成熟度的实证测度研究。重点解决质量管理实践的量化分级问题,系统揭示质量管理实践与企业创新绩效的内在关联机制。

(2)资源禀赋视角的作用机理分析。通过解析企业实施质量管理实践的根本动因,构建"质量管理实践—资源禀赋—创新绩效"的理论框架。

(3)多维度情境因素的调节效应研究。重点考察市场竞争强度、区域经济水平和开放式创新类型等边界条件,揭示内外部环境与微观企业行为的动态交互机制。

2. 研究难点

(1)质量管理实践的维度界定与测度改进。现有研究在成熟度分级方面存在明显局限,需通过文献溯源与概念拓展,建立更具解释力的测量体系。

(2)资源禀赋的识别与中介/调节机制验证。需通过实证研究破解"质量管理实践→创新绩效"的黑箱,重点解决:①资源禀赋的核心特征提取;②不同情境下作用路径的差异化表现(中介效应或调节效应)。

1.2 研究意义

1.2.1 理论意义

本研究在理论层面的贡献主要体现在以下三个方面。

第一,拓展质量管理实践的研究范围。

通过引入质量管理成熟度的概念,对企业质量管理实践水平进行分级,系统分析我国企业质量管理实践的现状及其对创新绩效的影响机制。基于成熟度分级框架,本研究揭示了不同层级质量管理实践对创新绩效的差异化作用路径,弥补了现有研究在实践水平量化分析上的不足。同时,通过梳理质量管理实践的内涵与成长规律,为本土化质量管理理论体系的完善提供了依据。

第二,揭示资源禀赋的中介作用机制。

基于资源基础理论,构建"质量管理实践—资源禀赋—创新绩效"的理论模型,阐明资源禀赋在两者间的桥梁作用。通过解析企业资源禀赋(如技术、人才、资金等)的配置效率与转化路径,本研究揭示了质量管理实践影响创新绩效的内在逻辑,为企业协同提升质量管理能力与创新绩效提供了理论支撑,同时丰富了创新管理与质量管理交叉领域的研究。

第三,创新情境化研究框架。

首次将市场竞争强度、区域经济水平和开放式创新类型作为情境变量,建立调节中介模型,探讨不同情境下质量管理实践对创新绩效的动态影响规律。通过分析内外部环境因素的调节效应,本研究不仅增强了结论的实践适用性,还为差异化情境中企业制定质量管理策略提供了理论指导,填补了本土化情境研究的空白。

1.2.2　实践意义

在第四次工业革命背景下,数据化、智能化的质量管理已成为企业核心竞争力的关键要素。本研究为政府及企业优化质量管理与创新政策提供了以下实践启示。

1. 微观层面

帮助企业识别自身质量管理成熟度等级,明确其与创新绩效的关联性,从而针对性调整质量管理策略。例如,通过内外部资源整合优化实践路径,实现质量管理水平与创新绩效的同步提升。

2. 宏观层面

为政府制定区域经济政策提供依据。基于不同资源禀赋、市场竞争强度及开放创新环境的研究结论,可指导政府部门实施差异化的配置资源支持政策,推动企业通过质量管理升级实现创新突破。

1.3　研　究　方　法

本研究采用文献分析、规范分析、问卷调查与实证分析相结合的混合研究方法,系统揭示质量管理实践与企业创新绩效之间的作用机理。具体方法如下。

1.3.1　文献研究法

通过系统检索中外文献数据库(包括 CNKI、万方、Web of Science、JSTOR等),收集近五年国内外相关经典文献。采用主题分类法对文献进行梳理,重点完成以下三项工作:

(1)厘清核心变量的概念界定与测量维度;

(2)归纳现有研究的理论分歧与研究缺口;

(3)确立本研究的理论支撑体系。

文献分析贯穿研究全过程,为后续研究框架构建提供理论基础。

1.3.2　规范分析法

基于组织学习理论、资源基础观等理论框架,采用演绎推理方法:

(1)推演质量管理实践影响创新绩效的主效应假设;

(2)构建"资源禀赋—组织惯性"双路径中介模型;

（3）引入市场竞争强度等情境变量，建立调节中介模型。

该方法特别适用于理论模型的建构与假设推导阶段。

1.3.3 问卷调查

问卷调查法由于其较强的问题指向性和较快的数据搜集速度成了一手数据收集中最常用的调查方法。本研究通过问卷填写的方式收集相关数据，问卷调研最重要的地方在于保证问卷中代表各变量的题项的信度和效度。在研究初期，查阅翻译大量国内外相关文献，并筛选出能够反映本研究的成熟量表，这些成熟量表普遍具有较高的信度和良好的内容效度。另外，关于国外量表，需要进行正确的翻译以及验证，在对国外量表进行翻译之后，寻找相关专家进行修改求证，并再次翻译成英文进行对比，保证在不跳出原量表所表达含义的基础上，进行量表的本土化修正。最终经过反复论证，本研究得出信效度都良好的量表。同时在发放问卷时，及时与填写者保持沟通，以保证问卷质量。

1.3.4 实证分析法

实证分析方法主要用于研究假设的检验过程。本研究采用 SmartPLS 软件对各量表的信度、效度进行检验。对于质量管理实践的实证测度，沿用弗林等（Flynn et al. ,1995）的分类方法，将质量管理实践分为八个维度，具体包括高层支持、供应商关系、员工参与、以顾客为中心、产品设计、持续改进、统计数据与报告和过程管理，使用 VisualPLS 软件，进行验证性因子分析，对于质量管理实践成熟度水平进行分级，采用了系统聚类方法，通过基于 RStudio 平台的 R 语言来实现，聚类方法采用 Ward 法，同时采用单因素方差分析（analysis of variance，ANOVA）检验质量管理在不同分级水平上与创新绩效的关系的差异性。在质量管理实践对创新绩效影响的实证研究中，采用基于偏最小二乘法的潜变量分析方法，使用了 Amos、SPSS 软件，对基于面板数据的中介效应进行检验。有关调节效应的分析，使用了 SPSS、Amos 软件分别对市场竞争强度、区域经济水平、开放式创新类型的调节中介作用进行检验，对调节项的生成采取了变量标准化后相乘的办法。

1.4 研究内容与研究框架

1.4.1 研究主要目标

1. 质量管理成熟度分级及其对创新绩效的影响

探究企业质量管理成熟度的分级标准，并实证分析不同分级水平下质量管理实践对创新绩效的差异化影响,揭示成熟度水平在二者关系中的边界作用。

2. 资源禀赋与组织惯性的作用机理

(1)解构企业资源禀赋的核心构成要素。

(2)验证资源禀赋在"质量管理实践—创新绩效"关系中的中介或调节作用。

(3)建立"质量管理实践—资源禀赋—创新绩效"的作用机理模型。

(4)引入组织惯性变量,构建"质量管理实践—(资源禀赋+组织惯性)—创新绩效"二元交互模型,拓展传统作用机制的理论解释。

3. 多情境动态作用机制分析

考察以下三类情境因素的调节效应:①市场竞争强度;②区域经济发展水平;③开放式创新程度。揭示质量管理实践对创新绩效影响的边界条件与情境依赖性。

4. 政策建议研究

基于实证结论,提出:

(1)国家层面。建设质量强国的政策路径。

(2)企业层面。优化质量管理实践的实施策略;资源配置与组织惯性管理方案;创新绩效提升的差异化对策。

1.4.2 研究框架

基于多视角分析、多学科交叉和多理论方法综合的研究框架,遵循"问题提出→文献准备与数据收集→理论研究与分析→结论与展望"的逻辑思路,开展本课题研究。总体框架和内在逻辑关系如图1-1所示。

提出问题

| 现实背景 | 理论背景 |

研究问题：质量管理实践如何影响企业创新绩效

文献综述与理论基础

文献综述：
　　质量管理实践；
　　企业创新绩效；
　　企业资源禀赋；
　　两两之间的关系

基础理论：
　　组织学习理论；
　　资源基础理论；
　　动态能力理论；
　　知识基础观理论

质量管理实践对企业创新绩效的作用机理

实证分析

研究子问题一：不同分级水平下质量管理实践对创新绩效的影响
引入质量管理成熟度概念，对质量管理实践水平不同的企业进行分级，探究不同分级水平下质量管理实践对创新绩效的影响。

研究子问题二：资源禀赋在质量管理实践与创新绩效的关系中的作用机理研究
在识别资源禀赋内涵结构的基础上，探讨不同资源禀赋在企业质量管理实践与创新绩效中的作用机理，分别考虑成熟度分级下与组织惯性介入下质量管理实践—资源禀赋—创新绩效的作用规律。

研究子问题三：不同情境下质量管理实践、资源禀赋与创新绩效的作用机理研究
引入不同市场竞争强度、不同区域经济水平及不同开放式创新类型作为情境变量，探究不同情境条件质量管理实践、资源禀赋与创新绩效的调节中介作用，为企业提升创新绩效探索新的路径。

研究结论

研究总结与政策建议

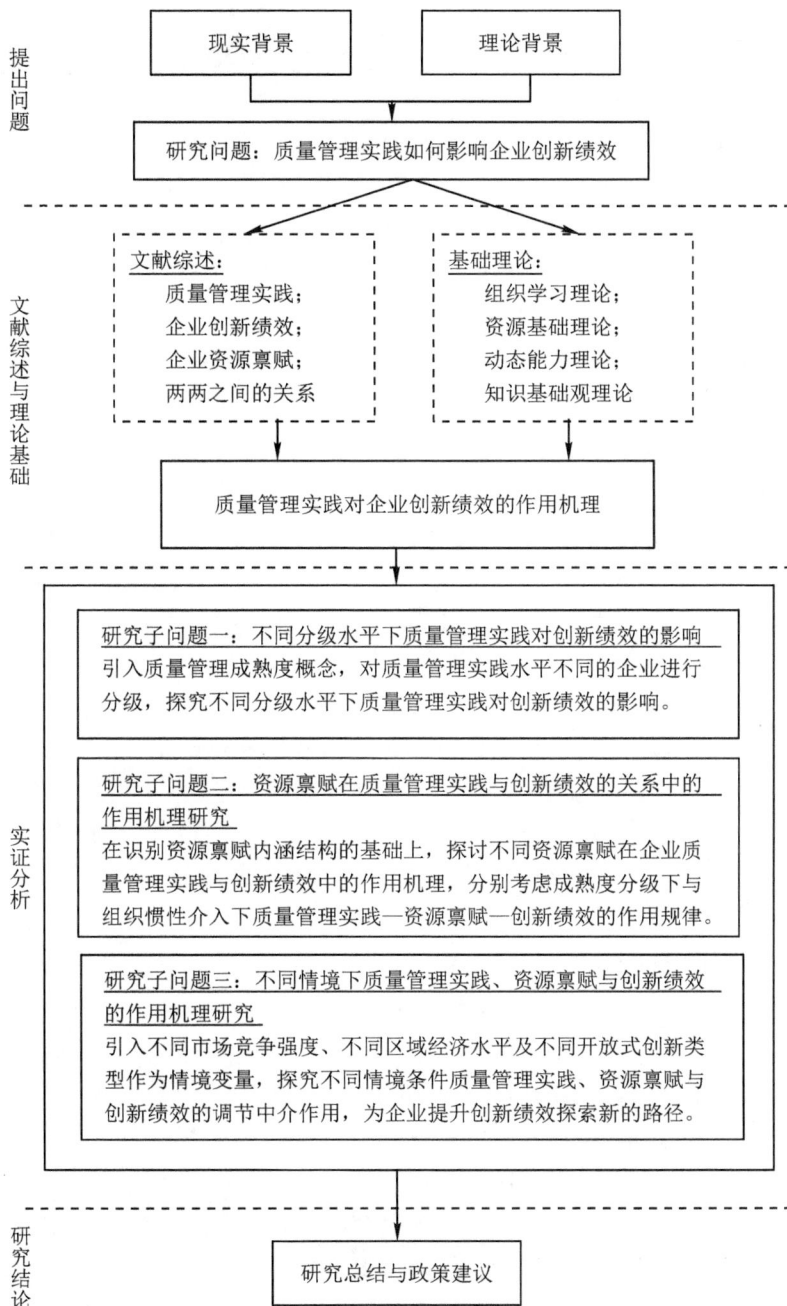

图 1-1 总体框架和内在逻辑关系

1.5 主要创新与学术价值

1. 基于质量管理成熟度分级视角，揭示质量管理实践对创新绩效的差异化影响

本研究通过实证分析发现，企业的质量管理实践可根据其成熟度划分为四个层级：启蒙级、发展级、完善级和卓越级。研究结果表明，相较于启蒙级企业，发展级和完善级企业的质量管理基础实践对创新绩效具有显著正向影响，而卓越级企业的影响则不显著。这一发现从成熟度分级视角揭示了质量管理实践的结构复杂性，为既有研究中矛盾的结论提供了新的理论解释，深化了学界对质量管理实践与创新绩效关系的理解。

2. 基于资源禀赋视角，系统阐释质量管理实践对创新绩效的作用机理

结合中国经济转型背景，本研究构建了"行为—路径机制—经济后果"的理论框架，首次提出并验证了资源禀赋在质量管理实践与创新绩效间的中介作用及其自我修复机制。具体而言，企业资源禀赋不仅包括内部的技术资源与市场资源，还涵盖外部的网络资源与知识资源，这些资源帮助企业以更低成本获取稀缺资源，并通过价值性与稀缺性形成战略优势。研究发现，资源禀赋的四个维度（技术、市场、网络、知识）在质量管理实践与创新绩效间均发挥显著中介作用，但调节作用不显著。进一步分析表明，在考虑资源禀赋后，原本在启蒙级企业中弱相关、在卓越级企业中不显著的质量管理实践，均表现出对创新绩效的积极影响。本研究首次明确了资源禀赋的关键作用，为提升质量管理效能与企业创新绩效提供了理论依据。

3. 引入组织惯性中介变量，解析质量管理实践对创新绩效的异质性影响

针对学界争议的异质性问题，本研究创新性地引入组织惯性（行为惯性与认知惯性）作为中介变量。组织惯性理论指出，企业对成功经验的依赖可能导致核心能力刚性，从而削弱其在动态环境中的竞争力。本研究通过整合资源禀赋与组织惯性的双重视角，发现组织惯性对质量管理实践与创新绩效的关系具有负面影响：当资源禀赋的正向作用强于组织惯性时，质量管理实践促进创新绩效；反之则抑制创新绩效。这一结论首次从资源禀赋与组织惯性的交互作用出发，界定了质量管理实践的作用边界，并通过揭示内在机理的强化或弱化效应，为政府优化治理环境与企业完善内部机制提供了新思路。

4. 情境变量的拓展研究

区别于现有研究中组织不确定性、产品复杂性、企业特征、国家文化及技术战略导向等情境变量,本研究创新性引入市场竞争强度、区域经济水平和开放式创新类型三类情境变量,系统考察不同情境下质量管理实践与资源禀赋对创新绩效的调节中介机制。

1)市场竞争强度的影响

在市场经济蓬勃发展的背景下,企业面临的竞争日益激烈。市场竞争强度可能影响质量管理实践与企业创新绩效之间的关系。为此,本研究将企业创新绩效分为产品创新绩效和过程创新绩效,比较二者受质量管理实践影响的差异,并引入知识资源和网络资源,探讨市场竞争强度的调节作用。

实证结果表明,市场竞争强度对质量管理实践与两类创新绩效的关系具有不同的调节效果:知识资源和网络资源的影响因市场竞争强度而异,且对产品创新和过程创新的作用程度存在显著差别。

2)区域经济水平的调节作用

现有研究尚未探讨区域经济发展水平的差异是否会影响质量管理实践对企业创新绩效的作用机制。为此,本研究将区域经济水平作为调节变量,构建了一个"质量管理实践—资源禀赋—创新绩效"的调节中介模型,重点考察区域经济发展水平对网络资源和知识资源的中介效应的调节作用。实证结果表明,区域经济水平的调节中介效应并不显著。

4)开放式创新调节效应研究

在当前创新环境下,任何企业都难以仅凭自身实力低成本获取全部创新知识与价值信息,必须通过与外部组织的协同创新来突破组织边界。为此,本研究将开放式创新作为调节变量,构建"质量管理实践—资源禀赋—创新绩效"的调节中介模型,重点考察开放式创新对资源禀赋中介效应的调节作用。

实证研究表明:

(1)内向与外向开放式创新对"质量管理实践—创新绩效"的直接关系均呈现显著负向调节。

(2)两类开放式创新对资源禀赋的中介效应存在差异化调节作用:

①内向开放度提升时,质量管理实践通过网络资源促进创新绩效的中介效应减弱;

②外向开放度提高时,网络资源的中介传导效应同样呈现弱化趋势 。

5.政策建议

1)政府层面

(1)营造质量提升氛围。持续优化质量管理环境,推动本土企业提升质量管理实践水平,支持企业实现高质量发展,增强创新绩效。

(2)资源平台建设。逐步建立技术、市场、知识和网络资源的共享平台,完善配套政策,帮助企业高效获取关键资源。

(3)知识产权保护。加强知识产权保护力度,完善专利制度,提升企业知识产权意识。

(4)促进合作创新。鼓励企业间合作、校企联动及科研机构协作,推动开放式创新。

2)企业层面

(1)资源整合与利用。充分发挥资源禀赋作用,重点挖掘网络资源和知识资源,弥补质量管理实践卓越级的弱影响。

(2)减少组织惯性。克服行为惯性和认知惯性的负面作用,通过动态评估和针对性措施,确保质量管理实践对创新绩效的正向影响。

(3)动态调整策略。根据市场竞争强度,灵活优化质量管理实践内容,同时管控开放式创新(内向、外向)的潜在风险,确保其对创新绩效的积极作用。

3)协同重点

政府与企业需共同关注市场竞争强度与开放式创新的影响,通过资源整合、合作创新和制度保障,最大化质量管理实践对创新绩效的促进作用。

第 2 章　文献综述与基础理论

2.1　文献综述

2.1.1　质量管理实践的相关研究

1. 质量管理理论的演进历程

质量管理理论萌芽于 20 世纪初,历经百年发展已从单一的产品检验方法演变为系统的企业战略管理工具。学术界从多维视角对质量管理进行了深入探索,包括原则界定[克罗斯比(Crosby,1979)]、关键要素分析[戴明(Deming,1986)]及技术实现路径[朱兰(Juran,1988)]等研究方向。根据苏文杰(2006)的阶段性划分,质量管理发展可分为以下五个显著特征阶段。

1)质量检验阶段(20 世纪初—30 年代末)

泰勒(Taylor,1911)在《科学管理原理》中首次系统提出"事后检验"方法,其特征为:①建立独立质量检验岗位;②聚焦终端产品合格率判定;③形成标准化检验流程。

该理论为现代质量管理体系奠定了方法论基础。

2)统计质量控制阶段(20 世纪 30 年代末—60 年代)

自从科学管理理论由泰勒提出后,经过近二十年的发展,到 20 世纪 30 年代,质量管理又有了新的内涵,并进入到第二阶段。这一阶段是质量管理发展历程中一个非常重要的时期,对质量管理的发展产生了重要影响。这一阶段强调"事后检验＋事前预防"两个方面的活动措施,此阶段充分证明了"事后控制"在企业经营中的重要性,同时也认为企业若想更好地发展,应当将质量管理活动扩展到事前预防性控制中。在这一阶段,一些定量工具被应用到质量管理中,强调"用看得见、观察到的数据说话",这一阶段标志着质量管理开始走向成熟(隋静等,2005)。

3)全面质量管理阶段(20 世纪 60 年代—90 年代)

到 20 世纪 60 年代,"事后检验＋事前预防"已经被企业成功证实有效并且被广大企业所认可,但是,质量管理实践者认为质量管理的作用不仅仅对企业生产的产品质量产生重要作用,提出质量管理在企业运营中应该扮演着更重要的角色,认为质量管理不仅需要提高产品质量,还应该能影响企业日常运营的其他方面,包括企业成本、交付、环境要求等各方面的要求。在这一时代要求下,费根鲍姆(Feigenbaum,1999)等人提出了全面质量管理理论(TQM),并在质量管理领域受到广泛关注。这一阶段将"人+数据"进行了有效结合,强调全质量管理、全流程管理、全人员参与等"三全管理"。

4)战略质量管理阶段(20世纪80年代至今)

20世纪80年代,全球化进程加速推动企业国际化战略的深化。在此背景下,质量管理被赋予战略意义,成为企业维持长期竞争力的核心工具[阿希尔等(Ahire et al.,1996)]。为应对国际协作需求,ISO9000系列标准由国际标准化组织(ISO)制定并推广。该体系以客户为中心,以持续提升顾客满意度和质量竞争优势为目标,为企业提供了全球通用的质量管理框架,助力其构建规范化、国际化的质量保障体系。此阶段的标志性特征是通过标准化实现质量管理的全球化协同。

5)经营质量管理阶段(20世纪90年代初至今)

21世纪以来,信息技术革命加速了知识更新与需求迭代,产品生命周期显著缩短。这一变化促使学术界重新审视质量管理的边界,提出需整合管理者、战略、顾客及市场等多维因素(荆宁宁等,2007)。卓越绩效模式应运而生,其通过系统评估领导力、战略规划、市场定位等关键要素,将质量管理与企业经营深度融合,旨在超越客户预期并提升整体绩效。此阶段的核心特征是"全面质量管理导向卓越绩效,以动态创新突破既有成果"。

上述五个发展阶段总结见表2-1。

表2-1　质量管理理论演化历程

发展阶段	质量检查	统计质量管理	全面质量管理	战略质量管理	经营质量管理
年代	20世纪初—30年代	20世纪30—60年代	20世纪60—90年代	20世纪80年代至今	20世纪90年代至今
重要人物	泰勒	休哈特、道奇	朱兰、戴明	国际标准组织	波多里奇
标志性事件	科学管理理论提出	战时质量管理标准提出	全面质量管理提出与出版	ISO9000系列标准设立	波多里奇质量奖颁布
主要方法	控制图	直方图	TQM方法	质量保证体系	全面管理
特征	事后检测	特定部门统计与方法应用	"三全"的质量管理	质量保证体系与全面质量管理结合	追求卓越
参与主体	检测部门	制造部门	所有部门	所有相关主体	利益相关方

资料来源:根据姜涛(2015)及其他资料整理。

2. 质量管理实践及其维度划分

全面质量管理(TQM)作为质量管理的重要发展阶段,起源于美国,却在日本得到广泛应用并取得显著成效。美国质量管理学家戴明在战后推动了日本企业的质量管理升级,极大提升了其国际竞争力。面对日本企业的全球竞争压力,美国通过设立马尔科姆·波多里奇国家质量奖等举措重新审视质量管理体系,逐步缩小了与日本企业的差距。受日本经验启发,质量管理在全球范围内迅速普及,其作为企业战略手段和竞争力核心的理念已成为共识。然而,20 世纪 80 年代后期,随着质量管理实践失败案例的增多,其"万能光环"逐渐消退,促使学者和企业管理者开始反思,试图从实践中提炼新理论以推动学科发展。

质量管理理论的发展主要基于以下三方面的贡献。

(1)质量大师的理论奠基,如戴明、朱兰提出的框架。

(2)正式质量模型的应用,如欧洲质量奖、美国国家质量奖、日本戴明奖。

(3)计量研究的实证探索[塔里等(Tari et al.,2007)]。其中,计量研究通过实证方法揭示了质量管理理念与企业绩效间的关联,推动该领域在 20 世纪 80 年代后成为研究主流。

1)质量管理的理论分野

苏萨等(Sousa et al.,2002)将质量管理研究归纳为五个方向:定义质量管理、定义产品质量、质量管理对绩效的影响、管理理论中的质量管理角色,以及实施路径。迪恩和鲍恩(Dean&Bowen,1994)的经典定义指出,质量管理是由多套相互支撑的理论、活动和技术构成的管理方法。然而,定义的多样性也引发了理论体系的混乱——不同企业对其理解存在显著差异。对此,哈克曼等(Hackman et al.,1995)认为,尽管存在表述差异,但质量管理在关键原理和活动上具有高度一致性,且其改进理念能与其他战略明确区分。

2)质量管理实践的内涵演进

质量管理实践与理论存在差异:前者被定义为"通过全流程管理满足客户需求的方法"(李钊等,2008),后者则强调"以降本提质为目标、提升核心竞争力的管理手段"(张群祥,2015)。张群祥进一步指出,质量观在不同层面(原则、实践、技术)呈现差异化表现,而实践正是连接原则与技术的纽带。

随着研究深入,质量管理实践的内涵经历了从单维到多维的演变(王伟成,2017)。学者费根鲍姆(Feigenbaum,1999)通过经验提炼提出九大关键要素(涵盖领导、员工、流程等);萨拉普等(Saraph et al.,1989)则将其界定为"提升效率、降低成本、改进质量的管理措施集合"。后续研究[安德森等(Anderson et al.,1995);Ahire,1996]多沿袭此思路,但 Flynn 等(1995)的创新性维度划分影响深远——将实践分为基础型(领导、顾客、员工)与核心型(产品、流程、统计控制)。

3）研究现状与共识

尽管构成要素不断丰富，学界对质量管理实践的具体维度仍未完全统一，但多维视角的界定已成为主流。这一演进过程反映了质量管理从工具性应用向系统性战略思维的转变。

3. 质量管理实践成熟度及其分级

Li 等（2002）指出，不同组织的质量管理水平存在显著差异。一些组织仅停留在表面，质量管理更多是"口号式"的，并未真正融入企业实践；而另一些组织则能全面、有效地应用质量管理理念，使其渗透到企业文化和各项活动中。这种差异被称为质量管理成熟度。

在现有研究中，学者们采用了以下不同方法来评估企业的质量管理成熟度：

（1）Li 等（2002）。通过调查员工对七项质量管理实践（如 TQM 方案、统计过程控制图表、员工培训计划等）的感知程度，判断企业是否真正落实质量管理。

（2）史丽萍和刘强（2015）。采用集对分析法，构建评价指标体系，由员工、中层管理者和专家打分，最终通过数学模型计算成熟度。

（3）沈方达等（2019）。从过程视角出发，划分成熟度等级并设定评价指标，根据完成情况评估组织管理成熟度。

上述方法均针对单一企业进行独立评价，而更具理论价值和实践意义的研究方向是：基于构型理论，在组织层面对质量管理成熟度进行分类讨论，以揭示更普遍的规律。

2.1.2　创新的内涵、影响因素及分类

1. 创新的内涵

1）创新概念的源起与发展

1912 年，熊彼特（Schumpeter）在《经济发展理论》中首次系统提出"创新"概念，将其界定为企业通过采用新程序或方法改变生产函数、拓展生产可能性的行为（Schumpeter，1934）。这一开创性定义为后续研究奠定了多维度的理论基础。随着时代演进，创新内涵持续深化，具体体现在以下几个方面。

（1）经济视角。联合国欧洲经济委员会（United Nations Economic Commission for Europe，UNECE）在 20 世纪末提出，创新是企业通过建立新型生产、供应和分销方法，实现产品服务更新与市场拓展的动态过程。

（2）商业价值视角。德鲁克（Drucker，2002）强调创新的商业化本质，认为其必须通过改进现有功能或发明新概念来满足客户需求，否则不能称之为创新（王立生，2007）。

（3）知识管理视角。阿布鲁尼奥萨等（Abrunhosa et al.，2008）提出创新是通过知识创造或重组来解决消费者需求的双重过程。

2）创新内涵的四大理论视角

通过对文献的系统梳理，现有研究主要从以下四个维度界定创新内涵。

（1）结果观。聚焦创新产出，强调商业化价值。核心特征包括：①产品维度。新产品/服务的开发。②市场维度。新型生产与流通体系的建立。③商业标准。必须实现需求满足与价值创造［尹（Yoon，1995）；柯克等（Kirk et al.，1998）］。

（2）过程观。将创新视为动态迭代系统，具体包含：①问题识别→创意生成→测试评估的闭环［达曼普尔（Damanpour，1991）］；②新思想从概念化到产品化的完整链条（魏江等，1994）；③价值创造导向的持续性组织行为（Gulati，1996）。

（3）知识观。从认知维度解构创新本质：知识重组与应用（Abrunhosa et al.，2008）；组织学习与新知识创造的耦合过程（张刚，1999）。

（4）多维观。继承熊彼特的综合视角，强调：技术/产品/市场/制度的协同创新［弗里曼（Freeman，1991）］；创新扩散、创新能力与程序理论的系统整合［沃尔夫（Wolfe，1994）］；国家创新系统中政府—企业—行业的联动机制［经济合作与发展组织（Organisation for Economic Co-operation and Development，OECD，2005）］。

3）理论演进特征

现有研究呈现以下三大趋势：

（1）从单一技术导向转向价值创造导向；

（2）从静态结果分析转向动态过程研究；

（3）从企业微观层面扩展到国家宏观系统 。

2. 创新的影响因素

在过去的三十多年中，学者们从心理学、社会学和管理学等不同视角对创新进行了深入研究，探讨了影响创新成功的关键因素，并取得了丰硕的成果。这些研究为组织推动创新奠定了坚实的理论基础，并提供了有价值的实践指导。

在创新研究领域，学者们普遍将影响因素分为组织内部和外部两大类。Damanpour（1991）通过系统梳理文献，归纳出影响创新成功的 13 项关键因素，包括冗余资源、内外部沟通、技术知识储备、管理层对变革的态度、专业人才、垂直差异等，并深入分析了这些因素的作用机制，为后续研究提供了重要方向。此后，潘恩等（Panne et al.，2011）基于对 43 篇文献的分析，从企业、项目、产品与市场四个层面提炼出 17 项创新关键因素，并对各因素的重要性进行了定性评估。他们的研究在里德（Reed，2000）的基础上进行了更细致的拓展。佩尔多莫-

奥尔蒂斯(Perdomo-Ortiz,2006)则进一步从组织内外部特征、过程与战略等维度,全面总结了创新成功的决定因素。这些研究共同表明,创新并非单一部门的行为,而是组织内外部特征、结构、管理、市场及人因等多因素交互作用的结果,并与组织情境、文化等权变因素密切相关。

近年来,学者们从不同角度深化了对创新影响因素的研究。吴航等(2014)指出,国际化能够通过丰富企业资源和知识储备,动态提升创新绩效。刘新艳等(2014)基于产业集群视角研究发现,集群氛围与企业创新绩效呈倒"U"形关系,而非简单的线性关联。李敏等(2016)通过可视化分析发现,近十几年的创新研究主要集中在组织、个人和团队三个层面,其中组织创新绩效的成果最为丰富,涉及技术转化能力、研发水平、知识储备与更新等热点议题。此外,特纳等(Tena et al.,2018)发现全面质量管理(TQM)能显著提升渐进式创新能力,而陈太义和张月义(2023)的研究表明,质量管理创新对产品创新具有双重效应:一方面通过拉动创新投入和知识溢出促进创新,另一方面可能因抑制创新效率而产生阻碍作用。

综上所述,学者们从多视角揭示了影响企业创新的关键因素,推动了该领域的理论发展。基于已有文献的梳理与整合,本研究将创新影响因素归纳如表2-2所示。

表2-2 创新成功决定因素

类别	主要因素
领导	领导承诺、变革的态度、愿景、领导风格
管理	研发强度、冗余资源、知识管理、战略导向、知识储备
结构	组织结构、垂直差异、结构与企业战略匹配度、技术转化能力
人力资源	培训、员工行为、授权、专业人才、研发水平
创新实践者	角色行为、团队精神、沟通
组织文化与氛围	开放度、前摄取性、风险容忍、冒险意愿
外部因素	环境扫描、规制、内外部环境的匹配、产业集群、国际化
市场	顾客聚焦、市场导入、创意开发

资料来源:吴治理(2008)、张群祥(2012)等学者的相关研究整理。

3.创新的分类

前文已对创新的内涵进行总结。关于绩效的界定,尽管存在行为、能力和结果三种视角,但结果视角因其直观性且能综合反映行为能力[坎贝尔等

(Campbell et al.，1990)］,本研究采用结果视角衡量创新绩效。从创新绩效的边界范围看,学术研究主要聚焦企业、市场和产业三个层面(彭新敏,2009)。鉴于本研究以企业为对象,故选取企业层面,并借鉴董振林(2017)的定义,将企业创新绩效界定为"企业创新活动的效果"。

1)创新绩效的维度划分

企业创新绩效的划分依据主要包括类别差异和程度深浅(张群祥,2012)。

(1)基于类别的划分。

①产品创新:企业向市场推出新产品或服务的行为,包括全新产品、改进型产品和模仿型产品(姚铮,2016;王立生,2007)。

②过程创新:引入新思想、管理方法、技术或生产方式(如流程、设备、工艺)以优化生产管理(王立生,2007)。

③技术创新:基于社会技术理论,侧重生产端的技术、流程或知识应用[李等(Lee et al.，2010)]。

④管理创新:涉及组织架构、人力资源、文化等管理要素的变革与整合(王志莲和张红,2003)。

⑤商业模式创新:通过新颖的价值创造与获取逻辑实现变革,包括成熟企业重构商业模式或开发全新商业逻辑[施耐德等(Schneider et al.，2013);卡萨德苏斯等(Casadesus et al.，2013)]。

(2)基于程度的划分。

①突破式创新:利用突破性技术实现产品或服务的性能飞跃,具有非连续性特征,可能颠覆市场规则或产业格局[加西亚等(Garcia et al.，2002);Abrunhosa et al.(2008)]。

②渐进式创新:通过"干中学"在现有技术或管理基础上持续改进,体现量变过程(Abrunhosa et al.，2008)。卫汉华等(2011)以"技术地形"比喻二者差异:突破式创新类似"山丘蹦跳"(质变),而渐进式创新类似"平道前进"(量变)。

③补充观点:卡利克等(Calik et al.,2016)提出制造业可持续创新需兼顾突破式与渐进式创新,通过产品开发或流程再造实现绩效;许佳琪等(2023)强调突破性创新(技术层面)与颠覆性创新(战略层面)的梯度演化关系。

2)本研究的维度选择

实证研究普遍采用类别差异划分创新绩效[张等(Zhang et al.，2012)]。本研究基于以下原因选择产品创新与过程创新作为核心维度:

(1)产品创新是企业创新的核心体现;

(2)过程创新蕴含企业特有的难以模仿的特性(宋华等,2018);

(3)该划分方式被贝尔德博斯等(Belderbos et al.,2004)、科斯塔等(Costa et al.,

2008)广泛验证。

2.1.3　创新绩效的影响因素

由于创新难以在企业活动中直接测量,学者们提出了"创新绩效"这一概念。沃纳菲尔特(Wernerfelt,1984)将其定义为"在整个创新过程中,由产品和流程创新活动所带来的绩效提升"。

在创新研究领域,学者们探索了多种影响创新绩效的因素,包括组织内部和外部因素。Damanpour(1991)通过系统性文献分析,归纳出 13 个关键影响因素,如冗余资源、内外部沟通、技术知识储备、管理层变革态度、专业人才、垂直差异等,并深入分析了其作用机制,为后续研究奠定了基础。此后,Panne 等(2011)从企业、项目、产品与市场四个层面提炼出 17 项关键因素,基于对 43 篇文献的分析,评估了各因素的重要性,其结论与 Reed(2000)基本一致,但进行了更细致的拓展。Perdomo-Ortiz(2006)则从组织内外部特征、过程与战略等层面,进一步提炼了创新绩效的决定因素。综合来看,Damanpour(1991)、Reed(2000)、Panne 等(2011)的研究表明,创新绩效的影响因素涵盖组织内外部特征、结构、管理、市场和人力资源,并与组织情境、文化等权变因素相关。

国内学者也进行了广泛研究。

(1)吴航等(2014)指出,国际化能动态提升创新绩效,因为国际化可丰富企业的创新资源和学习机会。

(2)刘新艳等(2014)发现,产业集群氛围与企业创新绩效呈倒"U"形非线性关系。

(3)李敏等(2016)通过可视化分析发现,近十几年的研究主要集中在组织、个人和团队层面的创新绩效。

(4)刘振和黄丹华(2021)基于资源基础理论,发现积极响应"一带一路"倡议的企业能获取更多创新资金和人才,从而提升创新绩效。

(5)郑等(Zheng et al.,2022)实证研究表明,董事会嵌入性与创新绩效正相关,而资本嵌入呈倒"U"形关系。

(6)娄琬婷等(2024)发现政府补贴对孵化器企业的创新绩效有正向影响。

(7)荆等(Jing et al.,2023)证明高度数字化或规模化可降低代理人异质性对创新绩效的负面影响。

目前,学者们的研究热点包括研发水平、技术转化能力、知识储备与更新速度等,并从多角度探讨了创新绩效的影响因素,推动了该领域的深入发展。

基于文献整理,本小节总结的影响因素如表 2-3 所示。

表 2 - 3　创新绩效的影响因素

类别	主要因素
领导	领导承诺、变革的态度、愿景、领导风格
管理	研发强度、冗余资源、知识管理、战略导向、知识储备
结构	组织结构、垂直差异、结构与企业战略匹配度、技术转化能力
人力资源	培训、员工行为、授权、专业人才、研发水平
创新实践者	角色行为、团队精神、沟通
组织文化与氛围	开放度、前摄取性、风险容忍、冒险意愿
外部因素	环境扫描、规制、内外部环境的匹配、产业集群、国际化
市场	顾客聚焦、市场导入、创意开发

资料来源:根据张群祥(2012)等相关研究整理。

2.1.4　企业资源禀赋的相关研究

资源基础理论早期研究聚焦于有形资源(如资金、设备等)与企业持续竞争优势的关联(Barney et al.,1991)。随着理论发展,研究范畴逐渐扩展到无形资源领域。徐龙炳和李科(2010)验证了政治关系作为战略性资源对公司价值的影响;费(Fei,2013)强调了信息资源的关键作用;王晓辉(2013)则从动态能力视角揭示了资源对企业成长的作用机制。这一演变表明,资源基础理论的实证研究呈现出明显的无形化转向。

在研究深化的过程中,学者们开始关注资源的形成机制与动态演化。沃纳菲尔特(Wernerfelt,2011)提出"资源累积路径依赖"理论,指出企业现有资源会通过"马太效应"放大初始异质性。Maritan 和 Peteraf(2010)构建了资源形成的双通道模型:外部战略要素市场获取与内部运营活动积累,二者既独立作用又协同影响。瑟蒙等(Sirmon et al.,2011)进一步提出"资源协调"框架,从三个维度拓展了理论边界:①企业空间广度;②组织生命周期;③跨层次资源整合。这种研究视角的转变,体现了从产业生态分析向企业微观机制研究的范式迁移(张琳等,2021)。

资源维度划分也随研究深入而动态演进:格兰特(Grant,1991)的二分法(有形/无形资源)逐渐被米勒等(Miller et al.,1996)的产权—知识分类所补充。最新研究更注重资源与企业创新绩效的关联机制。例如:

(1)特里托斯等(Tritos et al.,2014)构建"知识资本—社会资本"双中介模型,揭示战略到创新绩效的作用路径;

(2)姚铮(2016)证实营销资源与技术资源的协同效应;

（3）何培旭等（2019）建立"市场资源—创新模式—战略优势"传导链条,深化了对制造业企业绩效形成机制的理解。

德鲁克（Drucker,1954）提出,企业的基本职能仅有两种:能够创造收益的市场活动与创新活动。宋等（Song et al.,1993）进一步指出,市场资源与技术资源是企业创新过程中的关键驱动因素。此后,姚铮（2016）、李泽等（2017）等学者也围绕市场资源、技术资源或类似概念展开研究,验证了其对企业创新的显著影响。基于此,本研究将市场资源与技术资源界定为企业的关键资源禀赋,探讨其在质量管理实践与创新绩效关系中的作用机制。

此外,网络化已成为企业新产品开发的重要情境。现实中,企业通过集群（enterprise cluster）、战略联盟（strategic alliance）、联合研发（joint R&D）、虚拟企业（virtual enterprise）等组织形式构建了广泛的协作网络［哈瑞罗（Jarillo,1988）］。这些网络有助于企业高效获取资源、捕捉市场机遇、应对环境不确定性并降低经营风险［戴尔等（Dyer et al.,2006）］。科卡等（Koka et al.,2008）研究表明,当企业战略与其网络位置相匹配时,关系网络与创新资源的协同配置能够提升绩效并强化竞争优势。另一方面,多元化战略（如产品多元化）作为企业成长与风险分散的重要手段,其本质是"通过新产品开拓新市场"［安索夫等（Ansoff et al.,1957）］。产品多元化的实施不仅依赖企业内部资源,还需依托其嵌入的社会网络资源。因此,网络资源亦构成企业资源禀赋的重要维度。

根据资源基础观（resource-based view,RBV）,企业竞争优势源于具有价值性、稀缺性及难以模仿性的资源。知识作为企业的无形资源,其异质性结构与存量符合上述特性,由此衍生出"知识基础观"。波兰尼（Polanyi）最早将知识划分为显性知识（可编码、易传播）与隐性知识（难以编码、依附于个体）。隐性知识占知识总量的主体,其通过转化与重构形成新知识,这一过程是企业竞争优势的核心来源（王天力,2013）。野中郁次郎（Nonaka,1997）进一步将隐性知识分为两类:技术型隐性知识（如技能与诀窍）与认知型隐性知识（如价值观、思维模式）,二者在创新活动中具有差异化作用。

知识获取可分为广义与狭义:广义上涵盖内外部渠道,外部知识源于合作、市场交互等,内部知识则通过研发、学习等途径创造［巴德等（Bader et al.,2016）］;狭义上特指企业从外部网络与环境中获取知识［路易斯等（Luis et al.,2007）］。动态能力理论强调,企业需兼具应用性能力（整合网络资源以建立知识渠道）与探索性能力（识别、吸收并再创造外部知识）,以实现知识的高效获取与转化。

2.1.5 质量管理实践与创新绩效的关系

关于质量管理实践（QMP）与创新绩效的关系,现有研究尚未形成一致性结论,主要存在三种理论分歧:一些学者研究发现质量管理实践对企业创新绩效产生负向消极作用,两者不能同时存于企业之中;有学者认为质量管理实践对企业创新绩效有正向影响;也有学者认为质量管理实践中的一些实践活动对企业创新绩效有积极的影响,另一些实践活动对企业创新绩效产生消极影响,需要区别对待质量管理实践的关键活动对企业创新的影响。

1. 质量管理实践对创新的积极作用

Prajogo 和 Sohal(2004)指出,质量管理实践通过塑造顾客导向、全员参与的环境,为企业创新提供了有利条件。大量实证研究支持了这一观点。Flynn(1995)最早探讨了质量管理实践对产品创新的影响,基于对 712 家制造业企业的分析,发现领导承诺、产品设计和员工参与等实践在不同创新模式(快速、一般、慢速)中作用存在差异。后续研究进一步细化:Prajogo 和 Sohal(2004)将质量管理实践分为基础实践与核心实践,证实基础实践显著促进创新,而核心实践影响不显著;Abrunhosa 和 Moura(2008)和佩尔多莫-奥尔蒂斯等(Perdomo-Ortiz et al.,2009)则发现,仅领导承诺、团队协作、过程管理等特定实践对创新具有正向作用。

动态能力被视为关键中介变量。例如,卡米松等(Camisón et al.,2016)提出,质量管理计划虽不直接影响过程创新,但通过学习能力和技术能力的中介作用间接推动创新。类似结论也出现在公共部门[维克伦德(Wiklund,2016)]和高科技企业[拉斯利等(Rasli et al.,2017)]中,后者还发现质量管理实践在研发资源与创新绩效间起中介作用。中国学者周锋等(2021)在智能制造背景下验证了基础与核心质量管理实践对创新绩效的积极影响;孙卫等(2021,2024)则强调,内外部质量管理能力的协同可显著提升企业创新绩效。马里亚诺等(Maríano et al.,2022)通过对 172 篇文献的系统综述,进一步确认了质量管理与创新绩效间的正向关联。

研究显示,质量管理实践的作用因创新类型而异。Santos 和 Alvarez(2007)将创新分为管理创新与技术创新,发现质量管理仅对管理创新有显著促进;而李全喜等(2011)在中国情境下得出相反结论,认为质量管理更有利于技术创新。科斯塔等(Costa et al.,2008)则细分技术创新为产品创新与过程创新,证实质量管理对两者均具正向影响。

为全面辨析质量管理实践与企业创新之间的关系,Kim 等(2012)整合已有研究,将企业创新分为技术创新、过程创新和管理创新三类,并发现质量管理实践对三者均具有显著正向影响。

在此基础上,学者们进一步探讨了质量管理实践的维度差异及其作用机制。曾等(Zeng et al.,2015)将质量管理实践划分为"软"维度(如员工参与、文化塑造)和"硬"维度(如流程标准化、工具应用),研究发现二者通过不同路径影响企业创新:"硬"质量管理实践通过质量绩效的中介作用直接促进创新绩效,而"软"质量管理实践则需以"硬"实践为中介间接发挥作用。

然而,不同维度的质量管理实践对企业创新的影响存在异质性。宋永涛和苏秦(2016)的实证研究表明,"软"质量管理实践能显著提升产品创新能力,而"硬"实践反而与新产品开发绩效呈负相关。此外,余红伟和谭琳(2017)指出,企业内外部特征变量(如企业规模、员工素质、政策支持)可能作为中介因素调节质量管理实践与创新之间的关系。

近年来,研究进一步细化创新绩效的维度。杨雪娟和原珂(2022)将创新绩效分为投入、过程、产出三个层面,发现质量管理实践对创新产出绩效促进作用显著,但对创新过程绩效有抑制作用,对创新投入绩效影响不显著。尤尼斯等(Younès et al.,2023)则聚焦产品双元创新(探索式与利用式创新),提出"软"质量管理实践可通过市场导向双元性(兼顾现有与新兴市场需求)的中介作用间接促进产品创新,且市场导向双元性本身对产品双元创新具有直接正向影响。

质量管理实践对创新的积极作用已得到充分验证。扎伊里(Zairi,1999)通过研究 AT&T、Ford、IBM 和 HP 等企业的创新案例发现,这些企业之所以能持续创新,关键在于其将组织构建为学习型体系,并始终坚持市场导向和客户中心原则,同时推行持续改进流程等质量管理实践——这些实践的核心原则与创新需求高度契合。

具体而言,许多企业在创新过程中会直接应用质量管理工具,例如统计过程控制(SPC)、质量功能展开(QFD)和六西格玛(6Sigma),并强调员工参与的协同作用。中国学者梁欣如与许庆瑞(2006)对海尔集团的实证研究进一步佐证了这一观点:其调研显示,海尔的持续改进、顾客满意和全员参与三大质量管理实践,对企业创新产生了显著的推动作用。

2. 质量管理实践对创新的消极作用

在研究质量管理实践与创新的关系时,学者们发现质量管理实践可能对企业创新产生负面影响[温德等(Wind et al.,1997);Slater 和 Narver(1998)]。普拉乔格等(Prajogo et al.,2001)系统分析了这种消极作用的内在机制,主要可归纳为以下三个方面。

1)渐进式创新陷阱

实施质量管理实践可能导致企业陷入渐进式创新路径依赖。以顾客为中心的原则容易使企业过度关注现有客户需求(Prajogo et al.,2001),从而忽视突破性创新的战略价值。这种倾向可能源于组织对客户流失风险的担忧——突破性创新可能改变用户习惯,导致现有客户流失(许庆瑞等,2006)。此外,持续改进(kaizen)原则对效率的追求会减少组织冗余资源[诺里亚等(Nohria et al.，1997)]，而创新活动所需的非生产性探索时间往往依赖于这些资源(Prajogo et al.，2001)，最终抑制员工的创新意愿和组织创新能力。

2）标准化对创新的抑制

质量管理实践强调的标准化程序与创新活动存在本质冲突。Hackman 和 Wageman(1995)指出，质量管理实践的核心原则是稳定与控制，这要求将管理工具常规化和制度化。然而，创新过程本质上需要容忍模糊性和不确定性 Morgan(1993)。标准化程序可能导致组织形成刚性惯例，产生路径依赖现象，使企业陷入"能力陷阱"[伦纳德-巴顿(Leonard-Barton，1992)]，最终阻碍创新氛围的形成。实证研究表明，过度标准化会使员工思维模式趋向保守(Morgan，1993)，不利于创新思维的培育。

3）单环学习局限

质量管理实践的学习模式与创新需求存在根本性错配。阿吉里斯(Argyris，1976)提出的组织学习理论区分了单环学习(single-loop learning)和双环学习(double-loop learning)：前者关注行为结果的表面修正，后者则探究问题的深层成因。质量管理实践本质上属于单环学习(Prajogo et al.，2001)，其特征表现为：基于事实的线性思维[罗菲(Roffe，1999)]；通过惯例解决结构化问题；强调渐进式改进(梁欣如和许庆瑞，2006)。

而突破性创新需要双环学习模式[米勒等(Miller et al.，1995)]，其特征包括：非结构化的概念思维；实验性探索；对根本假设的挑战。

这种学习模式的差异导致质量管理实践难以支持突破性创新活动。

2.1.6　质量管理实践与资源禀赋的关系

1. 质量管理基础实践与企业资源禀赋的关系

1）客户关注与市场资源积累

质量管理中的客户关注实践推动企业主动获取并分析市场信息，以精准识别客户需求并创造价值[洛佩斯-米尔戈等(López-Mielgo et al.，2009)]。通过筛选无效信息、提炼有效数据，企业能够深化对市场运行逻辑的理解，形成独特的市场知识与关键诀窍。为增强需求预测能力，企业需与客户及渠道成员建立信任关系，促进信息互通与合作紧密化。然而，需求识别仅是价值创造的前提，企业还需通过技术能力将需求转化为解决方案。这一过程不仅解决客户质量问题，还加速企业技术知识的积累，形成"需求洞察—技术响应"的良性循环(López-Mielgo et al.，2009)。

2）供应商管理与信息网络拓展

供应商管理通过深度合作强化企业资源禀赋。企业需与多层级供应商开展评估与交流（张群祥，2012），建立信任机制［卡明斯等（Cummings et al.，1996）］，推动敏感信息与产权知识的共享［麦克维利等（Mcevily et al.，2005）］，从而拓宽市场信息渠道并提升数据可信度。此外，供应商提供的外部视角有助于企业更全面地解析市场环境，优化决策效率。

3）高层领导支持与战略资源调配

高层领导通过资本导向、任务导向和社会情感导向支撑战略实施［阿马比尔等（Amabile et al.，1996）］。其作用体现为以下方面：①资源保障。确保人力与资金投入［朱等（Choo et al.，2007）］。②过程管控。提供路径纠偏与绩效评估。③文化塑造。通过层级权威激励员工问题解决意愿，提升整体效能（Amabile et al.，1996）。

4）员工参与与知识转化

员工参与通过赋权增强责任感［麦和阿克塔尔（Mak ＆ Akhtar，2003）］和工作自主性［法默等（Farmer et al.，2002）］，而绩效反馈机制则通过正向/负向激励调整员工行为［瑞安等（Ryan et al.，2014）］。全面质量管理（TQM）实践进一步通过知识共享提升员工绩效［萨法尔和奥贝达特（Saffar ＆ Obeidat，2020）］，形成"参与—反馈—改进"的闭环。

5）培训与复合型资源开发

系统化培训不仅提升员工技能与市场认知（Mcevily et al.，2005），还通过心理激励增强内隐动机［乔治（George，2001）］。能力提升后的员工更主动地整合市场信息、深化供应商协作，最终推动企业技术与市场资源的协同积累。

2. 质量管理核心实践和企业资源禀赋的关系

1）质量数据与反馈机制

质量数据与反馈指组织通过系统化收集质量数据、定期评估质量绩效，并据此考核员工的管理实践［萨拉夫等（Saraph et al.，1989）］。研究表明，质量数据不仅能为企业技术升级提供数据支撑，还能识别流程改进机会，从而提升组织技术水平和资源储备［凯纳克等（Kaynak et al.，2004）］。有效的质量数据管理需依赖以下环节。

（1）数据收集规范化。员工作为主要使用者，需建立高标准的收集与反馈机制，以支持产品评估与流程优化（Flynn et al.，1995）。

（2）流程优化功能。通过分析质量数据，企业可剔除非增值环节，标准化开发流程，使资源向核心技术领域集中。

（3）跨部门协同。质量数据整合生产、销售等多部门信息，帮助员工快速响应客户需求,并在市场分析中占据主动(Flynn et al.,1995)。

2)产品设计中的质量导向

产品设计质量体现为全员参与设计评审及对质量属性的重视程度(Saraph et al.,1989)。其核心目标包括以下方面。

(1)可制造性保障。通过组件标准化和客户需求导向设计,平衡功能性与生产可行性[奈尔(Nair,2007)]。

(2)跨职能协作。客户、设计工程师与制造部门的持续沟通能收敛分歧意见(Kaynak et al.,2004),最终实现两类价值:①客户价值,即通过需求精准匹配增强客户关系;②技术价值,即在迭代修改中推动技术能力升级。

3)过程管理的资源整合效应

过程管理通过将企业资源嵌入流程,形成"资源—流程"双向强化机制[达斯等(Das et al.,2012)],具体表现为以下方面。

(1)经验积累。规范化流程的重复记录与改进可转化为技术储备[克拉森等(Klassen et al.,2007)]。

(2)系统性学习。流程监控促进组织知识库构建[奇库洛等(Ciccullo et al.,2017)],帮助员工定位问题根源并预防缺陷[阿希尔等(Ahire et al.,2010)]。

(3)市场响应效率。标准化流程缩短客户响应时间(Nair,2007),同时释放冗余资源用于市场信息分析与问题解决。

2.1.7 资源禀赋与创新绩效的关系

1.市场资源与企业创新绩效的关系

市场资源可分解为市场知识、客户关系、渠道关系及客户需求四个维度。这些资源聚焦于市场中的知识与信息流动,能够为企业的创新活动提供价值支撑(姚铮,2016)。蒂斯(Teece,1986)指出,在新产品商业化过程中,企业对市场的研究、客户需求的洞察、分销渠道的整合,以及面向客户的广告与售后服务,均依赖市场资源的支持,而这些环节直接决定了新产品的市场成功。此外,市场资源所积累的信息流还会推动企业内部流程的迭代优化,进而触发下一轮创新。

1)实证研究支持

卡兰托内等(Calantone et al.,1996)通过实证分析发现,产品营销、销售预测、渠道分销及促销活动显著提升创新绩效,证实了市场资源的正向影响。

宋等(Song et al.,2005)将市场资源作为创新绩效的前因变量,强调其作用通过实际的市场交互行为实现。

秦剑和王迎军(2010)基于资源基础理论与资源依赖理论,以创业型企业为样本,在控制市场类型与产品类型后,仍得出市场资源驱动创新的结论。

孟佳佳(2013)进一步区分了营销能力与市场资源,指出二者的协同效应共同促进创新。

翟晓荣和刘云(2023)针对新能源汽车企业的研究发现,大型企业通过国际化广度战略整合政府与市场资源实现高创新绩效,而中小企业则需结合国际化广度与深度战略,并配置更丰富的市场资源。

2)作用机制分析

市场资源通过以下路径提升创新绩效。

(1)降低创新风险与成本。提供充分的市场知识与行为洞察(李泽等,2017)。

(2)弥补内部能力短板。增强企业对渠道信息与顾客需求的获取效率,深化对客户偏好的分析与预判。

(3)动态响应市场.基于实时需求调整创新方向,形成更具竞争力的创新产出。

2. 技术资源与企业创新绩效的关系

技术资源是指企业获取、吸收、转化、利用及创造新知识的能力与资产,涵盖从研发到生产的全链条资源,具体表现为产品制造技能、生产工艺、技术变革预测能力、研发资源等[扎赫拉等(Zahra et al.,2010)]。已有大量研究表明,技术资源对企业创新绩效具有显著促进作用。通过增强企业应对外部环境变化的能力,技术资源能够推动新技术、新产品和新工艺的开发,进而提升企业整体绩效[舍内克等(Schoenecker et al.,2002)]。

实证研究进一步支持了这一观点。例如,Song 等(2005)发现技术资源对创新绩效存在正向影响;秦剑和王迎军(2010)验证了技术资源对企业创新绩效的积极作用;姚铮(2016)针对制造业的研究表明,技术资源不仅能显著降低创新风险,还能提高创新绩效。此外,綦良群和王曦研(2022)指出,先进制造企业需协同利用外部技术资源与营销资源,通过技术创新和营销扩展的双重路径,实现服务创新绩效的持续提升。

技术资源对企业创新绩效的促进作用主要体现在以下三个方面。

(1)技术优势转化。技术资源通过推动新产品研发与技术扩散,帮助企业建立技术领先地位并获取超额利润[德萨尔博等(Desarbo et al.,2007)]。

(2)流程优化。通过改进生产工艺和流程,技术资源可提升产品开发的稳定性、可靠性和效率,从而增强创新绩效(何培旭等,2019)。

(3)产品创新。技术资源能够提升新产品的新奇性与市场竞争力,最终对创新绩效产生正向影响(李泽等,2017)。

3. 网络资源对企业创新绩效的影响机制

创新活动具有高风险与高收益的双重特征。在开放式创新范式下,任何企业都难以独立掌控创新所需的全部技术资源[切萨布鲁夫(Chesbrough,2003)]。为突破资源约束,现代企业正通过信息技术与先进制造技术的赋能,实现从封闭式线性创新向网络化协同创新的范式转型(Nair,2007)。这种转变本质上构建了以企业为核心节点的创新生态系统。

网络资源作为企业的战略性资产,通过三重路径提升创新绩效。其一,信息获取路径,网络节点间的知识溢出使企业能及时捕捉市场需求变化与技术演进动态(姚铮,2016),具体表现为:①获取终端用户的个性化需求数据;②识别生产工艺设备升级契机;③优化生产流程的创新方案。其二,风险缓释路径,多元化的网络关系可分散研发不确定性带来的经营风险。其三,效率提升路径,基于社会网络的资源拼凑机制(曹艳华等,2021)显著降低了创新试错成本,使企业能以更敏捷的姿态响应市场竞争。

特别值得注意的是,中小企业创新网络表现出更强的绩效敏感性。曹艳华等(2021)的实证研究表明,当企业规模小于临界值时,网络资源对创新绩效的边际贡献提升 37.2%,这验证了资源拼凑理论在创新网络研究中的适用边界。

4. 知识资源与企业创新绩效的关系

知识基础观理论指出,企业本质上是其拥有知识的集合体,其存在意义在于为个体提供知识交换的平台[哈默尔等(Hamel et al.,1991)]。作为知识的载体,企业通过对知识的有效整合与利用,能够构建持续的竞争优势。在对外互动中,企业主要涉及两类知识:显性知识(如专业技术)和隐性知识(如核心诀窍)(Hamel et al.,1991)。研究表明,显性与隐性知识的相互渗透不仅能促进技术互动(例如从供应商处获取技术知识),还能通过交叉知识创造构建新的技术能力体系[卡森等(Carson et al.,2003)],从而扩充企业技术储备并显著提升创新绩效。

进一步地,谢等(Xie et al.,2022)的实证研究发现,企业可通过创新网络吸收外部互补性知识,弥补自身知识资源缺口,进而增强竞争力并推动创新绩效。李立颖(2023)从知识整合视角提出,虚拟集聚模式下的联盟合作、共享信息平台建设以及成员间的共同学习机制,能够有效提升高新技术企业的创新能力。此外,朱云鹃和陈金标(2024)基于组织边界管理理论证实,跨界搜寻与匹配平衡对技术创新绩效具有积极影响,且这一过程中知识耦合发挥关键中介作用。

在动态市场环境中,企业唯有通过持续创新才能维持阶段性竞争优势。而知识作为技术、市场信息、产品概念等创新要素的核心载体,始终是创新活动的基石。

2.1.8 文献述评

通过对国内外质量管理实践、企业创新及资源禀赋等领域文献的系统梳理，现有研究在质量管理实践与创新绩效的关系方面已取得丰富成果，但以下问题仍存在争议或研究空白，亟待进一步探索。

1. 质量管理实践对企业创新绩效的作用机理分歧

现有研究关于二者关系的结论尚未统一，主要存在"积极影响"与"消极影响"两种对立观点。支持者认为质量管理实践能提升创新绩效，反对者则指出其过度强调规则可能抑制创新。这种分歧导致企业实践者面临决策困境。为此，亟须通过实证研究厘清二者关系。本研究创新性引入质量管理成熟度概念，通过分级检验不同水平下二者的关系差异，并结合资源禀赋视角分析其影响机制。

2. 资源基础理论视角下的作用路径

基于资源基础理论，企业作为资源集合体，其竞争优势源于独特资源的积累与动态转化。然而，现有研究尚未明确：①如何识别关键资源禀赋；②资源禀赋在质量管理实践与创新绩效关系中的作用性质（调节效应或中介效应）。

本研究拟纳入市场资源、技术资源、知识资源及网络资源等变量，揭示资源禀赋对二者关系的影响路径，填补理论空白并为实践提供指导。

3. 情境因素的调节效应

研究表明，质量管理实践的"普适性"受情境限制（Flynn et al.，2006）。尤其在当前中国背景下：①区域经济水平差异显著；②市场竞争强度持续升级；③对外开放政策深化。

然而，关于区域经济水平与市场竞争强度作为情境变量的研究仍属空白。本研究将实证检验二者对质量管理实践与创新绩效关系的调节效应。

4. 开放式创新背景下的新动能

面对市场剧变，"开放式创新"成为中小企业整合内外部资源的关键策略。其特征包括：①跨组织知识流动管理；②封闭式与开放式创新的光谱分布；③资源利用效率优化。

本研究将开放式创新作为调节变量，探究其在"质量管理实践→网络/知识资源→创新绩效"路径中的内在影响机制。

2.2　基础理论

2.2.1　组织学习理论

组织学习理论的发展始于 1958 年,马奇(March)和西蒙(Simon)作为该领域的先驱,首次提出"组织学习"概念。他们认为,当企业面临复杂多变的外部环境时,组织学习是维持组织持续发展、避免衰退的重要方式。通过有效的学习行为,组织能够传递和积累发展所需的知识与能力,克服发展障碍,最终实现组织变革的社会化行动(March & Simon,1958)。

后续学者对组织学习进行了如下深入探讨。

1. 概念界定

(1) 阿吉里斯等(Argyris et al.,1978)将其定义为"组织发现问题、解决问题并重构组织运行方法的持续过程"。

(2) 内维斯(Nevis,1987)强调其作为"企业基于经验维持和提升绩效的能力"。

(3) 陈国权等(2000)则着重指出其对"提升企业适应力和竞争力"的重要作用。

2. 过程机制研究

Argyris 和 Schön(1978)从过程视角提出,组织学习本质是对现有方法、流程和结构的创新。胡贝尔(Huber,1991)进一步将这一过程系统化为四个阶段:

(1)知识获取。来源包括外部交互所得和内部知识重构。

(2)知识分配。促进成员间知识共享,实现个体知识向组织知识的转化。

(3)知识解释。对信息进行筛选、理解和分类储存。

(4)组织记忆。知识系统化存储以备未来调用。

3. 学习类型划分

March(1988)提出以下二元分类框架:

(1)探索式学习。具有创新性、非线性特征,侧重新知识领域的风险探索。

(2)应用式学习。体现常规化、标准化特点,着重现有知识的深度开发。

4. 组织效能影响

研究表明(Argyris et al.,1978;林山等,2004):

(1)组织学习能力与企业创新绩效呈正相关;

(2)隐性/显性知识的转化过程本质是知识创新过程;

(3)学习能力差异会导致企业创新能力的显著分化。

2.2.2 资源基础理论

资源基础理论(resource-based theory,RBT)认为企业是一系列资源的集合,强调从资源的角度分析企业的经营活动(Wernerfelt,2011),是战略管理领域最具影响力的理论之一[纽伯特(Newbert,2007)]。该理论认为,资源异质性是企业差异化的根源,而战略实施过程中异质资源的积累是企业竞争优势的关键(Maritan et al.,2010)

资源基础理论的雏形可追溯至彭罗斯(Penrose,1959)的研究。她将企业定义为具有有限边界的一系列生产资源的集合,并提出企业通过内部独特资源开发异质产品是获取竞争优势的核心。Penrose进一步指出,企业的兼并、收购和多元化增长等经营活动源于管理者对资源的开发与配置,只有合理利用资源才能有效影响企业未来的发展方向和增长速度。除Penrose外,鲁宾(Rubin,1973)也被视为资源基础观正式提出前少数将企业概念化为资源的学者之一。与Penrose类似,Rubin强调资源的合理配置比单纯拥有资源更为重要。

Wernerfelt(1984)首次将研究视角从企业外部转向内部,初步构建了资源基础观。他指出,企业超额收益源于内部资源与能力的积累,而独特资源是竞争优势的关键来源。此外,他从资源角度分析了企业绩效的形成机制,认为虽然绩效直接表现为产品产出,但其根本驱动力在于资源投入生产过程。企业可通过识别和获取关键资源来获得经济租。

然而,Wernerfelt(1984)的开创性研究因理论抽象性未能立即产生广泛影响。直到Barney(1991)整合了分散的资源基础文献并提出系统化理论框架后,资源基础理论才真正对学术界产生深远影响。Barney(1991)的理论基于两大假设:一是资源在企业间呈异质性分布,二是资源具有不完全流动性。他认为,企业间资源禀赋的差异是竞争优势的根源,并将战略资源的特征归纳为稀缺性(valuable)、难以模仿性(rare)、价值性(inimitable)和不可替代性(non-substitutable,VRIN)。拥有此类资源的企业能够获得竞争优势并实现短期绩效提升。此后,RBT逐渐成熟,并取代RBV成为学界主流表述。

不过,Barney(1991)的静态分析框架也受到质疑。例如,Grant(1991)指出,竞争优势不仅源于资源占有差异,更取决于资源配置与利用能力;普瑞姆等(Priem et al.,2001)批评该框架未揭示"资源如何转化为竞争优势"的黑箱机制,强调需通过有效管理实现资源价值。动态能力理论进一步拓展了这一视角:蒂斯和皮萨诺(1994)提出,企业通过资源构建、整合与配置的动态过程来适应环境变化,从而形成竞争优势;伦纳德—巴顿(Leonard-Barton,1992)则发现,资源利用可能受核心能力刚性制约,导致企业在非连续性变革中丧失竞争力。此外,Wernerfelt(2011)与 Maritan 和 Peteraf(2010)指出,资源具有动态演化特征——既可通过战略要素市场获取,也能通过内部积累不断更新。

2.2.3　动态能力理论

随着资源基础观研究的深入,学者们发现单纯强化单一资源而忽视企业内部资源的互补性,反而会削弱企业竞争力[普拉哈拉德和哈默尔(Prahalad & Hamel,1997)]。基于此,Prahalad 和 Hamel(1997)提出,企业成功的关键在于核心能力,并将其定义为"企业为客户提供特定价值的技能与技术集合"。然而在动态市场环境中,过度依赖核心能力可能导致"核心刚性"问题。Leonard-Barton(1992)以日本汽车制造商为例,指出其 20 世纪 80 年代的精益制造核心能力到 90 年代反而成为发展障碍——过度追求客户满意度和产品市场细分显著提高了成本。Sirmon 等(2011)进一步证实,核心能力的路径依赖会削弱企业对环境变化的适应性,这使得动态环境下的竞争力维持成为研究焦点。

作为战略管理领域的研究热点,动态能力对企业创新具有显著促进作用。不同学者对其内涵进行了多角度阐释。

(1)能力观(Teece et al.,1994)。强调企业整合、构建与重构内外部资源以适应市场变化的能力,其中"动态"指基础资源的持续更新,"能力"指资源获取与整合效能;

(2)过程观(Eisenhardt et al.,2000)。界定为企业获取、整合及重构资源以应对环境变化的动态过程;

(3)学习观(Zollo et al.,2002)]。认为动态能力源于隐性知识积累、外显化及编码转换,本质是通过知识获取→整合→转化→创新的组织学习机制,将知识转化为异质性资源以获得持续竞争力。

动态能力理论将资源基础理论从静态资源异质性研究拓展至资源获取与更新的动态过程[(Wang et al.,2004)]。随着创新成为企业获取持续竞争力的关键,学界开始从创新视角研究动态能力:

(1)前因变量。组织学习、知识创新等。

(2)结果变量。创新绩效、竞争优势、技术创新等。

(3)调节变量。环境动态性等(辛蔚等,2018)。

现有研究较少将质量管理实践视为动态能力。本研究认为,质量管理实践本质是企业实现持续改进的动态能力,拟从该视角探究其对新产品开发绩效的作用机制。

2.2.4 知识基础观理论

知识基础观理论与资源基础观理论同源,二者均源于学者对企业存在本质的探讨。资源基础观将企业视为生产活动所需资源的集合,而知识基础观则认为企业是组织所拥有知识的集合,其存在的意义在于促进个体间的知识交换[科格特等(Kogut et al.,1992);斯彭德(Spender,1996)]。格兰特(Grant,1996)进一步提出基于知识的理论,强调企业作为知识载体,通过有效整合与利用知识来构建可持续竞争优势。

然而,知识研究的首要难题在于如何界定"知识"。尽管学界尚未形成统一且精确的定义,但多数学者将其概括为组织活动所需的观点、技能、创意、规则及数据等要素的集合[本德等(Bender et al.,2000)]。知识的产生、获取与整合源于知识载体对事物的动态认知过程,涵盖认知、经验(技能)及预测等维度。

在快速变化的市场环境中,企业唯有通过持续创新才能获得阶段性竞争优势。知识作为创新的核心载体,承载了技术、市场信息、产品概念等关键要素,对创新活动具有决定性作用。基于知识基础观的研究揭示了企业如何通过知识驱动创新[徐巧玲,2013;罗洪云等,2015;卡纳等(Caner et al.,2017);舒贾哈特等(Shujahat et al.,2019)]。现有研究从静态视角分析了知识分类与企业知识异质性[野中郁次郎(Nonaka,1994)],从动态视角探讨了知识流动、整合与应用[费林等(Felin et al.,2007);奥德等(Ode et al.,2020)]。

切萨布鲁夫等(Chesbrough et al.,2010)进一步指出,开放式创新中的知识流动机制具有跨组织性与目的性。知识流入主要源于两方面:一是企业从外部知识源获取知识,二是通过内外部知识的有机融合实现知识创新。因此,知识获取成为知识流入企业的关键环节,其本质是开发观点、技能及关系网络的过程。

质量管理实践作为一种动态能力,涵盖外部(如供应商与客户关系管理)与内部(如员工培训、持续改进、数据分析)两大维度,与知识获取密切相关。基于此,本研究选择隐性知识获取作为中介变量,以解释质量管理实践如何通过隐性知识获取影响企业新产品开发绩效。

第 3 章　成熟度水平分级下质量管理实践对企业创新绩效的影响

3.1　问题提出

当前,中国经济已由高速增长阶段转向高质量发展阶段。在经济发展新常态下,质量成为制约经济增长的关键瓶颈,企业亟须通过效率提升和转型升级实现可持续发展。尤其在供给侧结构性改革的背景下,作为宏观经济微观主体的企业,其发展方式转变与提质增效的迫切性日益凸显(张志强等,2020)。面对激烈的市场竞争与快速变化的全球环境,企业逐渐认识到质量管理实践可作为战略性改进工具(曾珍等,2017),通过提供满足客户需求的高质量产品获取竞争优势[克罗斯比(Crosby,1980)]。

然而,在复杂动态环境中,企业不仅需灵活应对当前市场需求,还需适应甚至引领未来趋势(Gibson et al.,2004)]。创新由此成为企业持续竞争力的核心能力,能够突破路径依赖并创造核心价值(Subramaniam et al.,2005)]。谷歌、亚马逊、阿里巴巴等企业的成功表明,创新已成为新时代企业生存与发展的关键准则(奉小斌,2015;张群祥,2012)。但作为异质性实践,质量管理实践究竟会促进还是抑制创新绩效?

1. 争议性观点

(1)抑制论认为,质量管理强调控制、标准化和错误预防,可能导致企业保守化,与创新所需的开放性思维相冲突(李全喜等,2011)。例如:以顾客为中心可能使企业局限于现有需求,忽视潜在市场,抑制根本性创新(Zeng et al.,2015;Slater et al.,1998);标准化流程可能导致组织僵化,形成路径依赖(Zeng et al.,2015)。

(2)促进论则指出,质量管理实践通过以下路径支持创新:客户导向推动企业持续满足新需求,促进产品与技术迭代;员工培养提升创新责任感与能力(Prajogo et al.,2003)。但实证结果存在分歧,部分研究未发现显著促进作用

［辛格等(Singh et al.，2004)；特奇奥夫斯基等(Terziovski et al.，2014)］。

2. 研究缺口与本研究贡献

现有研究对二者关系尚未形成共识,且企业实施质量管理的效果存在显著差异,这种异质性被定义为质量管理成熟度(Li et al.，2002)。然而,现有成熟度研究多局限于特定行业或区域,尚未从分级视角探讨其对创新绩效的影响机制。

为此,本研究通过以下路径弥补空白:

(1)基于中国企业数据,运用聚类分析对质量管理成熟度进行分级;

(2)揭示不同成熟度水平下质量管理实践对创新绩效的作用机理。

本研究的理论价值在于厘清二者深层关系,实践意义则为管理者提供分级策略工具,助力企业统筹质量与创新的双重竞争优势。

3.2　研究假设

3.2.1　质量与质量管理实践

质量作为质量管理实证研究的核心概念,普遍被认为具有多维特征。质量管理大师 Juran(1986)突破传统"符合性"定义,从产品适用性角度提出质量应包含一致性、安全性和可用性等维度。苏等(Su et al.,2008)进一步细化了产品质量的八个维度:性能、一致性、耐用性、特性、可靠性、美学性、可服务性与感知质量。本研究采用卡特等(Cart et al.,1997)的综合性定义,将质量界定为"产品或服务满足明确或隐含需求的能力"。

质量管理是通过系统化过程实现质量目标的组织活动,其发展历程可分为三个阶段:质量检验阶段、统计质量控制阶段和全面质量管理阶段。费根鲍姆提出的全面质量管理框架强调,该过程始于顾客需求识别,终于顾客满意度达成,是通过协调人力、硬件与信息实现的系统性活动。现有研究普遍认为,质量管理既是维持高质量产出的有效途径［亨德里克斯等(Hendricks et al.,2001)］,也是企业形成动态能力的关键(Zollo et al.,2002)。曼斯菲尔德(Mansfield,1986)将那些直接或间接影响质量绩效和竞争优势的关键活动定义为质量管理实践。

现有研究主要采用二维框架描述质量管理实践:

(1)"硬"维度。侧重技术工具应用,包括统计过程控制、质量功能部署等核心实践(对应 Flynn 等 1995 年提出的过程管理、质量信息、统计控制等),强调对生产过程的标准化控制。

(2)"软"维度。关注人力资源与社会因素,涉及管理承诺、员工参与、培训学习等基础实践,体现质量管理的组织行为特征。

尽管测量指标存在差异,学界对以下核心要素已形成共识:过程管理、顾客导向、供应商关系和员工参与等。基于文献梳理,本研究构建的质量管理实践测量体系包含:①核心实践(技术工具导向),包括过程管理(通过标准化工具降低生产波动)、统计控制(运用数据分析优化流程)、产品设计(平衡客户需求与企业产能)、持续改进(建立组织学习机制);②基础实践(人力资源导向),包括高层支持(战略层面的质量承诺)、员工参与[全员质量责任机制(石川馨,1989)]、顾客中心[需求导向的管理哲学(朱兰,1986)]、供应商关系(供应链协同质量管控)。

Saraph 等(2010)的经典模型虽未包含客户维度,但当代质量管理已将顾客需求管理视为核心要素。顾客(需求拉动)与供应商(资源推动)作为外部关键主体,共同塑造企业的质量管理系统。

3.2.2　企业创新绩效

创新(innovation)的概念最早由经济学家熊彼特(Schumpeter)在其“创新理论”中提出。他认为,企业家通过产品创新(如开发新产品)、工艺创新(如改进生产技术)、体制创新(如优化组织结构)和管理创新(如引入新的管理模式)等方式,对生产要素进行重新组合,从而推动经济发展。其中,技术相关创新(如产品与工艺创新)是核心驱动力。

由于“创新”本身较为抽象,难以直接量化,学者们提出了创新绩效(innovation performance)这一概念,以衡量企业在创新活动中的实际成效。Wernerfelt(1984)将其定义为“企业在创新过程中,因产品与流程创新活动所带来的整体绩效提升”。

关于创新绩效的构成,厄特巴克等(Utterback et al.,1993)提出的二维划分法(产品创新与过程创新)得到了广泛认可。在此基础上普拉乔格等(Prajogo et al.,2006)进一步细化了衡量标准。

(1)产品创新(product innovation),指企业开发并推出全新产品或服务的能力,通常用新产品数量、研发速度、创新程度以及市场接受度等指标衡量。其中,创新程度(新颖性)和市场接受度(商业化成功)最能体现创新绩效的核心价值。

(2)过程创新(process innovation),指企业通过引入新技术、设备或优化生产流程以提高效率的行为,其衡量指标包括新工艺采纳速度、技术改进程度以及生产效率提升等。

此外,部分学者[如达曼普尔(Damanpour,1991)]主张从更广泛的视角定义创新绩效,将制度创新、管理创新、营销创新等非技术因素纳入考量。

基于上述研究,本研究主要聚焦于狭义创新绩效(即产品与过程创新),并参考 Prajogo 和 Sohal(2006)的衡量方法设计调研问卷,以评估企业的创新表现。

3.2.3 质量管理实践对企业创新绩效的影响

现有研究对质量管理实践(QMP)与企业创新绩效的影响机制尚未形成一致结论,这种理论分歧在实证研究中也同样存在。目前,关于质量管理对创新绩效的促进作用,主要存在两条理论路径:

1. 支持路径:质量管理对创新的促进作用

1)环境支持路径

质量管理通过组织氛围和技术平台为创新提供基础支持。Anderson 等(1995)指出,质量管理实践从人员和技术双维度构建了有利于创新的组织环境。具体而言包括以下方面:

(1)基于技术学习视角,全面质量管理(TQM)的特定要素(如顾客导向、持续改进、团队协作)能够调节创新能力积累速率(隋静等,2005)。

(2)顾客导向确保技术发展与市场需求的战略匹配,持续改进促进对专有技术的批判性反思,团队协作则强化内部知识与信息流通(Ahire et al.,1996)。

(3)Ahmed 等(1999)进一步提出,TQM 为创新活动提供了必要的组织动能和承诺保障。

2)能力基础路径

质量管理通过塑造创新前置条件间接影响创新绩效。例如:Zeng 等(2015)的实证研究表明,硬性质量管理实践不仅直接提升了创新绩效,还能通过软性质量管理的协同作用产生间接效应,印证了"质量优先"理论[费尔多斯等(Ferdows et al., Meyer,1990)]——质量能力是其他战略能力的基础;Flynn 等学者补充指出,质量管理能力是企业开展创新管理的必要前提。

2. 争议路径:质量管理的潜在抑制作用

部分学者认为,质量管理的核心理念可能与创新本质存在冲突(李全喜等,2011),具体表现为以下方面:

(1)顾客导向的局限性。过度聚焦现有产品改进可能抑制对潜在需求的挖掘,限制突破性创新。

(2)标准化与灵活性的矛盾。持续改进强调流程稳定性,可能导致组织僵化,降低突破性创新的可能性。

(3)资源挤占效应。严格的过程管理可能压缩创新所需的冗余资源,抑制创新活力。

此外,Flynn(1995)指出,快速产品创新与质量改进难以并行;Singh 和 Smith(2004)针对澳大利亚制造业的实证研究也表明,两者无显著关联。

3. 实证研究的混合证据

不同地区的实证研究呈现复杂结论:

(1)正向关联。Prajogo 和 Sohal(2006)发现澳大利亚企业的质量管理与创新绩效显著正相关;奉小斌(2015)基于 162 家浙江企业的数据,证实质量管理实践(基础与核心)均直接促进创新绩效(以组织学习为中介)。

(2)部分关联。Terziovski 和 Guerrero(2014)发现 ISO 9000 认证仅对流程创新有促进作用(N=220)。

(3)普适性验证。李鸣(2019)对长三角 434 家企业的研究表明,该结论适用于产品和工艺创新;最新研究[希贾兹(Hijazi,2023);马加利等(Magali,et al.,2023)]进一步揭示知识共享/创造在 TQM 与创新绩效间的中介作用。

3.2.4 质量管理成熟度

1. 质量管理成熟度的界定

质量管理研究领域普遍关注一个核心问题:如何有效评估组织质量管理实践的"实施质量"? 现有研究表明,质量管理实践的实施效果存在显著差异(Li et al.,2018)。部分组织仅将质量管理停留在形式层面,未能将其真正融入企业运营;而另一些组织则通过系统化的实施,使质量管理理念转化为企业文化的重要组成部分。这种差异化的实施水平被定义为质量管理成熟度(quality management maturity,QMM)。

学术界普遍认为,仅考察企业是否实施质量管理实践是不够的,必须对其成熟度水平进行梯度划分。这种细粒度的评估有助于深入理解质量管理实践如何通过不同实施路径影响企业生产活动与创新绩效(李军锋,2009)。

2. 质量管理成熟度的分级研究

1)理论框架

构型理论包含以下两种研究路径。

(1)概念分类。通过理论推演建立分类框架。如 Crosby(1980)提出的五阶段模型:不确定期、觉醒期、启蒙期、明智期和确定期。

(2)实证分类。采用统计方法验证理论模型。

2)实证研究进展

杨等(Yeung et al.,2003)对香港电子制造业的研究识别出四类质量系统:未开发型、结构型、环境适应型和战略型,并证实其与组织绩效存在层级对应关系。赵等(Zhao et al.,2004)基于波多里奇奖标准,将中国服务业企业分为不完善型、环境适应型、软系统型和战略型。研究发现,不同质量管理实践组合可能达成相近的绩效水平,表明企业可通过差异化路径实现质量效益。

国内学者的研究成果如下:

(1)苏秦等(2010)通过六维评估(含高层领导、顾客关注等)将企业分为四类,揭示中国企业在人力资源和过程管理方面的薄弱环节。

(2)李军锋(2009)将重庆制造业划分为起始级、成长级和领先级。

(3)徐冬明(2014)基于 Crosby 模型,识别出装备制造业五类成熟度特征。

3. 研究局限与本研究贡献

既有研究存在以下三个明显局限:

(1)行业覆盖不足,如 Zhao 等(2004)仅关注服务业。

(2)地域代表性有限,如李军锋(2009)聚焦重庆。

(3)产业集中度高,如徐冬明(2014)仅研究装备制造业。

为此,本研究通过全国性企业调研,构建更全面的质量管理成熟度评价体系,旨在揭示不同成熟度水平对企业创新绩效的作用机制。

3.2.5　研究假设

质量管理实践在组织内部的推行,总体上为创新营造了有利的氛围与环境[麦克亚当等(McAdam et al.,1998);罗菲(Roffe,1999)],并通过提供创新所需的动力与承诺促进创新绩效。此外,质量管理实践还通过推动员工和组织对相关能力的学习与积累,为创新创造了前提条件(Perdomo-Ortiz,2006)。

(1)供应商关系管理。企业通过与供应商开展合作交流、知识共享,并将其纳入产品设计的早期阶段(López-Mielgo et al.,2009),促进新知识的产生与转移,从而丰富企业知识库,提升产品创新绩效和过程创新绩效。这种合作的深入程度与创新绩效的提升呈正相关。

(2)客户关注实践。企业通过持续挖掘现有客户潜在需求及探索新客户需求[(吴等(Wu et al.,2013)],更全面地识别市场机会,进而通过创新为客户创造价值。

(3)过程管理。通过统计技术减少过程变异,优化工艺流程,从而提高过程创新绩效。

产品创新绩效和过程创新绩效均体现了企业对市场竞争的适应性:①产品创新绩效表现为新产品或服务带来的利润增长和竞争力提升;②过程创新绩效则体现为生产工艺改进带来的质量提升、成本降低或效率提高。

二者均与质量管理的终极目标——"产品适用性"相一致。此外,质量管理强调以顾客为中心,推动企业主动探索新需求,而非仅满足于生产符合标准的产品。因此,质量管理实践与创新绩效之间应存在正向关联。基于此,提出:

H1:质量管理成熟度越高的企业,创新绩效越好。

然而,过度标准化的质量管理实践可能导致企业陷入能力陷阱和路径依赖,抑制组织创新[埃文斯等(Evans et al.,2010);林德曼等(Linderman et al.,2004);斯莱特等(Slater et al.,1998)]。此外,效率导向可能减少冗余资源,而员工在规范压力下可能缺乏创新意愿[萨迪科格鲁等(Sadikoglu et al.,2010)]。这些现象尤其易出现在质量管理成熟度高、执行严格的组织中。因此,提出:

H2:质量管理成熟度级别越高,其对创新绩效的正向影响越弱。

综上,本章研究框架如图3-1所示。

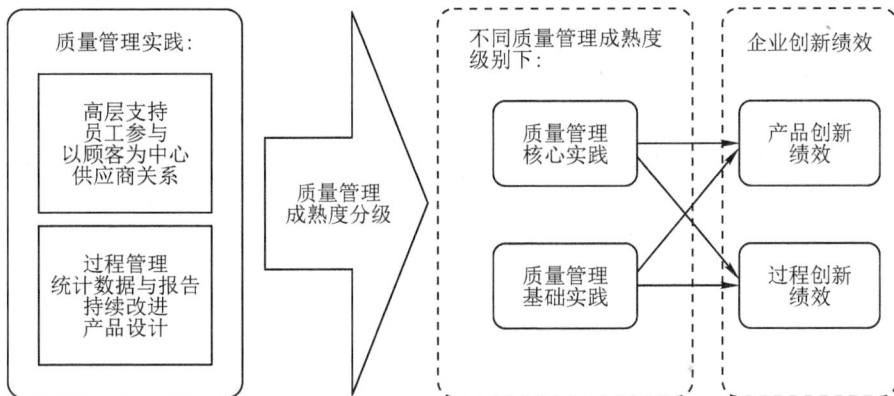

图 3-1　研究思路

3.3　研 究 设 计

3.3.1　变量测度与问卷设计

本研究基于 Prajogo 和 Sohal(2004)等权威文献开发的量表设计调查问卷,数据收集涵盖中国各省市的制造业和服务业企业。由于质量管理实践和企业创新绩效这两个核心变量无法直接测量,本研究采用主观感知量表进行测度。

问卷开发过程严格遵循跨文化研究规范:首先将原始英文量表翻译为中文,再由独立研究人员回译为英文,通过比对评估确保量表的文化适应性。在预调研阶段,根据反馈对表述不清的题项进行了修订。参照 Li 等(2018)的研究,质量管理实践的有效实施应体现为组织成员对质量管理工具和技术的普遍认知,因此问卷由被调查企业的中高层管理人员填写。

量表采用李克特5点计分法（"1"表示"非常不符合"；"5"表示"非常符合"），各潜变量通过对应指标的平均值进行计算。变量操作化定义如下：

（1）质量管理实践。沿用 Flynn 等的二维度划分（核心实践与基础实践）。

（2）创新绩效。采用 Prajogo 和 Sohal（2004）的双维度量表（产品创新与过程创新）。

2020年2—4月进行的预调研共发放问卷158份，回收有效问卷104份（有效回收率65.8%）。信效度检验结果如下：①信度。所有构念的 Cronbach's α 系数大于>0.8。②效度。KMO=0.866，Bartlett 检验显著（$P<0.05$）。③探索性因子分析提取8个主成分（累计方差解释率74.7%），各题项因子载荷均符合标准，故保留全部题项（完整问卷见附录二）。

3.3.2　抽样与数据采集

本研究于2020年4月至9月期间开展问卷调查，共发放问卷616份，回收问卷417份，其中有效问卷356份，问卷有效回收率为64.73%。调查样本覆盖我国电子通信、机械制造、生物医药等多个制造业细分领域，地域范围涉及安徽、广东、贵州等28个省、市、自治区（具体见表3-1）。样本企业类型包括国有企业、民营企业、外资企业及中外合资企业等多种所有制形式，具有较强的行业代表性和地域覆盖面。样本具体分布情况详见表3-1。

表3-1　受访企业描述性统计

所处地区	数量	占比/%	行业	数量	占比/%
安徽	3	0.8	采矿与冶金	44	12.4
北京	15	4.2	电子、通信、硬件、互联网	45	12.6
甘肃	27	7.6	建筑建材	60	16.9
福建	1	0.3	汽车、机械、制造	30	8.4
广东	59	16.6	交通、物流	9	2.5
广西	2	0.6	金融	7	2.0
河北	45	12.6	农副食品、轻工	50	14.0
贵州	7	2.0	生物、医药	12	3.4
海南	2	0.6	文化、教育、传媒	8	2.2
河南	20	5.6	新材料、能源、化工、环保	25	7.0
黑龙江	3	0.8	服装纺织	2	0.6

续表

所处地区	数量	占比/%	行业	数量	占比/%
湖北	3	0.8	其他	64	18.0
湖南	6	1.7	总计	356	100
江苏	6	1.7	企业性质	数量	占比/%
辽宁	1	0.3	国有企业	98	27.5
宁夏	5	1.4	民营企业	186	52.2
青海	10	2.8	外资企业	18	5.1
内蒙古	1	0.3	中外合资企业	34	9.6
山东	23	6.5	其他	20	5.6
山西	2	0.6			
陕西	73	20.5			
上海	18	5.1			
四川	9	2.5			
新疆	1	0.3			
天津	3	0.8			
浙江	5	1.4			
云南	5	1.4			
重庆	1	0.3			
总计	356	100	总计	356	100

3.3.3　信效度分析

1. 信度分析

本研究各质量管理活动维度的 Cronbach's α 系数介于 $0.813 \sim 0.928$ 之间,均达到可接受标准。量表总体 Cronbach's α 系数为 0.970,表明问卷具有优秀的内部一致性和信度水平。

2. 效度分析

1)内容效度

本研究问卷设计严格遵循量表开发规范:① 维度指标均源自国内外权威文献与成熟量表;② 整合欧洲质量奖(EFQM)、美国波多里奇国家质量奖(MBNQA)及中国全国质量奖的实践标准;③ 经过专家评审和预测试修正。

上述程序确保了问卷具有良好的内容效度。

2）结构效度

采用探索性因子分析（EFA）进行检验，具体如下。

（1）分析方法。分析方法包括：①主成分分析法；②最大方差旋转法；③提取标准，特征值大于 1。

（2）检验结果。①KMO 值：核心实践 0.944，基础实践 0.929（＞0.7）；②Bartlett 球形检验：$P<0.001$；③累计方差解释率：核心实践 70.32％，基础实践 65.94％；④因子载荷：所有题项大于 0.5。

分析结果表明量表具有理想的结构效度，各维度划分合理。

3.4 实证分析与讨论

3.4.1 质量管理成熟度聚类结果与分析

基于 356 家企业八项质量管理实践活动的实施现况数据，本研究采用系统聚类法（Ward 法）通过 RStudio 平台（R 语言 3.6.2 版本）进行数据分析。树状图分析表明，样本企业可划分为四个聚类层级，各类别分别包含 60 家（第 1 类）、111 家（第 2 类）、95 家（第 3 类）和 90 家（第 4 类）企业。

为验证聚类结果的区分效度，研究采用单因素方差分析（ANOVA）对最终聚类结果进行类间差异检验（通过 SPSS 软件实现）。表 3-2 显示，所有检验项目的 F 值对应 P 值均小于 0.001，表明不同成熟度级别的企业在质量管理实践活动实施程度上存在显著差异（表中同时呈现了各类别的质量管理活动类均值）。

表 3-2 质量管理成熟度的分级

质量管理实践活动	级别 1 启蒙级 $n=60$	级别 2 发展级 $n=111$	级别 3 完善级 $n=95$	级别 4 卓越级 $n=90$	F 值（显著性）
高层支持（LC）	3.610	4.105	4.547	4.807	122.81***
员工参与（ER）	3.113	3.692	4.307	4.424	140.803***
供应商关系（SP）	3.430	3.959	4.406	4.68	164.778***
以顾客为中心（CR）	3.213	3.836	4.295	4.756	200.138***
产品设计（PD）	3.4208	3.9189	4.4474	4.7667	185.885***
持续改进（CI）	3.2750	3.8288	4.2526	4.8167	208.350***

续表

质量管理实践活动	级别 1 启蒙级 $n=60$	级别 2 发展级 $n=111$	级别 3 完善级 $n=95$	级别 4 卓越级 $n=90$	F 值 （显著性）
统计数据与报告（SCF）	3.183	3.836	4.208	4.718	194.072***
过程管理（PRM）	3.4708	4.0676	4.3974	4.8278	187.188***

注："***"表示 $P<0.001$；"**"表示 $P<0.01$；"*"表示 $P<0.05$。

　　进一步通过 Scheffe 法和非参数检验法进行两两比较发现，四项质量管理实践活动在所有企业簇间均存在显著差异。根据各类别企业质量管理实践评价的类均值折线图（见图 3-2）及成对比较结果，本研究将中国企业质量管理实践成熟度划分为四个递进等级：启蒙级（初始实施阶段）、发展级（体系构建阶段）、完善级（优化提升阶段）和卓越级（标杆示范阶段）。

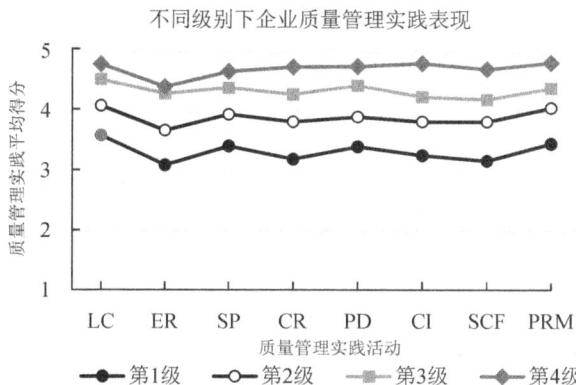

图 3-2　不同质量管理成熟度级别下企业质量管理实践表现

1. 启蒙级（初始阶段）

　　该级别企业在八项质量管理实践中的整体表现显著落后于其他级别。除"高层支持"外，其他维度的类均值仅处于 3.11～3.47 区间（基于 1～5 级量表），勉强达到及格水平。具体表现为以下方面：

　　（1）优势实践。高层支持、供应商关系、产品设计、过程管理相对突出，表明企业主要依赖管理层推动、供应商协作和产品端投入。

　　（2）明显短板。员工参与（3.11）、以顾客为中心（3.21）、统计数据与报告（3.18）三项垫底，反映质量文化尚未形成体系。

　　（3）阶段特征。质量管理工具已初步引入但应用生疏，对高层管理者（质量意识先行者)和优质供应商存在较强依赖。在 356 家样本企业中占 60 家(16.9%),典型处于质量管理萌芽期。

2. 发展级(快速提升阶段)

相较于启蒙级,本级别企业呈现质的飞跃。

(1)整体提升。8 项均值跃升至 3.69~4.11 区间,尤以顾客导向(+0.62)、数据应用(+0.65)、过程管理(+0.60)进步显著。

(2)突出特点。过程管理(4.07)成为标杆实践;产品设计(3.92)与顾客导向(3.84)协同提升,契合朱兰"产品适用性"的质量定义;实践水平分布更趋均衡(员工参与除外)。

(3)现存挑战。全员质量意识培养仍是共性难题(员工参与 3.69)。样本占比 31.2%(111 家),体现多数企业处于质量体系建设关键期。

3. 完善级(系统优化阶段)

本级别企业呈现两大突破性特征:

(1)技术维度。产品设计(4.45)、持续改进(4.25)等"硬实力"指标显著超越前两级别。

(2)文化维度。员工参与度(4.31)大幅提升,标志质量文化渗透取得实质性进展。

改进空间如下:顾客需求响应(4.30)、数据深度应用(4.21)仍存提升潜力。样本量 95 家(26.7%),其质量管理体系已形成自我完善机制。

4. 卓越级(行业标杆阶段)

代表质量管理最高成熟度,具备以下特征:

(1)全面卓越。8 项实践均值大于或等于 4.72(员工参与 4.42)。

(2)战略价值。质量意识转化为核心竞争优势,有效支撑战略目标达成。

(3)终极挑战。即使在此级别,员工参与仍是持续优化重点。样本占比 25.3%(90 家),展现中国企业的质量治理顶尖水平。

聚类分析证实:中国企业质量管理成熟度存在四个显著差异的演进阶段,各级别在实践侧重和发展瓶颈上呈现鲜明特征。值得注意的是,所有级别均面临"全员参与"这一共性挑战,反映质量文化建设具有长期性和系统性。

3.4.2 质量管理实践对创新绩效的影响

本研究采用单因素方差分析(ANOVA)考察不同质量管理级别企业的创新

绩效差异。主要研究发现如下：

1. 总体差异分析

表 3-3 和图 3-3 展示了产品创新与过程创新绩效的均值比较结果。方差分析显示，不同质量管理级别企业的创新绩效存在显著差异。具体表现为质量管理级别越高，企业创新绩效越好，二者呈现显著正相关关系，这一结果支持了研究假设 H1。

2. 组间差异比较

通过方差齐性检验后，采用 Scheffe 法进行事后检验发现：

(1)过程创新绩效。启蒙级与发展级企业无显著差异。

(2)产品创新绩效。完善级与卓越级企业无显著差异。

3. 成熟度演进特征

(1)产品创新绩效：启蒙级、发展级与完善级企业产品创新绩效和过程创新绩效呈现显著递增趋势；发展级至完善级阶段增幅最大，分别达 19.4% 和 18.8%。

(2)在质量管理水平较高的企业，尽管卓越级企业的产品创新绩效和过程创新绩效均高于完善级企业，增幅分别为 4.4% 和 6.6%，但仍明显低于发展级至完善级阶段的增幅。

上述结果表明，当企业质量管理水平达到较高阶段后，创新绩效的提升呈现边际递减趋势，这一发现为假设 H2 提供了部分支持。详细数据参见表 3-3。

表 3-3　质量管理成熟度级别下企业创新绩效比较

创新绩效	级别 1 启蒙级 $n=60$	级别 2 发展级 $n=111$	级别 3 完善级 $n=95$	级别 4 卓越级 $n=90$	F 值 （显著性）
产品创新	2.955	3.315	3.958	4.130	37.831***
过程创新	3.053	3.393	4.030	4.295	46.477***

注："***"表示 $P<0.001$；"**"表示 $P<0.01$；"*"表示 $P<0.05$。

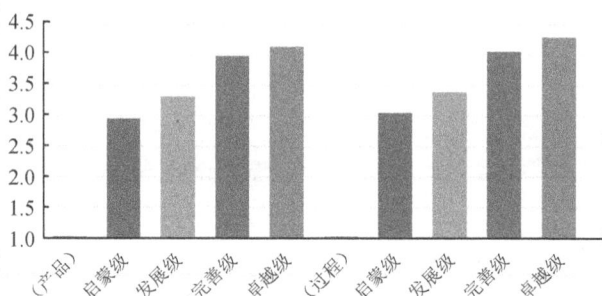

图 3-3　不同级别下企业产品与过程创新绩效比较

3.4.3　不同分级水平下质量管理与创新绩效的关系检验与讨论

对企业质量管理实践与创新绩效的关系进行整体比较后,借助 Pearson 相关分析,来观察不同质量管理成熟度级别下的企业质量管理实践与创新绩效的关系,计算结果见表 3-4 和表 3-5。

表 3-4　各级别下质量管理核心实践与创新绩效的相关关系

分级	质量管理 实践类别	产品创新(Pdt)	过程创新(Pcs)
第 1 级(启蒙级) $n=60$	核心(Cor)	0.300^*	0.406^{**}
第 2 级(发展级) $n=111$	核心(Cor)	0.294^{**}	0.254^{**}
第 3 级(完善级) $n=95$	核心(Cor)	0.253^*	0.391^{**}
第 4 级(卓越级) $n=90$	核心(Cor)	-0.015	0.105

注:"***"表示 $P<0.001$;"**"表示 $P<0.01$;"*"表示 $P<0.05$。

结合表 3-4,研究发现:①在启蒙级、发展级、完善级下,质量管理核心实践与产品创新绩效间呈现正相关关系,逐级减弱但始终显著。在卓越级企业中这一相关关系不显著。核心实践与过程创新绩效在启蒙级、发展级、完善级企业中也表现出显著正相关关系,这一关系强度先减弱再增强,同样在卓越级企业中不显著。②对于质量管理基础实践与产品创新绩效,启蒙级、发展级、完善级企业中都呈现出显著正相关关系,在卓越级企业中正相关极弱且不显著。在启蒙级企业中,质量管理基础实践与过程创新绩效的相关关系不显著。在发展级与完善级企业中,质量管理基础实践与企业过程创新绩效呈现出较强的显著正相关关系,且完善级企业较发展级企业关系弱。在卓越级企业中,质量管理基础实践与过程创新绩效的正相关性更弱,不显著。

表 3-5 各级别下质量管理基础实践与创新绩效的相关关系

分级	质量管理实践类别	产品创新(Pdt)	过程创新(Pcs)
第 1 级(启蒙级) $n=60$	基础(Bas)	0.278^*	0.226
第 2 级(发展级) $n=111$	基础(Bas)	0.299^{**}	0.336^{**}
第 3 级(完善级) $n=95$	基础(Bas)	0.290^{**}	0.267^{**}
第 4 级(卓越级) $n=90$	基础(Bas)	0.008	0.140

注:"***"表示 $P<0.001$;"**"表示 $P<0.01$;"*"表示 $P<0.05$。

如表 3-5 所示,Pearson 相关分析的结果表明,在不同质量管理成熟度下,质量管理实践与创新绩效的关系是有显著差异的,随着企业质量管理实践越来越深入,质量管理实践对创新绩效的积极影响表现出,完善级企业较启蒙级与发展级要弱,而在卓越级不显著,支持了假设 H2。

总体而言,各成熟度级别的质量管理实践对创新绩效的影响呈现差异化特征:启蒙级阶段,企业核心实践显著促进创新绩效与过程创新绩效,基础实践则主要提升产品创新绩效;发展级与完善级阶段,质量管理实践对产品与过程创新绩效均产生正向影响;卓越级阶段,质量管理实践对创新绩效的影响未呈现统计学显著性。

具体而言,启蒙级企业的质量管理实践水平整体较低。在基础实践维度,高层支持表现相对突出,这可能源于质量管理导入初期管理者的质量意识率先觉醒。此时管理者往往聚焦于质量工具应用和信息管理等基础性工作(如优先选择高质量供应商),而尚未系统推进持续改进、顾客关注等高阶实践——后者恰恰是构建创新友好型环境的关键要素[(McAdam et al.,1998);佩科维奇等(Pekovic et al.,2009)],也是识别顾客潜在需求驱动产品升级的重要机制(Prajogo et al.,2003)。值得注意的是,优质供应商选择虽易实施,但对组织内部创新的直接促进作用有限,这解释了基础实践与创新绩效相关性较弱的现象。

在核心实践方面,过程管理表现最为显著,表明企业已开始建立生产系统的可控性。根据斯宾塞(Spencer,1994)的研究,当生产过程达到稳定受控状态时,组织便具备了改进学习的基础条件,这为启蒙级企业实现有限度的创新提升提供了可能。

发展级企业在质量管理整体水平提升的同时,各项实践活动的均衡性也显著增强。研究发现,该级别企业呈现出与启蒙级、完善级不同的实践分布特征——"以顾客为中心"和"统计数据与报告"两项实践表现尤为突出。这表明随着质量管理体系的成熟,企业开始具备余力系统关注顾客需求。正如朱兰(Juran,1986)强调:"产品的基本使命在于满足用户需求。"当企业追求竞争力提升时,顾客需求与满意度往往最先进入管理层视野。值得注意的是,顾客导向是基础实践中唯一与产品创新直接相关的维度。Prajogo 和 Sohal(2003)的研究证实,主动发掘未满足的客户需求(而非仅满足标准要求)能有效激发企业创造力,最终实现产品创新。这种导向同时提升售后服务水平,增强市场对新产品的接受度,进而改善创新绩效。当企业以顾客需求为核心目标时,其他管理活动会自然协同,促进新技术、新工艺的引入。这也解释了为何该级别企业的基础实践与创新绩效开始呈现显著正相关。

完善级企业的质量管理体系趋于完备,严格程度显著提升,质量文化渗透使员工参与度明显提高。需注意的是,其基础实践主要围绕"人"的因素展开。由于创新需要自主性,过于严格的管理可能抑制组织活力,导致基础实践与创新绩效的相关性较发展级有所减弱。但核心实践与创新的正相关依然显著,这可能源于核心实践建立了生产过程的标准化程序:通过聚焦关键流程、剔除无附加值活动,企业能更有效识别创新机会。Kim 等(2012)指出,质量管理工具能帮助企业发现潜在创新领域并制订计划。Perdomo-Ortiz(2006)进一步强调,流程优化形成的例行活动可构建学习基础,持续支持创新。值得关注的是,从发展级到完善级,企业创新绩效出现跨越式提升,这验证了 Pekovic 和 Galia(2009)的发现:只有当质量体系达到"高度完善"阶段,才能显著促进创新绩效。

卓越级企业已进入质量管理的成熟阶段,各项实践成为组织日常运行的规范。此时,质量管理实践与创新的正相关关系明显减弱。可能的解释包括:第一,高度参与质量管理的员工为避免失误,可能抑制突破性想法的提出;第二,尽管质量管理本应营造创新氛围(McAdam et al., 1998;Roffe, 1999),但过度制度化可能产生反效果(Evans et al., 2010)。数据显示,该级别企业核心实践平均得分达 4.72 分,显著高于其他级别。这种对生产过程极端标准化和精简化的追求,虽然确保质量一致性,却可能降低组织灵活性。正如格林(Glynn,1996)

所述,过度强调流程控制会导致系统僵化,使员工聚焦于执行细节而非创新突破,最终抑制创新活力。

3.5　中国企业质量管理现状分析

基于 356 家有效企业样本的数据分析(见表 3-6),质量管理实践各维度的均值与标准差显示:当前企业的基础实践与核心实践已呈现均衡发展态势。这一结果与苏秦等(2010)的早期研究形成显著对比——该研究指出十年前企业质量管理实践存在明显的结构性差异,基础实践均值显著高于核心实践($P<0.05$)。

这一演变趋势表明,在政府政策引导与标杆企业示范效应的双重推动下,中国企业质量管理体系正逐步完善。特别值得注意的是,核心实践水平的显著提升,反映出企业已从基础要素建设转向更深层次的质量能力构建。

表 3-6　中国企业质量管理实践现状

质量管理实践		均值	标准差
基础实践	高层支持(LC)	4.317	0.5826
	员工参与(ER)	3.944	0.6498
	供应商关系(SP)	4.171	0.5665
	以顾客为中心(CR)	4.086	0.6587
核心实践	产品设计(PD)	4.098	0.6550
	持续改进(CI)	4.190	0.6058
	统计数据与报告(SCF)	4.048	0.6472
	过程管理(PRM)	4.217	0.5740

3.6　本章小结

1. 研究结论

本章以 356 家中国企业为研究对象,运用聚类分析、单因素方差分析和 Pearson 相关分析等方法,基于质量管理成熟度对企业质量管理实践进行实证分级,并探究不同成熟度级别下质量管理实践与企业创新绩效的关系。研究结论如下。

1)质量管理成熟度分级及特征

基于高层支持、员工参与、供应商关系、以顾客为中心、产品设计、持续改进、统计数据与报告及过程管理等八项核心质量管理实践,本研究将中国企业的质量管理成熟度划分为四个等级,由低到高依次为启蒙级、发展级、完善级、卓越级。不同成熟度级别的企业在质量管理水平上存在显著差异,并呈现以下阶段性发展特征。

(1)启蒙级。企业质量管理处于起步阶段,高层领导的质量意识初步形成,主要依赖外部高质量供应商和成熟的过程管理方法推动质量管理活动。

(2)发展级。整体质量意识提升,各项质量管理活动显著增强,但员工参与仍较薄弱。

(3)完善级→卓越级。以顾客为中心和统计数据与报告两项实践发展较慢,直至卓越级才显著提升;其他实践则随成熟度提高持续优化。值得注意的是,员工参与始终是质量管理实践中最难达成的目标,与李军锋等(2009)的研究结论一致,表明其仍是当前企业质量管理的短板。

2)质量管理成熟度与创新绩效的关系

企业创新绩效随质量管理成熟度提升而显著增强,其中发展级到完善级阶段呈现跨越式增长。

相关分析表明,质量管理实践与创新绩效的关系具有异质性;并非所有成熟度级别下二者均呈显著正相关。例如:发展级与完善级,质量管理基础实践与创新绩效显著正相关;卓越级,二者相关性不显著。

这一发现从成熟度分级的视角为既有研究争议提供了新解释。

2. 理论贡献与管理启示

1)理论贡献

(1)揭示成熟度分级的影响。通过本土数据验证了不同成熟度级别下,质量管理实践与创新绩效的关系存在差异,补充了企业质量管理成长规律的研究。

①发展级与完善级:质量管理实践显著促进创新绩效;

②卓越级:二者关系不显著,可能因创新驱动因素转向其他维度(如战略或技术突破)。

(2)调和研究争议。从成熟度视角解释了质量管理与创新绩效关系的异质性,为相关文献提供了新视角。

2)管理启示

(1)激励质量与创新协同。实证结果支持质量管理实践对创新绩效的积极影响,可推动企业管理者统筹质量与创新战略,实现高质量发展。

(2)分级施策优化管理。

①启蒙级企业:重点提升基础质量管理实践,向发展级跃迁;

②发展级与完善级企业:强化质量管理体系,最大化其对创新的促进作用;

③卓越级企业:警惕质量管理实践中可能抑制创新的因素,探索创新新路径。

<table>
<tr><td rowspan="3">第 4 章</td><td>资源禀赋在质量管理实践</td></tr>
<tr><td>与创新绩效的关系中的作</td></tr>
<tr><td>用机制</td></tr>
</table>

4.1 问题提出

资源基础理论[巴尼(Barney，1986)]从资源视角解析企业活动，认为企业通过经营活动不断积累并动态调整资源，而独特的资源是企业获取超额收益、形成竞争优势及异质性绩效的关键[格拉诺维特(Granovetter，1983)]。Leonard-Barton(1992)进一步指出，企业在形成优质资源的同时，可能因路径依赖陷入核心能力刚性，导致其在非连续性环境变化中丧失竞争力[普莱西斯等(Plessis et al.，2004)]。质量管理实践作为企业经营活动的一种，其与创新绩效(企业竞争优势的表现形式)的关系，从资源基础理论视角研究具有理论合理性。

Drucker(2002)提出，市场活动与创新活动是企业仅有的两项基本职能；Song 和 Parry(1993)则强调，市场资源与技术资源是企业创新的核心驱动因素。姚铮(2016)、李泽等(2017)等学者亦将这两类资源视为影响企业创新的关键要素。基于此，本研究选取市场资源与技术资源作为企业关键资源禀赋，探讨其在质量管理实践与创新绩效关系中的作用机制。

此外，网络环境已成为企业新产品开发的重要背景。现实中，企业通过战略联盟、产业集群、虚拟组织等形式构建广泛网络(Jarillo，1988)，以快速获取资源、捕捉市场机遇、应对环境不确定性并降低风险(Dyer et al.，2006)。研究表明，关系网络与创新资源分配的协同能提升企业绩效，当企业战略与网络位置匹配时，竞争优势将显著增强(Koka et al.，2008)。多元化战略(如产品多元化)同样是企业增长与风险规避的重要手段。Ansoff(1957)认为，多元化本质是通过新产品开拓新市场，其成功既依赖内部资源，也依托企业嵌入的社会网络资源。因此，网络资源应被视为资源禀赋的重要维度之一。

资源基础观指出，具备价值性、稀缺性及难以模仿性的资源能带来持续竞争优势(Barney，1991)。知识作为非实体化资源，其异质性结构与积累过程符合上述特性,由此衍生出"知识基础观"。Polanyi将知识分为显性知识(可编码、易传递)与隐性知识(个体依附性、难复制)两类,并强调知识创造本质是隐性知识的转化与重构(王天力,2013)。这一过程赋予企业独特的创新竞争力(李泽等,2017)。

综上,资源禀赋(涵盖市场资源、技术资源、网络资源与知识资源)是企业异质性创新绩效的核心来源(Wang et al.,2004)。质量管理实践通过资源积累与整合直接影响资源禀赋,但其在质量管理实践与创新绩效间的具体作用机制尚未明晰:是中介变量(传递路径)还是调节变量(边界条件)?不同质量管理成熟度下其作用是否存在差异?现有研究对此缺乏深入探讨。因此,本研究拟将资源禀赋作为中介或调节变量纳入分析框架,揭示其在质量管理实践与创新绩效关系中的内在机制,以弥补理论空白。

4.2 市场资源:中介作用还是调节作用?

4.2.1 研究假设

1. 质量管理基础实践与市场资源的关系

质量管理基础实践通过对客户关注的高度重视,驱动企业主动追踪市场动态、深度解析市场信息,从而精准把握客户需求并实现价值创造(Prajogo et al.,2001)。在此过程中,企业通过筛选海量市场信息、甄别有效数据,逐步深化对市场运行逻辑与机制的认知,形成独特的市场知识与核心诀窍。为提升客户需求预测的准确性,企业需与客户及渠道成员构建紧密的信任关系网络,这种双向互动不仅强化了信息共享效率,更为后续价值创造活动奠定了坚实基础。

供应商作为企业外部合作的核心节点[洛夫等(Love et al.,2008)],其协同作用显著促进信任机制的建立(Nohria et al.,1997)。这种合作关系不仅拓宽了企业获取真实市场信息的渠道,还通过供应商的差异化视角,增强了企业对市场环境的立体化分析能力。

高层领导支持通过资本配置(人力/资金)、战略纠偏和情感激励三重机制推动战略落地(Roffe et al.,1999;张群祥,2015)。具体表现为:①资源保障。为战略实施提供必要的资本支持。②过程管控。对员工工作路径进行动态评估与调整。③氛围塑造。通过层级影响力激发员工问题解决能动性,提升整体工作效能。

当员工获得充分的工作自主权与认同感时,其市场信息处理能力与供应商协作主动性将显著增强,最终通过客户导向与供应链协同实现企业市场资源的持续积累。

基于上述分析,提出假设:

H1a:质量管理基础实践对市场资源具有显著正向影响。

2. 质量管理核心实践与市场资源的关系

质量数据的获取能够帮助员工全面掌握生产流程,从而更高效地响应客户反馈。员工在与渠道沟通及深入分析客户需求时,需要整合大量跨部门信息(包括生产部门及其他职能部门)(Sousa et al.,2002)。这些数据不仅提升了员工对信息的全局理解,还增强了企业在市场信息收集与分析中的竞争优势。

产品设计强调企业各部门共同参与审核流程,并在此过程中贯彻质量优先原则(苏文杰,2006)。其目标是通过提升设计质量确保产品的可制造性(Cummings et al.,1996)。实现这一目标需要组件标准化和客户需求导向,而这依赖于客户、设计工程师与制造部门之间的持续沟通(Sousa et al.,2002)。此类沟通不仅能收敛分歧意见,还能通过信息交换强化企业与客户的合作关系。

过程管理的规范化流程可显著缩短客户响应时间(Cummings,1996),进而巩固客户关系。此外,过程管理产生的闲置时间可被用于吸收外部市场信息及解决问题。

基于上述分析,提出以下假设:

H1b:质量管理核心实践对市场资源具有显著正向影响。

3. 市场资源与企业创新绩效的关系

市场资源可解构为市场知识、客户关系、渠道关系和客户需求四个维度。这类资源通过整合市场中的关键知识与信息,为企业创新提供价值支撑。Teece(1986)指出,新产品商业化的成功依赖于企业对市场研究的深度、客户需求的把握、分销渠道的统筹,以及广告宣传与售后服务的协同,这些市场资源构成了产品成功上市的基础条件。更重要的是,市场资源所承载的信息流会触发企业创新迭代,这一过程通常始于内部流程的优化。

既有研究为市场资源与创新绩效的正向关联提供了实证支持:

(1) Calantone 等(1996)证实产品营销、销售预测、渠道分销和促销活动显著提升创新绩效;

(2)Song 等(2005)将市场资源作为前因变量,发现其通过市场交互行为促进创新绩效;

(3)秦剑和王迎军(2010)基于资源基础理论,在控制市场类型和产品类型后,验证了创业型企业中市场资源的创新驱动效应;

(4)孟佳佳(2013)进一步区分了营销能力与市场资源的差异化作用机制。

研究共识表明(Wang et al.,2004),市场资源通过三重路径保障创新绩效:①降低创新风险与成本;②弥补企业内部能力缺口(通过强化信息采集和需求洞察);③增强客户偏好预测精度,从而催生更具市场竞争力的创新。

基于理论推演与实证证据,提出研究假设:

H2a:市场资源对企业创新绩效具有显著正向影响;

H2b:市场资源在质量管理实践与创新绩效间发挥中介效应(非调节效应)。

4.2.2 研究设计

1.问卷设计

1)量表选择与翻译

本研究通过系统梳理国内外相关文献,选取领域内成熟的测量量表作为参考。针对英文量表,采用回译法确保题项含义的准确性:

(1)由研究团队参考国外学者表述将量表译为中文;

(2)邀请专业译者将中文回译为英文;

(3)对比原版与回译版,反复修正直至语义一致。

翻译过程中注重符合中文语言习惯与文化语境,并邀请领域专家及企业管理者试填,根据反馈调整歧义表述,最终形成量表初稿。

2)量表等级与设计

采用李克特5级量表("1"表示"非常不符合";"5"表示"非常符合"),平衡了区分度与应答者认知负荷(3级量表区分不足,7级量表辨识困难)。问卷附研究团队联系方式,以便受访者咨询题项含义。

3)样本选取

研究对象为中国本土企业,以制造业(电子通信、机械制造、生物医药等)为主,服务业为辅。受访者为中高层或质量/生产部门管理者,确保其对问卷内容有充分了解。

4)预调研

2020年3月至4月中旬发放问卷158份,回收有效问卷104份(有效回收率65.8%)。信度检验显示,各变量Cronbach's α均大于0.8,量表信度良好。

5)正式调研

受新冠肺炎疫情影响,主要通过线上渠道(邮件、问卷星)发放,辅以少量纸质问卷。在质量协会、高新区管委会等机构协助下,覆盖全国28个省、市、自治区,共发放616份,回收有效问卷356份(有效回收率64.73%)。剔除标准包括:作答时间过短;逻辑矛盾;关键数据缺失。

样本涵盖国有、民营、外资等企业类型,行业分布广泛。

6)控制变量

参考已有研究,控制以下变量。

(1)企业年龄:知识积累与组织惰性的双重影响(Wang et al.,2004);

(2)企业性质:所有权差异导致的创新倾向差异(王萍等,2003);

(3)企业规模:规模经济与灵活性的权衡(熊伟等,2012);

(4)企业行业:行业创新环境依赖性[范哈弗贝克等(Vanhaverbeke et al.,2015)]。(问卷见附录二)

2. 信效度分析

本研究采用 SPSS24.0 分析软件,利用预调查问卷的数据,对问卷中各变量的量表信度与效度进行检验,检验结果如表 4-1、表 4-2、表 4-3 所示。

表 4-1 信度检验表

测量变量	Cronbach's α 系数	CR
质量管理基础实践	0.804	0.864
质量管理核心实践	0.759	0.862
市场资源	0.831	0.884
企业创新绩效	0.901	0.922

在实证研究中,Cronbach's α 系数是使用最广泛的信度测量工具,其数值正在 0~1 之间,值越大,说明问卷的信度越高。当 Cronbach's α 系数在 0.65~0.70 时,该量表是可以接受的,在 0.70~0.90 之间表示量表具有较高的信度,当大于 0.90 表示量表具有很高的信度,Cronbach's α 系数小于 0.65,应重新设计量表。结果表明,各变量总量表以及各维度的分量表 Cronbach's α 系数均大于 0.70,说明各变量的量表均表现出较好的信度,是可以接受的。

表 4-2 聚合效度检验表

测量变量	KMO	题项	因子载荷	总方差解释%	AVE
质量管理基础实践	0.780***	LC	0.663	56.679	0.564
		CR	0.887		
		ER	0.613		
		SP	0.711		

续表

测量变量	KMO	题项	因子载荷	总方差解释%	AVE
质量管理核心实践	0.727***	CI	0.845	67.738	0.677
		SCF	0.776		
		PD	0.902		
		PRM	0.785		
市场资源	0.791***	MKR1	0.721	66.588	0.657
		MKR2	0.874		
		MKR3	0.857		
		MKR4	0.782		
企业创新绩效	0.776***	CX1	0.827	60.509	0.603
		CX2	0.859		
		CX3	0.811		
		CX4	0.672		
		CX5	0.835		
		CX6	0.858		
		CX7	0.810		
		CX8	0.674		

用判别效度来判断不同潜在变量之间的差异。当各变量 AVE 平方根大于其与其他潜变量的相关系数,且各变量 AVE 均大于 0.5 时,问卷变量之间具有很好的区别效度。采用 SmartPLS3.0 进行区别效度检验,得到区别效度检验表如表 4-3 所示。

表 4-3   区分效度检验表

	质量管理基础实践	质量管理核心实践	市场资源	企业创新绩效
质量管理基础实践	0.751			
质量管理核心实践	0.479	0.823		
市场资源	0.319	0.072	0.811	
企业创新绩效	0.263	0.256	0.258	0.777

注:斜对角线上的数字为 AVE 平方根。

在实证研究中,常用 KMO 检验和 Bartlette 球形检验的结果进行判断。一般认为,当 KMO 值大于 0.7,且 Bartlette 球形检验结果显著时,量表具有良好的效度。由表 4-2 可以看出,各变量的 KMO 系数均大于 0.7,并且 Bartlett 球形检验结果显著。各变量的因子载荷均大于 0.6,且各变量的总体方差解释度满足 50% 的最低要求,说明问卷中各量表效度很好。特别地,通过对质量管理基础实践和质量管理核心实践的各分量表和总量表进行效度分析,可以看到其各分变量和整体的测量量表均满足条件。可以看出,每个变量的 AVE 平方根大于其与其他潜变量之间的相关系数,且由表 4-3 知各变量 AVE 均大于 0.5,所以有很好的问卷量表的区别效度。

3. 共同方法偏差检验

在单一来源和自陈式问卷的收集中,共同方法偏差可能导致变量间出现虚假相关(徐龙炳等,2010)。为控制这一偏差,可采用研究设计优化和统计检验两种方法。

1)研究设计控制

(1)问卷设计优化。通过调整题项排布、优化问卷结构、明确填写说明等方式,减少对填写者的引导,避免其预测测量内容。

(2)匿名性与保密性。声明数据保密及匿名处理,以降低填写者的顾虑,减少社会赞许性偏差。

(3)数据来源分离。针对每家调研企业,同时发放两份问卷,分别由两位高管或质量部门负责人独立填写。其中,质量管理实践和组织惯性部分采用一份问卷数据,企业资源禀赋和企业创新绩效部分采用另一份问卷数据,从而降低共同方法偏差的影响。

2)统计检验控制

采用 Harman 单因素检验法 进行共同方法偏差分析(Fei et al.,2013)。具体步骤如下:

(1)主成分分析(PCA)。对所有题项进行因子分析,不旋转。

(2)判定标准。

若仅提取出 1 个因子,或某个因子的解释方差远高于其他因子,则表明共同方法偏差较严重。

通常,若提取的因子数超过 1 个,且最大特征值主成分的解释方差小于或等于 25%,则认为共同方法偏差影响较小。

4.2.3　实证分析与讨论

本研究采用 Amos 21.0 软件对整体结构方程模型中的所有路径进行假设检验。表 4-4 呈现了企业市场资源与企业创新绩效的关系,以及企业市场资源中介作用的假设检验结果。如前文所述,本研究将企业年龄、企业性质、企业规模和企业行业类型作为控制变量,表 4 - 4 同时列出了这些控制变量与企业创新绩效的关系。

表 4 - 4　企业市场资源对质量管理实践和企业创新绩效假设检验表

项目	路径	Estimate	SE	CR	P
市场资源在质量管理基础实践和企业创新绩效之间起中介作用	市场资源←质量基础实践	0.933	0.076	12.194	***
	创新绩效←市场资源	0.242	0.098	2.472	0.013
	创新绩效←质量基础实践	0.652	0.115	5.689	***
	创新绩效←企业性质	−0.026	0.021	−1.262	0.207
	创新绩效←行业类型	−0.008	0.006	−1.469	0.142
	创新绩效←成立年限	−0.002	0.003	−0.883	0.377
	创新绩效←企业规模	−0.024	0.029	−0.802	0.423
市场资源在质量管理核心实践和企业创新绩效之间起中介作用	市场资源←质量核心实践	0.816	0.063	12.897	***
	创新绩效←市场资源	0.264	0.083	3.188	0.001
	创新绩效←质量核心实践	0.589	0.087	6.762	***
	创新绩效←企业性质	−0.043	0.020	−2.162	0.031
	创新绩效←行业类型	−0.009	0.006	−1.586	0.113
	创新绩效←成立年限	0.000	0.003	−0.090	0.928
	创新绩效←企业规模	−0.056	0.029	−1.967	0.049

注:"***"表示 $P < 0.001$。

市场资源对质量管理实践和企业创新绩效的调节效应假设检验如表 4 - 5。

表 4 - 5　企业市场资源对质量管理实践和企业创新绩效调节效应假设检验表

项目	路径	Estimate	SE	CR	P
市场资源在质量管理基础实践和企业创新绩效之间起调节作用	创新绩效←质量基础实践	0.643	0.115	5.574	***
	创新绩效←市场资源	0.241	0.098	2.472	0.013
	创新绩效←质量基础实践×市场资源	−0.069	0.120	−0.576	0.565
	创新绩效←成立年限	−0.002	0.003	−0.876	0.381
	创新绩效←企业性质	−0.028	0.021	−1.333	0.183
	创新绩效←行业类型	−0.008	0.006	−1.371	0.170
	创新绩效←企业规模	−0.026	0.029	−0.875	0.382

项目	路径	Estimate	SE	CR	P
市场资源在质量管理核心实践和企业创新绩效之间起调节作用	创新绩效←质量核心实践	0.584	0.088	6.663	***
	创新绩效←市场资源	0.263	0.083	3.188	0.001
	创新绩效←质量核心实践×市场资源	−0.031	0.085	−0.358	0.720
	创新绩效←成立年限	0.000	0.003	−0.097	0.923
	创新绩效←企业性质	−0.043	0.020	−2.159	0.031
	创新绩效←行业类型	−0.009	0.006	−1.547	0.122
	创新绩效←企业规模	−0.057	0.029	−2.001	0.045

由表 4-4 可知：

(1)质量管理基础实践对创新绩效的直接影响显著($\beta=0.652,P<0.001$)，且通过市场资源的中介作用间接影响创新绩效($\beta=0.933\to0.242,P<0.05$)。控制变量影响不显著，设 H1a、H2a 成立。

(2)质量管理核心实践同样对企业创新绩效有显著正向影响($\beta=0.589$，$P<0.001$)，且市场资源的中介作用显著($\beta=0.816\to0.264,P<0.05$)，假设 H1b 成立。

综上，市场资源在质量管理基础实践、核心实践与企业创新绩效之间均起显著中介作用(H1a、H1b、H2a 通过检验)，表明质量管理实践通过提升市场资源进而促进创新绩效。

表 4-5 进一步显示，质量管理基础实践($P=0.565$)与核心实践($P=0.720$)与市场资源的交乘项均不显著，说明市场资源的调节效应不成立，假设 H2b 通过检验。

最终假设检验结果汇总见表 4-6。

表 4-6　假设检验汇总表

假设	假设内容	检验结果
H1a	质量管理基础实践对市场资源有正向影响	通过
H1b	质量管理核心实践对市场资源有正向影响	通过
H2a	市场资源对企业创新绩效有正向影响	通过
H2b	市场资源在质量管理实践与企业创新绩效中起中介作用，没有调节作用	通过

研究结论表明，市场资源在质量管理实践与企业创新绩效之间发挥显著的正向中介作用。

　　具体而言,质量管理实践能够引导并强化企业与外部的交流合作,在此过程中,企业能够获取更丰富的市场知识,从而逐步积累市场资源。市场资源体现了企业对市场知识的掌握程度以及对市场行为的深入理解,它能够有效降低创新过程中的不确定性和成本,为创新绩效提供重要支撑(Wang et al.,2000)。

　　此外,市场资源还使企业能够更精准地分析和预测顾客偏好,从而快速响应市场变化,开展更具竞争力的创新活动。这种动态适应能力进一步推动了企业创新绩效的提升。

4.3　技术资源:中介作用还是调节作用?

4.3.1　研究假设

1.质量管理基础实践与企业技术资源的互动关系

　　在满足客户需求(尤其是质量诉求)的过程中,企业需具备充分的技术能力以应对各类问题。这一应对机制不仅深化企业对技术的理解,更会形成持续积累的技术知识库。客户导向机制进一步推动企业主动预测需求,从而形成"需求识别—技术迭代"的正向循环(Prajogo et al.,2001)。

　　1)供应商管理的知识转化效应

　　作为质量管理的核心实践,供应商管理要求企业与多层级供应商开展深度协作。这种协作本质上是显性知识(如专业技术)与隐性知识(如操作诀窍)的交换过程(梁欣如和许庆瑞,2006)。通过知识渗透与重组,企业既能获取外部技术资源,又能催化新技术能力的生成(Nohria & Gulati,1997),最终实现技术资源储备的指数级增长。

　　2)员工赋能的二元驱动机制

　　员工作为战略落地的最终执行者,其效能受双重因素影响:

　　(1)参与机制。通过决策参与权与工作自主权的授予,可显著提升责任感(Miller et al.,1995)并强化组织承诺(López-Mielgo et al.,2009)。

　　(2)反馈机制。绩效反馈通过认知重构发挥作用——负面反馈修正行为模式,正面反馈强化工作认同(Hamel et al.,1991)。

　　3)培训的复合价值

　　系统化培训不仅提升员工技能水平,更通过技术知识的结构化积累和组织认同感的情绪唤醒(Carson et al.,2003),实现能力建设与动机激发的协同效应。

　　基于上述理论推演,提出假设:

H3a：质量管理基础实践对技术资源具有显著正向影响。

2. 质量管理核心实践与企业技术资源的关系

质量管理核心实践通过质量数据管理、产品设计交互和过程管理三个维度，对企业技术资源的积累与提升产生显著影响。

首先，质量数据与反馈机制为企业技术改进提供了关键支持。组织通过系统化的质量数据收集与分析（如缺陷率、客户反馈等），能够精准识别技术短板，优化工艺流程（苏文杰，2006）。同时，质量绩效评估促使员工关注数据驱动的改进，而非增值流程的识别（Sousa et al.，2002）进一步帮助企业集中资源于核心技术研发，从而提升技术储备效率。

其次，产品设计交互推动技术能力的迭代升级。设计过程中，跨部门协作与客户需求的动态响应（如 DFX 方法）促使技术方案不断优化。反复的设计修改与验证不仅解决了具体技术问题，还沉淀了隐性知识，形成企业可持续复用的技术经验。

最后，过程管理通过标准化和持续优化，将技术资源嵌入企业流程。规范化的开发流程（如 APQP、PDCA）确保最佳实践被系统记录并转化为组织知识（Amabile et al.，1996）。此外，流程监控与根因分析（如 FMEA、6σ）帮助员工从问题中学习，规避技术风险，并建立长效的学习机制[伯克等（Bourke et al.，2017）]。Mcevily 和 Marcus（2005）的研究进一步表明，过程管理与技术资源之间存在协同效应——高效的流程管理能够提升资源利用率，而技术资源的优化又反过来强化流程效能。

基于上述分析，本节提出以下假设：

H3b：质量管理核心实践对技术资源具有显著正向影响。

3. 技术资源与企业创新绩效的关系

成功的创新活动不仅需要市场知识的整合与配置，更需以充分的技术资源为支撑。技术资源是企业获取、吸收、转化、利用及创造新知识的能力与资产总和，涵盖从研发到生产的全链条资源，具体表现为生产工艺、产品制造技能、研发资源及技术变革预测能力等。

既有研究表明，技术资源通过双重路径提升企业创新绩效：一方面增强企业应对外部环境变化的能力，另一方面促进新技术、新产品与新工艺的创造（Schoenecker et al.，2002）。这一结论得到多数学者实证支持：Song 等（2005）证实技术资源对创新绩效存在显著正向影响；秦剑和王迎军（2010）基于中国企业的研究同样验证了这一关系；姚铮等（2016）进一步指出，技术资源能显著降低制造企业的创新风险并提升绩效表现。

技术资源的积极作用主要体现在以下维度：

(1)技术优势转化。通过促进新产品研发与技术扩散,帮助企业获取技术领先地位及超额利润(Nair,2007)。

(2)流程优化。改进生产工艺与生产流程,提升产品开发的稳定性、可靠性和效率(Wang et al.,2004)。

(3)产品创新。增强新产品的新奇性与市场竞争力,从而正向影响创新绩效(Wang et al.,2004)。

基于上述文献与理论推演,本研究提出以下假设：

H4a:技术资源对企业创新绩效具有正向影响；

H4b:技术资源在质量管理实践与企业创新绩效间起中介作用(非调节作用)。

4.3.2 研究设计

1.问卷设计

本研究问卷的预调研与正式调研工作均依据4.2节的研究设计展开,共回收有效问卷356份,有效回收率为64.73%。

在控制变量选择上,本研究综合现有文献与行业实践,纳入以下关键变量：

(1)企业年龄。知识积累可能促进创新(Wang et al.,2000),但企业老化也可能降低环境适应能力,影响创新时效性(王萍等,2003)。

(2)企业性质。国有企业、民营企业和外资企业在所有权结构、组织模式及创新倾向上存在显著差异(熊伟等,2012),需控制其潜在影响。

(3)企业规模。规模经济可能支撑创新投入,但官僚化可能抑制灵活性(Vanhaverbeke et al.,2015)。

(4)企业行业。行业创新环境差异可能导致绩效分化(Vanhaverbeke et al.,2015),故需加以控制。

综上,本研究通过企业年龄、性质、规模及行业四个变量控制异质性影响。(完整问卷见附录二)

2.信效度分析

本研究采用SPSS24.0分析软件,利问卷数据对问卷中各变量的量表信度和效度进行检验,检验结果如表4-7、表4-8所示。

表 4 - 7　信度检验表

测量变量	Cronbach's α 系数	CR
质量管理基础实践	0.804	0.864
质量管理核心实践	0.759	0.862
技术资源	0.938	0.956
企业创新绩效	0.901	0.922

表 4 - 8　聚合效度检验表

测量变量	KMO	题项	因子载荷	总方差解释%	AVE
质量管理基础实践	0.780***	LC	0.663	56.679	0.564
		CR	0.887		
		ER	0.613		
		SP	0.711		
质量管理核心实践	0.727***	CI	0.845	67.738	0.677
		SCF	0.776		
		PD	0.902		
		PRM	0.785		
技术资源	0.839***	TER1	0.856	84.455	0.844
		TER2	0.941		
		TER3	0.919		
		TER4	0.955		
企业创新绩效	0.776***	CX1	0.827	60.509	0.603
		CX2	0.859		
		CX3	0.811		
		CX4	0.672		
		CX5	0.835		
		CX6	0.858		
		CX7	0.810		
		CX8	0.674		

在实证研究中,Cronbach's α 系数是最常用的信度检验指标,其取值范围

为 0～1,值越大表示问卷的内部一致性越高。根据 Nunnally(1978)的标准(α 系数≥0.90 时,表明量表信度极佳;0.70≤α 系数<0.90 时,信度良好;0.65≤α 系数<0.70 时,量表可接受;若 α 系数<0.65,则需重新修订量表),本研究结果显示,所有变量的总量表及各维度分量表的 Cronbach's α 系数均高于0.70,表明量表具有可接受的内部一致性。

区别效度用于检验潜变量间的判别有效性。当满足以下两个条件时(Fornell et al.,1981),可认为区别效度成立:

(1)各潜变量的平均方差抽取量(AVE)平方根大于其与其他潜变量的相关系数;

(2)所有 AVE 值均大于 0.5。

通过 SmartPLS 3.0 软件分析,结果如表 4-9 所示。

表 4-9　区分效度检验表

	质量管理基础实践	质量管理核心实践	技术资源	企业创新绩效
质量管理基础实践	0.751			
质量管理核心实践	0.479	0.823		
技术资源	0.469	0.537	0.919	
企业创新绩效	0.263	0.256	0.397	0.777

注:斜对角线上的数字为 AVE 平方根

在实证研究中,通常采用 KMO 检验和 Bartlett 球形检验来评估量表的效度。一般认为,当 KMO 值大于 0.7 且 Bartlett 球形检验结果显著($P<0.05$)时,量表具有较好的结构效度。

由表 4-8 可知,所有变量的 KMO 系数均大于 0.7,且 Bartlett 球形检验均显著($P<0.001$),表明问卷各量表的结构效度良好。此外,各变量的测量题项因素载荷均大于 0.6,且累计方差解释率均大于或等于 50%,进一步支持了量表的有效性。

特别地,对质量管理基础实践和质量管理核心实践的分量表及总量表进行效度分析,结果显示其各子维度及整体测量均符合标准。由表 4-9 可见,各变量的 AVE(平均变异抽取量)平方根均大于其与其他潜变量的相关系数,且 AVE 值均大于 0.5,表明问卷各量表间具有良好的区分效度。

3. 共同方法偏差检验

由于采用单一来源的自陈式问卷收集数据，研究可能存在共同方法偏差导致的变量间虚假相关问题（徐龙炳等，2010）。本研究通过研究设计与统计检验双维度进行控制，具体如下。

1）研究设计控制

（1）问卷设计阶段。通过优化填写说明、合理设置项目顺序、科学设计问卷结构等方法降低测量内容的可预测性。

（2）作答过程控制。明确告知数据保密及匿名原则，有效减少被试的社会赞许性反应。

（3）数据采集方案。针对每家样本企业同步发放两份问卷，分别由两位高管或质量部门负责人独立填写。数据处理时，质量管理实践与组织惯性变量采用一份问卷数据，企业资源禀赋与创新绩效变量采用另一份问卷数据，实现变量测量的物理分离。

2）统计检验控制

采用 Harman 单因素检验法，通过主成分分析未旋转因子解进行验证。根据 Fei 等（2013）的研究标准，当满足以下条件时认为共同方法偏差可控：提取的公因子数量大于 1 个；最大特征值主成分解释方差小于或等于 25%。

4.3.3　实证分析与讨论

研究采用 Amos 21.0 软件对整体结构方程模型中的路径关系进行假设检验。企业技术资源与创新绩效之间的直接效应，以及技术资源的中介作用检验结果如表 4-10 所示。

表 4-10　企业技术资源对质量管理实践和企业创新绩效假设检验结果

项目	路径	Estimate	SE	CR	P
技术资源在质量管理基础实践和企业创新绩效之间起中介作用	技术资源←质量基础实践	0.898	0.076	11.888	***
	创新绩效←技术资源	0.303	0.067	4.557	***
	创新绩效←质量基础实践	0.594	0.087	6.855	***
	创新绩效←企业性质	−0.017	0.020	−0.881	0.378
	创新绩效←行业类型	−0.008	0.005	−1.553	0.120
	创新绩效←成立年限	−0.001	0.003	−0.581	0.561
	创新绩效←企业规模	−0.017	0.028	−0.622	0.534

项目	路径	Estimate	SE	CR	P
	技术资源←质量核心实践	0.868	0.062	14.098	***
	创新绩效←技术资源	0.265	0.071	3.715	***
技术资源在质量管理	创新绩效←企业性质	−0.035	0.020	−1.767	0.077
核心实践和企业创新	创新绩效←质量核心实践	0.561	0.083	6.725	***
绩效之间起中介作用	创新绩效←行业类型	−0.009	0.005	−1.660	0.097
	创新绩效←成立年限	0.000	0.003	0.196	0.845
	创新绩效←企业规模	−0.050	0.028	−1.770	0.077

注:" *** "表示 $P < 0.001$ 。

由表 4-10 可知:①质量管理基础实践对企业创新绩效的直接影响显著（$\beta = 0.594$, $P < 0.001$），且通过技术资源的中介作用间接影响创新绩效（技术资源的 β 系数分别为 0.898 和 0.265，$P < 0.001$），假设 H3a、H4a 通过检验;②质量管理核心实践同样对企业创新绩效有显著直接影响（$\beta = 0.561$, $P < 0.001$），技术资源的中介作用亦显著（$\beta = 0.868$ 和 0.264，$P < 0.05$），假设 H3b 通过检验。

综上，技术资源在质量管理基础实践、核心实践与企业创新绩效之间均起中介作用，假设 H3a、H3b、H4a 均成立，表明质量管理实践通过技术资源正向促进创新绩效。

表 4-11 进一步显示，技术资源的调节作用不显著:①质量管理基础实践与技术资源交乘项 $P = 0.720$（> 0.05）;②质量管理核心实践与技术资源交乘项 $P = 0.533$（> 0.05）

因此，技术资源对质量管理实践与创新绩效关系的调节效应未得到支持，假设 H4b 通过检验。

表 4-11　企业技术资源对质量管理实践和企业创新绩效调节效应假设检验表

项目	路径	Estimate	SE	CR	P
	创新绩效←质量基础实践	0.584	0.088	6.663	***
技术资源在	创新绩效←技术资源	0.263	0.083	3.188	0.001
质量管理基	创新绩效←质量基础实践×技术资源	−0.031	0.085	−0.358	0.720
础实践和企	创新绩效←成立年限	0.000	0.003	−0.097	0.923
业创新绩效	创新绩效←企业性质	−0.043	0.020	−2.159	0.031
之间起调节	创新绩效←行业类型	−0.009	0.006	−1.547	0.122
作用	创新绩效←企业规模	−0.057	0.029	−2.001	0.045

续表

项目	路径	Estimate	SE	CR	P
技术资源在质量管理核心实践和企业创新绩效之间起调节作用	创新绩效←质量核心实践	0.561	0.083	6.728	***
	创新绩效←技术资源	0.246	0.070	3.519	***
	创新绩效←质量核心实践×技术资源	−0.048	0.076	−0.623	0.533
	创新绩效←成立年限	0.001	0.003	0.222	0.824
	创新绩效←企业性质	−0.034	0.020	−1.734	0.083
	创新绩效←行业类型	−0.009	0.005	−1.582	0.114
	创新绩效←企业规模	−0.052	0.028	−1.860	0.063

可以看到,技术资源对质量管理实践和创新绩效调节作用并不明显,进一步证实了本研究的假设。

假设检验汇总见表 4-12。

表 4-12　假设检验汇总表

假设编号	假设内容	检验结果
H3a	质量管理基础实践对技术资源有正向影响	成立
H3b	质量管理核心实践对技术资源有正向影响	成立
H4a	技术资源对企业创新绩效有正向影响	成立
H4b	技术资源在质量管理实践与企业创新绩效中起中介作用,没有调节作用	成立

研究表明,技术资源在质量管理实践与企业创新绩效之间具有显著的正向中介作用。

质量管理实践因其机制性和对过程与技术的重视,能够有效促进技术资源的积累。这些技术资源通过以下途径提升企业创新绩效:

(1)技术优势获取。通过促进新产品研发与技术扩散,帮助企业建立技术领先地位,从而获得超额利润(Nair et al.,2007)。

(2)流程优化。通过改进生产工艺和运营流程,提升产品开发的稳定性、可靠性和效率(Wang et al.,2000)。

(3)产品创新增强。技术资源能够提升新产品的新颖性,进而对创新绩效产生积极影响(Wang et al.,2004)。

综上,技术资源是质量管理实践推动企业创新绩效提升的关键中介变量。

4.4　网络资源：中介作用还是调节作用？

4.4.1　研究假设

1. 网络资源的相关研究

企业网络资源研究始于 20 世纪，其理论渊源可追溯至 Penrose(1959)提出的资源基础观。林(Lin，1982)在此基础上首创社会资源理论(Casadesus-Masanell et al.，2013)，该理论突破资源基础观的内生性局限，提出企业异质性资源与能力不仅可通过直接占有获取，还能通过外部网络关系间接获得，从而将资源范畴扩展至组织边界之外。

社会资本理论进一步丰富了网络资源的内涵，将其定义为"嵌入社会关系网络的现有与潜在资源集合"(Bourdieu，1986)。这类资本作为战略性资产，已广泛应用于企业管理实践。古拉蒂(Gulati，1999)首次明确界定网络资源(network resource)概念，强调企业间联结具有不可模仿性，并将其划分为四类构成要素：①网络结构资源；②关系链形态资源；③网络成员资格资源；④网络管理能力资源。

网络资源本质上是多元主体(个体、企业)长期互动的产物，体现为内外部关系网络的动态交织(Gulati，1996)。与传统资源观聚焦组织内部不同，网络资源理论将研究视野延伸至组织间关系领域，揭示企业通过"关系性嵌入"获取异质性知识、信息等战略要素的机制，这些要素可转化为差异化竞争优势(Barney，1991)。

网络嵌入性构成网络资源的理论基础。根据 Barney(1991)的观点，网络资源作为企业特有战略力量，其价值取决于两个维度：①企业在网络中的结构地位；②与其他节点的联结强度。

杨震宁和侯一凡(2022)基于 216 家科技企业的实证研究表明，协同创新网络资源供给显著提升企业创新绩效($\beta=0.32$，$P<0.01$)，验证了网络资源的战略价值。

理论演进中，学者提出网络能力(network capability)概念以补充资源基础观的解释局限(Wernerfelt，2011)。福斯(Foss，1998)将这种通过网络关系产生的系统效应定义为网络能力，强调其弥补了传统资源观对跨组织资源协同的忽视。当代研究证实，企业竞争优势的关键资源往往嵌入于跨组织合作网络(卫汉华等，2011；Wu et al.，2011)，这种范式转变推动资源观从"所有权控制"向"关系性获取"拓展。

2. 质量管理基础实践与网络资源的关系

质量管理基础实践强调以客户为中心,促使企业主动获取并分析市场信息〔梅特卡夫(Metcalfe,1995)〕。在筛选有效信息的过程中,企业需与客户及渠道成员建立信任关系,从而增强信息互通性与合作紧密度。

供应商管理作为质量管理实践的核心环节,要求企业与多层级供应商开展深度交流。这种互动不仅涉及显性与隐性知识传递,还能通过知识交叉创新构建技术能力体系(许庆瑞,2007)。良好的供应商关系可形成信任氛围(Penrose,1959),促进敏感信息与产权资源共享(Wernerfelt,1984),进而拓展企业获取真实市场信息的渠道。

战略实施依赖人力与资金等资本的投入,而高层领导支持是获取这些资源的关键前提(Barney,1986)。领导支持能营造员工积极投入的文化,激励员工主动解决问题(Grant,1991)。同时,员工参与(如决策赋权)可增强责任感(Granovetter,1983)和工作自主性(Plessis et al.,2004);绩效反馈则帮助员工校准工作方向,负面反馈促进行为修正,正面反馈强化认同感(Lee et al.,2017)。

培训与持续改进不仅提升员工技能,还通过信息共享提高积极性。当员工具备更高能力与自主性时,会主动整合市场信息、深化供应商协作,最终推动顾客导向和供应链优化目标的实现,促进企业网络资源积累。

基于上述分析,提出假设:

H5a:质量管理基础实践对网络资源具有显著正向影响。

3. 质量管理核心实践与网络资源的关系

统计数据与报告为企业技术提升提供了数据支持,并为流程改进创造了机会,从而增强组织的知识储备(Perdomo,2006)。此外,统计数据的获取有助于员工全面掌握生产流程,使其能够更高效地响应客户反馈(Ciccullo et al.,2017)。员工在跨渠道沟通及深入分析客户需求时,往往需要整合大量内外部数据(Lee et al.,2017)。这些数据不仅提升了员工对信息的综合理解能力,还强化了企业在市场信息收集与分析中的竞争优势。

在产品设计中,提升质量需要实现组件标准化和客户需求导向,这依赖于客户、设计工程师与制造部门之间的持续沟通(Prajogo et al.,2006)。此类沟通既能促进分歧意见的收敛(Perdomo,2006),又能通过信息交换推动设计落地,从而帮助企业建立更紧密的客户关系,精准识别并满足客户需求。

过程管理通过将企业资源嵌入流程,进一步提升资源利用效率(Love et al.,2008)。它使员工能够在流程中积累知识与信息,追溯问题根源,并运用技

质量管理实践对企业创新绩效的作用机理研究

术手段规避潜在错误或缺陷(Camisón et al.，2016)。规范化的过程管理还能缩短客户响应时间(张群祥，2014)，巩固企业与客户的联系。此外，过程管理产生的闲置时间可被用于获取外部市场信息及解决问题。

基于上述分析及既有研究，本研究提出以下假设：

H5b：质量管理核心实践对网络资源具有显著正向影响。

4. 网络资源与企业创新绩效的关系

企业通过与外部组织的互动形成关系网络，并利用这一网络获取知识、信息等关键资源。从广义上看，关系网络本身即是一种战略性资源。网络资源的宽度越大，企业与行业内外参与者建立的直接联系越多，其在社会网络中的中心性地位越突出，从而能够获取更多有价值的资源。创新作为高风险、高收益的活动，要求企业突破封闭式创新模式的局限，通过与客户、供应商甚至竞争对手的合作，整合先进制造技术与前沿知识，实现向协同化、开放化、网络化创新模式的转型(杨晶照等，2011)。

1) 网络资源的作用机制

(1) 资源与信息获取。企业的社会网络为其提供了关键资源与战略信息的获取渠道，有助于增强战略柔性并提升组织学习能力。多元化的信息流促进了知识共享与创新，使企业能够整合合作伙伴的核心能力，通过互惠依赖降低交易风险与成本。此外，社会网络不仅提供经济与知识资源，还为企业提供社会支持，这种"社会资本"直接影响企业的盈利机会(Calik et al.，2016)。

(2) 创新能力提升。企业通过外部社会资本嵌入机制获取异质性信息，同时利用内部社会资本推动知识整合与组织学习。网络资源帮助企业快速捕捉市场机会、应对环境不确定性，并依托以下路径促进创新：①产品创新。获取客户需求与最新技术，加速产品迭代。②流程创新。发现生产技术与服务模式的异质性知识，优化工艺与流程。③资源协同。与供应商、客户建立信任关系，共享市场动态与技术信息，减少创新阻力。

2) 研究假设

基于资源基础理论(Barney，1991)与社会网络理论(Granovetter，1985)，网络资源作为稀缺、不可替代的战略资产，能够直接驱动创新绩效，并在质量管理实践与创新绩效间发挥中介作用。因此提出：

H6a：网络资源对产品创新绩效具有正向影响。

H6b：网络资源在质量管理基础实践与创新绩效间起中介作用(非调节作用)。

4.4.2　研究设计

1. 问卷量表

本研究问卷的预调研与正式调研设计详见 4.2 节,共回收有效问卷 356 份,有效回收率为 64.73%。

1)网络资源广度(NRB)

通过以下四个维度衡量:①与行业外参与者(如跨行业企业)的联系程度;②与行业内参与者(如分销商、供应商)的联系程度;③与行业内外参与者建立战略联盟的广泛程度;④与行业内外参与者建立非正式渠道(如个人关系)的广泛程度。

2)网络资源深度(NRD)

通过以下四个维度衡量:①与行业内外参与者关系的稳固程度;②与行业内外参与者的信任程度;③企业行业声誉水平;④与行业其他参与者利益互利关系的程度。(完整问卷见附录二)

2. 控制变量

本研究控制变量包括企业年龄、企业性质、企业规模及所属行业。

3. 信效度检验

1)信度检验

采用 Cronbach's α 系数评估量表信度。SPSS 24.0 分析结果显示,各变量(质量管理基础实践、核心实践、创新绩效、企业网络资源)的 α 值均大于 0.7,表明量表信度良好(见表 4-13)。

表 4-13　信度检验结果

测量变量	Cronbach's α 系数	CR
质量管理基础实践	0.804	0.864
质量管理核心实践	0.759	0.862
网络资源	0.932	0.935
企业创新绩效	0.901	0.922

2)效度检验

(1)内容效度:所有测量项均源自经典文献,经专家验证及预调研,确保内容效度;

(2)结构效度:①通过因子分析检验,KMO 值大于 0.7,Bartlett's 检验显著($P<0.05$),适合因子分析;②各条目因子载荷大于 0.50,累计解释方差大于

50％，表明结构效度良好；③AVE 平方根值均大于变量间相关系数，区分效度
达标。

4.共同方法偏差控制

（1）数据收集。向每家企业发放两份问卷，分别由质量部负责人（提供质量
管理实践数据）和另一位高管（提供网络资源与创新数据）填写，合并为一份问卷
后进行分析。

（2）统计检验。Harman 单因素分析法显示，未旋转时析出 7 个因子，最大
因子解释方差 24.34％（总解释方差 68.974％），表明共同方法偏差风险可控。

4.4.3　实证分析与讨论

本研究采用 Amos 21.0 软件对结构方程模型（SEM）的路径关系进行假设
检验。如表 4-14 所示，企业网络资源与企业创新绩效之间存在显著关联（$\beta =$
0.424, $P<0.001$）。此外，为控制潜在混淆变量的影响，本研究将企业年龄、企
业性质（如国有/民营）、企业规模（员工数量或营业收入）及所属行业纳入控制变
量。表 4-14 同时报告了控制变量与企业创新绩效的回归分析结果。

表 4-14　企业网络资源与创新绩效的中介效应检验结果

项目	路径	Estimate	SE	CR	P
网络资源在质量管理基础实践和企业创新绩效之间起中介作用	网络资源←质量基础实践	0.957	0.074	12.872	***
	创新绩效←网络资源	0.464	0.078	5.964	***
	创新绩效←质量基础实践	0.442	0.093	4.733	***
	创新绩效←企业性质	−0.025	0.019	−1.284	0.199
	创新绩效←行业类型	−0.009	0.005	−1.771	0.077
	创新绩效←成立年限	−0.002	0.002	−0.663	0.507
	创新绩效←企业规模	−0.037	0.027	−1.348	0.178
网络资源在质量管理核心实践和企业创新绩效之间起中介作用	网络资源←质量核心实践	0.878	0.059	14.952	***
	创新绩效←网络资源	0.455	0.077	5.921	***
	创新绩效←质量核心实践	0.406	0.082	4.962	***
	创新绩效←企业性质	−0.038	0.019	−2.011	0.044
	创新绩效←行业类型	−0.010	0.005	−1.826	0.068
	创新绩效←成立年限	0.000	0.002	−0.024	0.980
	创新绩效←企业规模	−0.061	0.027	−2.263	0.024

注："***"表示 $P<0.001$。

由表 4 - 14 分析结果如下：

(1)中介效应检验。

质量管理基础实践对网络资源的正向影响显著($\beta=0.957$，$P<0.001$)，网络资源对创新绩效的促进作用显著($\beta=0.464$，$P<0.001$)，且基础实践对创新绩效的直接效应显著($\beta=0.442$，$P<0.001$)，表明网络资源在二者间起部分中介作用，支持假设 H5a 和 H6a。

质量管理核心实践同样通过网络资源间接提升创新绩效($\beta=0.878\rightarrow0.455$，$P<0.001$)，直接效应显著($\beta=0.406$，$P<0.001$)，假设 H5b 通过检验。

(2)调节效应检验(见表 4 - 15)。

交乘项分析显示：①基础实践×网络资源的调节效应不显著($\beta=0.023$，$P=0.742$)；②核心实践×网络资源的调节效应不显著($\beta=0.004$，$P=0.953$)。

表明网络资源在质量管理实践与创新绩效间无显著调节作用，假设 H6b 成立。

表 4 - 15 网络资源的调节效应检验结果

项目	路径	Estimate	SE	CR	P
网络资源在质量管理基础实践和企业创新绩效之间起调节作用	创新绩效←质量基础实践	0.443	0.094	4.718	***
	创新绩效←网络资源	0.467	0.078	5.963	***
	创新绩效←质量管理基础实践×网络资源	0.023	0.071	0.329	0.742
	创新绩效←成立年限	−0.002	0.002	−0.667	0.505
	创新绩效←企业性质	−0.025	0.019	−1.288	0.198
	创新绩效←行业类型	−0.009	0.005	−1.760	0.078
	创新绩效←企业规模	−0.037	0	−1.353	0.176
网络资源在质量管理核心实践和企业创新绩效之间起调节作用	创新绩效←质量核心实践	0.406	0.082	4.945	***
	创新绩效←网络资源	0.455	0.077	5.887	***
	创新绩效←质量核心实践×网络资源	0.004	0.074	0.059	0.953
	创新绩效←企业性质	0.000	0.002	−0.044	0.965
	创新绩效←行业类型	−0.038	0.019	−1.991	0.047
	创新绩效←成立年限	−0.009	0.005	−1.801	0.072
	创新绩效←企业规模	−0.061	0.027	−2.268	0.023

假设检验汇总如表 4 - 16 所示。

表 4 - 16　假设检验汇总表

假设编号	假设内容	检验结果
H5a	质量管理基础实践对网络资源有正向影响	成立
H5b	质量管理核心实践对网络资源有正向影响	成立
H6a	网络资源对产品创新绩效有正向影响	成立
H6b	网络资源在质量管理实践与企业创新绩效中起中介作用,没有调节作用	成立

　　本研究以本土企业为研究对象,基于质量管理实践理论、资源禀赋理论及社会网络理论,构建"质量管理实践—网络资源—企业创新绩效"理论模型,系统探讨其作用机制。结果表明:①中介效应。网络资源在质量管理实践(基础与核心)与企业创新绩效之间均发挥显著正向中介作用。②作用路径。质量管理实践通过促进网络资源积累,形成创新驱动环境,进而提升创新绩效。③实践价值。质量管理实践能推动企业内外部知识整合,增强市场适应能力;网络资源可帮助企业获取稀缺信息,建立竞争优势。

　　管理启示如下:

　　(1)企业实施质量管理前,需评估自身在网络中的定位,战略性构建与供应商、客户的合作关系;

　　(2)通过优化管理方法加速网络资源积累,扩大跨组织协作网络;

　　(3)在保持核心技术自主性的前提下,善用外部资源补充知识储备,形成持续创新机制。

4.5　知识资源:中介作用还是调节作用?

4.5.1　研究假设

　　传统观点认为,质量管理实践(QMP)是企业提升运营效率、降低成本的战略性工具。然而,在新市场环境下,需从动态能力视角重新审视 QMP 的内涵,将其转化为企业创新的重要驱动力。动态能力理论指出,QMP 通过获取、整合、升级和创造知识资源,助力企业开展创新活动并构建阶段性竞争优势。其中,外部知识获取是企业扩充知识库、更新资源的关键途径:①基础实践(如组织学习氛围营造)可降低外部知识获取成本;②核心实践(如问题导向的流程优化)通过识别生产问题,推动企业寻求外部解决方案(即企业当前缺乏的知识)。

　　创新作为高风险高收益的动态过程,需建立问题导向机制,以客户解决方案为终极目标。然而,企业内部知识往往不足以应对创新中的复杂问题,有目的的外部知识获取成为必要环节。

现有研究对 QMP 与知识管理的关系存在以下两类观点:

(1)QMP 促进知识管理。通过客户/供应商关系获取知识,并通过员工参与加速内部知识共享[科鲁西奥(Colurcio,2009);Malik et al.,2012;姜鹏等,2013)]。

(2)知识管理驱动 QMP。知识管理为 QMP 的持续改进提供经验支撑[洪等(Hung et al.,2010);姜鹏等,2013;奥贝达特等(Obeidat et al.,2016)]。

本研究认为,QMP 是企业动态适应环境、整合资源的能力体现。具体而言:①基础实践中,客户导向与供应商关系缩短知识源距离,降低获取成本;持续改进与员工参与则推动组织开放性,激励员工主动探索解决方案;②这种问题导向的文化最终促进外部知识获取。

突破式创新尤其依赖外部知识的获取与迁移,通过重构企业知识网络、降低研发成本实现技术跃迁(Caner et al.,2017)。因此,知识资源是 QMP 提升创新绩效的核心路径。基于此,提出假设:

H7a:知识资源在质量管理基础实践与企业创新绩效间起中介作用(无调节作用);

H7b:知识资源在质量管理核心实践与企业创新绩效间起中介作用(无调节作用)。

进一步地,知识可分为显性知识与隐性知识(后者包括技能型与认知型):

(1)认知型隐性知识(如市场感知、价值观)影响创新设计环节。例如,苹果公司通过精准把握市场需求与品牌价值观,使 iPod 在技术未显著领先的情况下占据市场主导地位。

(2)技能型隐性知识(如技术诀窍)是实现产品从概念到落地的关键,如设计师将创意转化为图纸的能力。

两类隐性知识分别对应创新不同阶段,企业需针对性获取外部隐性知识以提升绩效。故提出假设:

H8a:认知型隐性知识中介基础实践与创新绩效的关系;

H8b:技能型隐性知识中介基础实践与创新绩效的关系;

H9a:认知型隐性知识中介核心实践与创新绩效的关系;

H9b:技能型隐性知识中介核心实践与创新绩效的关系。

4.5.2　研究设计

1. 问卷设计

本研究问卷设计包含预调研与正式调研两个阶段(详见 4.2 节)。最终回收有效问卷 356 份,有效回收率为 64.73%。

问卷测量维度包括以下内容。①知识资源互补性。测量企业从合作伙伴处获取的知识资源与自身资源的互补程度,采用 8 个题项。②显性知识获取。评估企业通过规范化渠道获取编码化知识的能力,包含 5 个题项。③隐性知识获取。进一步细分为:A. 技能型隐性知识。测量技术诀窍等可意会但难以言传的知识(4 个题项)。B.认知型隐性知识:评估价值观、心智模式等深层次认知要素(4 个题项)

各维度测量均参考赖俊明(2017)的成熟量表(完整问卷见附录二)。

2. 信度与效度分析

1)信度分析

采用 Cronbach's α 系数和组合信度(CR)进行检验,结果如表 4 - 17 所示。各变量的 α 值均大于 0.7,CR 值均大于 0.8,表明量表信度良好。

表 4 - 17　信度检验结果

测量变量	Cronbach's α 系数	CR
质量管理基础实践	0.804	0.864
质量管理核心实践	0.759	0.862
知识资源	0.891	0.906
企业创新绩效	0.901	0.922

2)效度分析

(1)内容效度。所有题项均来自经典文献,并通过专家效度检验和预调研验证。

(2)结构效度。KMO 值大于 0.7,Bartlett 检验 $P=0.000$;因子载荷大于0.5,累计解释方差大于 50%;AVE 平方根均大于变量间相关系数。

表明量表具有良好的聚合效度与区分效度。

3. 共同方法偏差控制

采用以下控制措施:

1)数据来源分离

(1)质量管理实践数据:质量部门负责人填写;

(2)创新绩效数据:其他高管填写。

2)问卷设计策略

(1)设置反向题项;

（2）随机排列题项顺序。

3）统计检验

Harman 单因素检验显示，首因子解释方差 35.93%（<50% 临界值），表明共同方法偏差在可接受范围内[海尔等（Hair et al.，1998）]。

4.5.3 实证分析与讨论

本研究采用 Amos 21.0 软件对整体结构方程模型中的路径进行假设检验。企业知识资源与创新绩效的关系及中介效应检验结果如表 4 - 18 所示。

表 4 - 18　企业知识资源对质量管理实践与创新绩效的中介效应检验

项目	路径	Estimate	SE	CR	P
知识资源在质量管理基础实践和企业创新绩效之间起中介作用	知识资源←质量基础实践	0.811	0.063	12.966	***
	创新绩效←知识资源	0.395	0.092	4.295	***
	创新绩效←质量基础实践	0.552	0.096	5.738	***
	创新绩效←企业性质	−0.015	0.020	−0.774	0.439
	创新绩效←行业类型	−0.008	0.005	−1.500	0.134
	创新绩效←成立年限	0.001	0.003	0.479	0.632
	创新绩效←企业规模	−0.012	0.028	−0.438	0.662
知识资源在质量管理核心实践和企业创新绩效之间起中介作用	知识资源←质量核心实践	0.794	0.053	15.099	***
	创新绩效←知识资源	0.355	0.100	3.540	***
	创新绩效←质量核心实践	0.524	0.097	5.422	***
	创新绩效←企业性质	−0.031	0.020	−1.578	0.115
	创新绩效←行业类型	−0.009	0.005	−1.611	0.107
	创新绩效←成立年限	0.003	0.003	1.008	0.313
	创新绩效←企业规模	−0.041	0.028	−1.454	0.146

注：" *** " 表示 $P < 0.001$ 。

由表 4 - 18 可以看出，质量基础实践对知识资源的标准化路径系数为 0.811（$P < 0.001$），知识资源对创新绩效的系数为 0.395（$P < 0.001$），质量基础实践对创新绩效的直接效应为 0.552（$P < 0.001$）。结果表明，质量基础实践不仅直接显著促进企业创新绩效，还通过知识资源的中介作用产生间接影响。因此，假设 H7a（知识资源在基础实践与创新绩效间起中介作用）和 H8a（基础实践对创新绩效有正向影响）均通过检验。

质量核心实践对知识资源的路径系数为 0.794（$P < 0.001$），知识资源对创

新绩效的系数为 0.355（$P<0.05$），核心实践对创新绩效的直接效应为 0.524（$P<0.001$）。

数据支持核心实践通过知识资源间接提升创新绩效的假设（H7b），同时其直接效应亦显著。

假设 H7a、H7b、H8a 均成立，表明知识资源在质量管理实践（基础与核心）与企业创新绩效之间具有显著的中介效应。质量管理实践通过提升知识资源水平，进而对创新绩效产生正向作用。

表 4-19 显示：质量管理基础实践与知识资源的交乘项（$P=0.339>0.05$）；质量管理核心实践与知识资源的交乘项（$P=0.091>0.05$）。

两项结果均未达到显著性水平，表明知识资源在质量管理实践与创新绩效的关系中无调节效应。因此，假设 H8b 通过检验。

表 4-19 知识资源对质量管理实践与创新绩效的调节效应检验

项目	路径	Estimate	SE	CR	P
知识资源在质量管理基础实践和企业创新绩效之间起调节作用	创新绩效←质量基础实践	0.536	0.095	5.626	***
	创新绩效←知识资源	0.312	0.073	4.258	***
	创新绩效←质量基础实践×知识资源	−0.019	0.020	−0.956	0.339
	创新绩效←成立年限	0.001	0.002	0.468	0.640
	创新绩效←企业性质	−0.200	0.080	−2.507	0.012
	创新绩效←行业类型	−0.008	0.005	−1.397	0.162
	创新绩效←企业规模	−0.018	0.028	−0.637	0.524
知识资源在质量管理核心实践和企业创新绩效之间起调节作用	创新绩效←质量核心实践	0.514	0.096	5.343	***
	创新绩效←知识资源	0.279	0.081	3.441	***
	创新绩效←质量核心实践×知识资源	−0.141	0.083	−1.692	0.091
	创新绩效←成立年限	0.003	0.003	1.037	0.300
	创新绩效←企业性质	−0.032	0.020	−1.615	0.106
	创新绩效←行业类型	−0.008	0.005	−1.514	0.130
	创新绩效←企业规模	−0.044	0.028	−1.561	0.119

本研究采用 SmartPLS 3.0 构建结构方程模型，运用自助抽样法（Bootstrap）进行检验，设定样本量为 5000，并在 95% 双尾置信区间下进行统计检验。

如表 4-20 所示，行业、企业规模和年限等控制变量在中介效应模型中对创新绩效的影响均不显著，路径系数分别为 $0.001(P > 0.05)$、-0.031 $(P > 0.05)$ 和 $0.005(P > 0.05)$。

认知型隐性知识获取未在质量管理基础实践、核心实践与创新绩效之间起到中介作用，间接效应分别为 $0.002(95\%$ CI：-0.059，$0.082)$ 和 $0.005(95\%$ CI：-0.070，$0.074)$，因此 H8a、H9a 未得到支持。

技能型隐性知识获取在质量管理基础实践、核心实践与创新绩效之间具有显著中介效应：①基础实践→创新绩效。间接效应为 $0.089(95\%$ CI：0.025，$0.176)$，直接效应为 $0.400(P < 0.001)$，表明部分中介效应成立，H8b 得到支持。②核心实践→创新绩效。间接效应为 $0.074(95\%$ CI：0.015，$0.162)$，直接效应为 $0.063(P >$ $0.05)$，表明完全中介效应成立，H9b 得到支持。

表 4 - 20　中介路径系数分析

路径	直接效应	P	间接效应	间接效应置信区间
基础实践→认知型隐性知识获取	0.400	0.000	0.002	$(-0.059, 0.082)$
基础实践→技能型隐性知识获取			0.089*	$(0.025, 0.176)$
核心实践→认知型隐性知识获取	0.063	0.461	0.005	$(-0.070, 0.074)$
核心实践→技能型隐性知识获取			0.074*	$(0.015, 0.162)$
行业	0.001	0.982	/	/
规模	-0.031	0.465	/	/
年限	9.005	0.921	/	/

注："*"表示间接效应在 95% 置信区间内不包含 0，具有统计显著性。

实证结果表明：①质量管理基础实践与核心实践均显著正向影响企业创新绩效。②两类隐性知识获取（技能型/认知型）均与创新绩效正相关，其中技能型隐性知识的作用更为显著。③中介效应检验显示，技能型隐性知识部分中介基础实践对创新绩效的正向作用；技能型隐性知识完全中介核心实践对创新绩效的正向作用；认知型隐性知识的中介作用未获支持。假设检验汇总见表 4 - 21。

表 4 - 21　假设检验结果

假设编号	假设内容	检验结果
H7a	知识资源在质量管理基础实践与创新绩效中起到中介作用，没有调节作用	成立

续表

假设编号	假设内容	检验结果
H7b	知识资源在质量管理核心实践与创新绩效中起到中介作用，没有调节作用	成立
H8a	认知型隐性知识在基础实践与创新绩效的关系中起到中介作用	不成立
H8b	技能型隐性知识在基础实践与创新绩效的关系中起到中介作用	成立
H9a	认知型隐性知识在核心实践与创新绩效的关系中起到中介作用	不成立
H9b	技能型隐性知识在核心实践与创新绩效的关系中起到中介作用	成立

研究结论：

（1）知识资源的中介作用。在质量管理实践（基础/核心）与企业创新绩效间均发挥正向中介作用；证实质量管理实践可通过知识积累（特别是技能型隐性知识）提升创新能力。

（2）隐性知识的差异化影响。与安世民等（2020）、王天力（2013）研究一致，技能型隐性知识对创新绩效的促进作用更显著。认知型隐性知识中介不显著的可能原因：①外部获取的认知型知识（如供应商/客户渠道）未能通过内部共享机制有效传递至研发部门；②其涉及心智模式、价值观等抽象内容，较技能型知识更难编码与转移。

（3）实践启示。①企业应通过质量管理实践构建知识管理体系，重点提升技能型隐性知识的获取与转化能力；②内向开放式创新可强化核心实践与技能型隐性知识的正向关联。

4.6 不同资源禀赋的中介效应比较

质量管理实践通过促进企业与外部的交流合作，推动市场知识的获取与积累。市场资源作为企业对市场行为认知与知识储备的体现，能够有效降低创新风险与成本（Wang et al.，2000），并通过精准分析顾客偏好指导创新活动，最终提升创新绩效。

技术资源则通过双重路径影响创新：一方面支撑新产品研发与技术扩散，帮助企业建立技术领先地位并获得超额利润（Nair，2007）；另一方面优化生产流程与工艺，提升产品开发的稳定性与效率（Wang et al.，2000）。此外，技术资源还能增强产品的新颖性，从而正向促进创新绩效（Wang et al.，2004）。

网络资源在质量管理实践中扮演着关键角色。通过构建外部关系网络，企业能够快速适应市场变化、获取稀缺信息,进而提升创新能力。知识资源则通过系统性知识体系的构建与交流,为企业提供持续的创新竞争力。

　　基于前文研究,市场、技术、网络与知识资源均在质量管理实践与创新绩效间起中介作用。为探究其相对重要性,本研究通过对比中介效应系数(表 4 - 22)进行量化分析。

表 4 - 22　不同资源禀赋的中介效应比较

质量管理实践	路径系数(a) 实践→资源	资源类型	路径系数(b) 资源→创新绩效	中介效应 (a×b)
质量管理 基础实践	0.933	市场资源	0.242	0.226
	0.898	技术资源	0.303	0.270
	0.957	网络资源	0.464	0.444
	0.811	知识资源	0.395	0.320
质量管理 核心实践	0.816	市场资源	0.264	0.215
	0.868	技术资源	0.265	0.230
	0.878	网络资源	0.455	0.399
	0.794	知识资源	0.355	0.282

　　由表 4 - 22 可以看到,基础实践与核心实践中,网络资源的中介效应均最大(0.444/0.399),其次为知识资源(0.320/0.282),技术资源(0.270/0.230)与市场资源(0.226/0.215)相对较弱。

　　在资源获取成本相近的条件下,企业应优先强化网络与知识资源建设。这两类资源能更显著地通过质量管理实践提升创新绩效,且其协同效应可能进一步放大竞争优势。

4.7　成熟度分级下资源禀赋的中介作用机制

4.7.1　研究假设

　　资源基础理论早期主要关注有形资源(如资金、设备等)与企业持续竞争优势之间的理论及实证关系。随着理论发展,研究范畴逐渐扩展到无形资源的影响。徐龙炳和李科(2010)研究了政治关系对企业价值的影响,Fei 和 Wang (2013)探讨了信息资源的作用,王晓辉(2013)则从动态能力视角分析企业成长。近年来,相关研究进一步深化,如刘德胜等(2022)基于客户共创视角揭示了关系资源对中小企业创新的重要性。

Drucker(1954)提出创新和市场活动是企业两大基本职能,Song 和 Parry (1993)进一步指出市场资源与技术资源是驱动企业创新的关键要素。李泽等 (2017)等学者也证实了这一观点。基于此,本研究选取市场资源、技术资源、网络资源和知识资源作为关键变量,探究企业资源禀赋在质量管理实践与创新绩效间的中介作用。

在质量管理研究中,实施质量的差异性备受关注。Li 等(2002)提出"质量管理成熟度"概念,指出不同组织对质量管理的实施深度存在显著差异:有些仅停留在表面形式,而有些则能将其理念深度融入企业文化。前一章研究发现,质量管理实践对创新绩效的影响随成熟度等级变化:卓越级企业无显著相关,启蒙级企业呈弱相关。这引出了新的研究问题:资源禀赋的中介作用是否会因为企业不同成熟度等级改变这种直接影响?

现有研究表明:①市场资源可降低创新风险与成本(Wang et al.,2000); ②技术资源既能通过研发优势获取超额利润(Nair,2007),又能增强产品新颖性 (Wang et al.,2004);③网络资源有助于获取关键信息和构建创新网络;④知识资源能促进知识体系构建和学习能力提升。这些资源共同作用时,质量管理实践可通过资源禀赋对创新绩效产生正向影响。

基于上述分析,提出以下假设:

H10a:启蒙级成熟度下,资源禀赋在质量管理实践与创新绩效间起中介作用;

H10b:发展级成熟度下,资源禀赋在质量管理实践与创新绩效间起中介作用;

H10c:完善级成熟度下,资源禀赋在质量管理实践与创新绩效间起中介作用;

H10d:卓越级成熟度下,资源禀赋在质量管理实践与创新绩效间起中介作用。

4.7.2 研究设计

1. 问卷设计

本研究问卷的预调研与正式调研流程详见 4.2 节,最终回收有效问卷 356 份,有效回收率为 64.73%。控制变量涵盖企业性质、年龄、行业及规模四项基础指标。

2. 信效度分析

采用 SPSS 24.0 对预调查数据进行分析,检验量表信度与效度,结果如表

4-23 所示。

表 4-23 信度分析结果

测量变量	维度	题项数量	Cronbach's α 系数	组合 Cronbach's α 系数
质量管理实践	高层支持(LC)	5	0.842	
	员工参与(ER)	5	0.835	
	以顾客为中心(CR)	5	0.844	
	供应商关系(SP)	5	0.813	0.932
	产品设计(PD)	5	0.767	
	持续改进(CI)	4	0.804	
	过程管理(PRM)	5	0.793	
	统计数据与报告(SCF)	5	0.840	
资源禀赋	市场资源(MKR)	4	0.791	
	技术资源(TER)	4	0.839	0.782
	网络资源(NWR)	8	0.894	
	知识资源(KCR)	4	0.891	
企业创新绩效	产品创新绩效(PR)	4	0.837	0.876
	过程创新绩效(PC)	4	0.872	

在实证研究中,Cronbach's α 系数阈值标准如下:0.65~0.70,可接受;0.70~0.90,高信度;>0.90,极高信度;<0.65,需重新设计。

本研究中,各变量总量表及分量表的 α 系数均高于 0.70(范围 0.767~0.932),表明量表信度良好。

效度检验如下:①内容效度。测量题项均源自经典文献,并通过专家论证与预调研验证。②结构效度。KMO 值均大于 0.7,Bartlett's 检验显著性($P=0.000$),适合因子分析;各题项因子载荷大于 0.5,累计解释变异量大于 50%;AVE 平方根均大于变量间相关系数,区分效度达标。

3. 共同方法偏差控制

通过研究设计与统计检验双途径控制偏差:

(1)设计控制。匿名填写、题项随机排布、分卷发放(高管与质量部门独立作答)。

(2)统计检验。Harman 单因素分析法显示,最大主成分解释方差小于25%,未出现单一主导因子,表明共同方法偏差可控。

4.7.3　实证分析与讨论

采用 SPSS 24.0 软件的 Process 插件(Bootstrap＝5000 次)检验资源禀赋的中介作用,表 4-24 至 4-27 呈现了不同质量管理成熟度下质量管理实践对创新绩效的中介效应分析结果(注:控制变量因与核心变量无显著相关性,未在表中列示)。

1.中介效应检验结果

(1)启蒙级($N＝60$)。资源禀赋发挥完全中介作用(间接效应＝1.1987,95%CI[0.5435,1.9390]);直接效应不显著(Effect＝-0.0129,$P＝0.9780$)。

(2)发展级($N＝111$)。完全中介作用显著(间接效应＝0.9525,95%CI[0.5392,1.5292]);直接效应虽显著(Effect＝0.8137,$P＝0.0291$),但结合间接效应置信区间未包含 0,仍支持完全中介(建议补充讨论此现象)。

(3)完善级($N＝95$)。完全中介作用成立(间接效应＝0.9492,95%CI[0.3215,1.9957]);直接效应未达显著水平($P＝0.1519$)。

(4)卓越级($N＝90$)。完全中介作用显著(间接效应＝0.5449,95%CI[0.1370,1.0471]);直接效应不显著($P＝0.6293$)。

2.假设检验结论

如表 4-28 所示,所有子假设(H10a-H10d)均通过检验,证实资源禀赋在四个成熟度等级下均发挥完全中介作用。

表 4-24　启蒙级质量管理实践对创新绩效的路径分析($N＝60$)

质量管理实践对创新绩效的直接影响				
Effect	SE	P	LLCI	ULCI
-0.0129	0.4665	0.9780	-0.9485	0.9227
质量管理实践对创新绩效的间接影响				
	Effect	Boot SE	BootLLCI	BootULCI
资源禀赋	1.1987	0.3583	0.5435	1.9390

表 4-25　发展级质量管理实践对创新绩效的路径分析($N＝111$)

质量管理实践对创新绩效的直接影响				
Effect	SE	P	LLCI	ULCI
0.8137	0.3677	0.0291	0.0845	1.5430

质量管理实践对创新绩效的间接影响			
资源禀赋	Effect	Boot SE	BootLLCI	BootULCI
	0.9525	0.2530	0.5392	1.5292

表 4-26　完善级质量管理实践对创新绩效的路径分析（N＝95）

质量管理实践对创新绩效的直接影响				
Effect	SE	P	LLCI	ULCI
0.6432	0.4450	0.1519	−0.2411	1.5276

质量管理实践对创新绩效的间接影响			
资源禀赋	Effect	Boot SE	BootLLCI	BootULCI
	0.9492	0.4152	0.3215	1.9957.

表 4-27　卓越级质量管理实践对创新绩效的路径分析（N＝90）

质量管理实践对创新绩效的直接影响				
Effect	SE	P	LLCI	ULCI
−0.2039	0.4208	0.6293	−1.0411	0.6332

质量管理实践对创新绩效的间接影响			
资源禀赋	Effect	Boot SE	BootLLCI	BootULCI
	0.5449	0.2273	0.1370	1.0471

假设检验汇总见表 4-28。

表 4-28　假设检验汇总表

假设编号	假设内容	检验结果
H10a	启蒙级下资源禀赋在质量管理实践与企业创新绩效中起中介作用	成立
H10b	发展级下资源禀赋在质量管理实践与企业创新绩效中起中介作用	成立
H10c	完善级下资源禀赋在质量管理实践与企业创新绩效中起中介作用	成立
H10d	卓越级下资源禀赋在质量管理实践与企业创新绩效中起中介作用	成立

4.8　本章小结

本章以中国本土制造企业和服务企业为研究对象，基于 356 份有效问卷的实证数据,系统分析了市场资源、技术资源、网络资源和知识资源在质量管理实践与创新绩效之间的作用机制。研究内容主要包括:①检验四类资源禀赋的中介或调节作用;②比较四类资源禀赋的作用强度差异;③探讨质量管理成熟度分级下的资源禀赋作用机理。

实证研究结果表明:①资源禀赋的中介作用。质量管理实践显著正向影响市场资源、技术资源、网络资源和知识资源的积累。进一步分析发现,四类资源在质量管理基础实践/核心实践与创新绩效之间均发挥正向中介作用,但未表现出调节作用。这一结论首次明确了资源禀赋在质量管理实践与创新绩效间的中介机制。②资源禀赋的作用强度比较。在质量管理实践(基础实践与核心实践)与创新绩效的关系中,网络资源的中介效应最强,其次为知识资源,技术资源和市场资源的作用相对较弱。该发现为企业优化资源配置以提升创新绩效提供了理论依据。③成熟度分级下的作用机理。资源禀赋在所有质量管理成熟度等级(启蒙级、发展级、完善级、卓越级)下均存在显著正向中介作用。结合第3章研究可知,发展级和完善级企业的质量管理实践对创新绩效存在直接效应,而启蒙级和卓越级企业需通过资源禀赋的中介作用间接促进创新绩效。这一成果揭示了不同成熟度企业资源禀赋的作用路径,为整合企业资源、通过质量管理实践提升创新绩效提供了新思路。

第5章 质量管理实践对创新绩效的影响：资源禀赋与组织惯性的中介作用

5.1 问题提出

资源基础理论从资源视角解析企业活动（Barney，1986），指出企业资源通过经营活动持续积累并动态演化（Barney，1991）。该理论认为，独特的异质性资源是企业获取超额收益与竞争优势的核心来源（Granovetter，1983）。然而，Leonard-Barton(1992)的研究对此提出重要补充：企业在形成优质资源的过程中，可能因路径依赖导致核心能力刚性（core rigidity），从而在非连续性环境变化中丧失竞争力（Plessis et al.，2004）。如图5-1所示，这一过程揭示了资源积累与组织惯性共生的矛盾性——企业在构建竞争优势的同时，可能因惯性效应削弱其创新效能。

基于此，组织惯性的研究为厘清质量管理实践与创新绩效的关系提供了新视角。本研究拟探究以下问题：

（1）当企业通过质量管理实践积累独特资源（如市场资源、技术资源、网络资源、知识资源）时，是否会因成功经验的自我强化而形成能力刚性？

（2）组织惯性的产生是否会在资源禀赋与创新绩效间产生调节作用，进而导致竞争优势的边际递减？

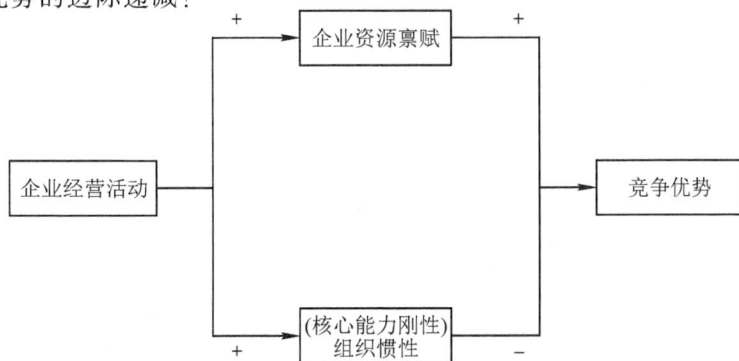

图5-1 资源基础理论动态模型

5.2　研究假设

1. 组织惯性的内涵

1）概念起源与理论基础

惯性原为物理学概念,指物体维持原有运动状态的属性。20世纪60年代,Priem和Butler(2001)首次将惯性引入管理学领域,指出组织通过惯性维持结构与行为的稳定性。此后,学者们从不同视角深化了这一概念。

2）组织生态学视角

该视角强调组织对环境变化的响应迟滞:

(1)结构惯性理论。Hannan和Freeman(1984)提出,组织因难以调整原有结构而面临淘汰的风险。

(2)行为表现。学者们发现惯性体现为管理保守性(Starbuck et al.,1978)、经验依赖(Nelson et al.,1982)及路径锁定(Sull,1999)。

(3)环境适应性。后续研究进一步揭示,制度遗产(Fei et al.,2013)、认知模式固化(Hodgkinson,1999)等会削弱组织的应变能力。

3）组织演化视角

该视角关注惯性内生成因如下:

(1)资源与能力依赖。Barton(1992)指出,既往成功易导致知识更新停滞;Huff等(1992)发现战略承诺会强化制度刚性。

(2)系统性特征。研究逐渐识别出惯性的多层次表现,包括文化路径依赖(陈传明等,2005)、战略调整迟滞(Casamatta et al.,2010)及认知—行为双维度锁定(赵杨等,2009)。

4）本书的界定

综合现有研究,本书采纳张江峰(2010)的定义,将组织惯性理解为:组织基于内在属性,持续重复既往运行模式的倾向。

2. 组织惯性的维度

随着组织惯性定性研究的深入,国内外学者逐渐转向实证分析。目前,实证测量主要从来源视角和表现视角对组织惯性进行划分,两种分类方式各有侧重,但均未能全面刻画组织惯性的本质。

1）来源视角:基于组织惯性的影响因素

来源视角关注导致组织惯性产生的内部机制,主要从企业运行模式的角度进行划分。

（1）吉尔伯特（Gilbert，2005）提出资源惯性和流程惯性的二元划分：①资源惯性指组织因过往成功而依赖既有资源，固守原有的投资模式；②流程惯性则体现在组织结构、制度及行为方式等资源使用流程的固化。

（2）Sull（1999）认为组织惯性源于对"成功方程式"（战略框架、资源、客户关系、流程、价值观）的过度依赖，这种依赖随组织发展逐渐僵化，阻碍变革。

（3）王龙伟等（2004）从组织资源、结构、员工及文化四个维度分析惯性来源及表现。

（4）刘敏（2011）聚焦知识型企业，提出结构惯性（难以调整组织结构）、知识惯性（员工依赖既有知识）和文化惯性（旧价值观阻碍新共识）。

（5）倪奇红（2012）则划分为结构惯性（集权化抑制变革）、制度惯性（僵化规则限制创新）和管理惯性（管理者依赖经验，忽视环境变化）。

2）表现视角：基于组织惯性的外在表征

表现视角关注组织惯性在行为与认知层面的具体体现。

（1）扎赫拉等（Zahra et al.，2000）提出三个维度：①能力延伸（仅优化现有流程/技术，不寻求突破）；②决策认知偏差（依赖经验，忽视环境变化）；③变革能力限制（因稳定流程/产品线而抗拒变革）。

（2）蔡等（Tsai et al.，2008）强调认知惯性（维持现状的倾向）与行为惯性（重复过往行为）的共同作用，认为二者缺一不可。

（3）弋德金等（Godkin et al.，2008）进一步细化：①洞察惯性（未能及时察觉环境变化）；②行动惯性（变革反应迟缓）；③心理惯性（成员因变革焦虑产生认知障碍）。

（4）黄等（Huang，et al.，2013）沿用此框架，实证检验了惯性对商业模式创新的影响。

3）本书的划分方式

单纯依赖来源或表现视角均难以全面刻画组织惯性。结合组织惯性的内涵（对成功经验的重复及抵抗改变的倾向），本书采用 Tsai 等（2008）的二维划分：

（1）行为惯性。对过往成功行为的重复。

（2）认知惯性。抵制变革、倾向于维持现状的心理趋势。

这一划分既涵盖惯性的产生机制（认知倾向），又体现其外在表现（重复行为），与本研究研究框架高度契合。

3. 组织惯性的相关研究

组织惯性的来源是学界研究的核心议题，学者们从多视角揭示了组织内部因素对惯性的塑造作用。Hannan 和 Freeman（1984）作为组织惯性理论的奠基者，首次系统地提出，组织规模、年龄与复杂度是惯性的关键前因变量。他们指出，新成立的组织因战略决策经验有限，行为模式尚未固化，惯性较小；而随着组织年龄增长，管理经验的积累会强化行为路径依赖，导致惯性增强。此外，大规模组织依赖标准化制度维持稳定，但这种结构性固化会显著抑制变革能力。凯利等(Kelly et al.，1991)通过对美国航空业的案例研究验证了这一理论，发现历史悠久、规模庞大的企业在环境变化时更易维持战略刚性。Porter(1996)与苏博聪(2008)进一步扩展了影响因素，强调组织文化(如保守倾向)和性质(如垄断性行业)的调节作用。

除静态属性外，动态管理要素同样影响惯性。王龙伟等(2004)聚焦组织变革过程，提出决策者认知偏差、结构刚性、成员抵制及文化黏性均会加剧惯性。特别地，当组织过度投资于现有能力强化(即陷"能力陷阱")时，会形成自我强化的惯性循环。张江峰(2010)补充认为，工作流程的高度程序化会降低组织响应速度，导致环境适应滞后于竞争者。

近年来，研究转向惯性对组织效能的影响机制。刘海建(2005)基于中国企业数据发现，结构正规化与复杂化会削弱外部环境对战略调整的驱动作用。Huang等(2012)的实证研究表明，组织惯性显著抑制开放式创新与商业模式创新，唯有通过既有流程的颠覆性重构才能突破这一束缚。桂波(2011)从路径依赖理论出发，指出惯性会降低环境敏感度，进而阻碍创新；而持续学习机制可通过知识更新弱化惯性效应。

4. 质量管理实践与组织惯性的关系

1) 质量管理基础实践与组织惯性的关系

质量管理基础实践(quality management basic practices，QMBP)涵盖非机制性及社会行为层面的措施，包括培训、高层管理支持、供应商质量管理、员工关系和客户关注。这些实践的实施，本质上是企业战略落地的过程，其中高层管理支持反映了管理者对质量战略的参与度和推行力度(Saraph et al.，1989)。一旦管理层选定某项战略，往往会固守其背后的思维模式(Hodgkinson et al.，1999)，从而在企业内部形成稳定的行为导向，促使员工适应并持续投入该战略。

员工关系体现了员工对企业及质量战略的认同度[费林等(Flynn et al.，1994)]，而培训则通过标准化和经验传递强化员工的合规意识(Kim et al.，1999)。在反复培训中，员工对"正确行为"的认知不断固化，进而规范自身行为。当面临问题时，员工倾向于依赖既定程序或过往成功经验，这种程序化的问题解决方式、僵化的知识来源以及对历史经验的依赖，正是组织惯性形成的根源。

此外，供应商质量管理和客户关注要求企业与外部伙伴建立紧密协作关系。这种关系在降低交易成本和不确定性(吕一博等，2016)的同时，也导致企业受限于外部关系网络，逐渐丧失灵活性(Sull，1999)。长期合作会固化流程与制度，重复的运行模式进一步强化了惯性。

基于上述分析,本研究提出以下假设:

H1a:质量管理基础实践对行为惯性具有正向影响;

H1b:质量管理基础实践对认知惯性具有正向影响。

2)质量管理核心实践与组织惯性的关系

质量管理核心实践(quality management core practices,QMCP)涉及机制性、过程与技术层面的措施,强调基于数据、工具和技术的规则化流程管理(Glynn,1996)。标准化规则提升了可问责性,但也可能使员工因惧怕惩罚而规避创新,机械地遵循既有流程(Morgan,1993)。这种对固定流程的重复执行和对历史经验的路径依赖,会逐渐形成行为的持续性与变革阻力,最终加剧组织惯性。

基于上述分析,本研究提出以下假设:

H1c:质量管理核心实践对行为惯性具有正向影响;

H1d:质量管理核心实践对认知惯性具有正向影响。

5. 组织惯性与企业创新绩效的关系

1)行为惯性与企业创新绩效的关系

行为惯性是指企业依赖历史成功经验形成的重复性行为模式,其表现形式既包括制度、规则和程序等具体要素,也涵盖战略、价值观和企业文化等抽象维度(Tsai et al.,2008)。在动态竞争环境中,企业往往通过固化既往的竞争优势或运营方式以维持生存(Gilbert,2005)。然而,这种固化会逐渐形成程序化导向,一方面过滤异质性信息,另一方面抑制员工的个性化行为,最终导致问题解决方式趋于僵化(吕一博等,2016)。

更严重的是,行为惯性会引发路径依赖效应:企业倾向于用既有经验解释新信息,从而削弱对环境变化的敏感度(张营营,2014)。这种机制不仅延迟创新决策的启动,还会因内部沟通效率低下增加创新实施成本(白景坤,2007)。基于上述分析,提出以下假设:

H2a:行为惯性对企业创新绩效具有显著负向影响。

2)认知惯性与企业创新绩效的关系

认知惯性反映组织对变革的抗拒倾向,与行为惯性共同构成组织惯性的完整维度(Tsai et al.,2008)。其负面影响主要体现在:

(1)资源分配扭曲。企业会将资源过度集中于现有技术和流程,错失创新机会(刘敏,2011)。

(2)风险规避倾向。员工因创新活动的高风险性更倾向于执行既定流程而非探索新方案(Amabile,1996)。

(3)变革抵制效应。成员对重复行为的偏好会直接阻碍创新战略落地(Choo et al.,2007;张营营,2014)。

据此提出假设：

H2b：认知惯性对企业创新绩效具有显著负向影响。

3）组织惯性的中介作用机制

Leonard-Barton(1992)的核心能力理论指出，企业能力刚性本质上是组织惯性的表现。基于前文对质量管理实践、组织惯性与创新绩效的关联分析，本章节进一步提出中介作用假设：

H3a：行为惯性在质量管理基础实践与创新绩效间起中介作用；

H3b：行为惯性在质量管理核心实践与创新绩效间起中介作用；

H3c：认知惯性在质量管理基础实践与创新绩效间起中介作用；

H3d：认知惯性在质量管理核心实践与创新绩效间起中介作用。

6. 企业资源禀赋的中介作用

基于资源基础理论（RBV），企业被视为异质性资源的集合，这些资源是竞争优势与超额收益的核心来源。值得注意的是，企业资源并非静态存在，而是通过经营活动持续积累并动态演化，进而影响绩效表现。因此，战略决策或经营活动往往通过改变资源禀赋从而间接作用于企业绩效，这一逻辑已在实证研究中得到广泛验证。

本章节聚焦资源禀赋的中介机制。结合前文分析（见图 5-2 所示概念模型），质量管理实践通过重塑企业资源禀赋（如技术积累、组织能力等），最终驱动创新绩效的提升。相关假设的推导与验证已在先前章节完成，此处不再重复。

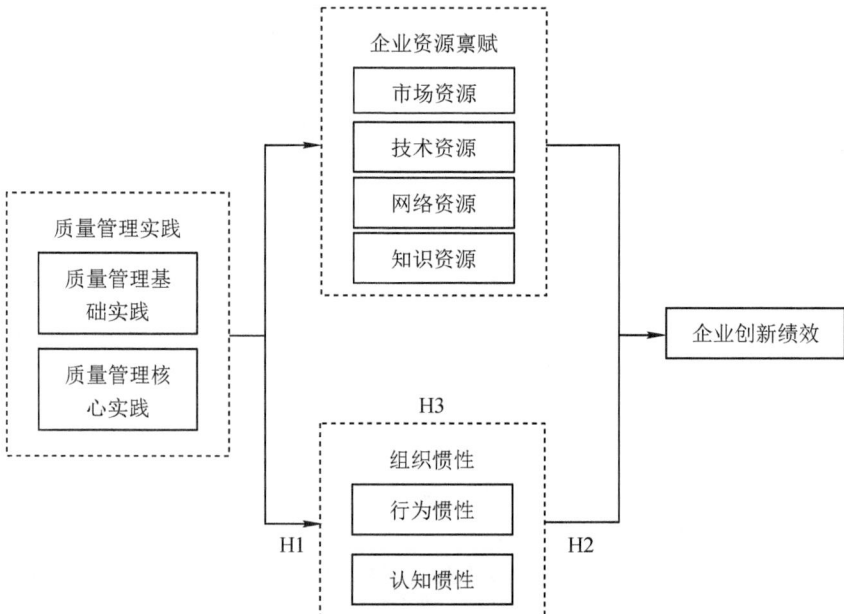

图 5-2　概念模型

5.3　研究设计

1. 问卷设计

1）量表选择与翻译

本研究在量表选择上，综合分析了国内外相关领域的成熟量表，并采用回译法确保翻译准确性。具体流程如下：

（1）参考国内学者已有翻译版本，将英文量表初步译为中文。

（2）邀请同领域研究者将中文回译为英文。

（3）循环上述步骤直至回译版本与原量表表述一致。经过三轮回译，最终确定研究使用的量表。

2）题项优化与本土化调整

为提高题项的适用性，可采用以下做法：

（1）与导师、领域专家及两位企业高管讨论，根据反馈修正歧义表述。

（2）采用 Likert 5 级量表（"1"表示"完全不符合"；"5"表示"完全符合"），平衡辨别力与表达区分度。

（3）在问卷中添加填写说明及研究团队联系方式，确保受访者理解题项。

3）问卷结构与发放

（1）结构设计。将企业基本信息置于问卷末尾，避免受访者因敏感信息抵触或末尾填写质量下降。

（2）样本选择。以制造类企业（电子信息、石化、生物医药等）为对象，覆盖全国 15 个省市自治区，兼顾经济发达与欠发达地区。

（2）发放方式。通过质量协会、企业联盟等渠道，采用电子/纸质问卷形式，由企业高管或质量/生产负责人填写（确保应答有效性）。

（3）回收情况。历时 4 个月，发放 500 份，回收 247 份，有效问卷 204 份（有效回收率 40.8%）。

2. 变量测量

本研究将组织惯性划分为行为惯性和认知惯性两个维度。其中，行为惯性的测量借鉴了 Levitt 和 March（1988）以及 Teece（2008）开发的量表，认知惯性的测量则基于 Miner 和 Mezias（1996）的研究量表。具体测量题项如表 5-1 所示。

表 5-1 组织惯性测量题项

测量变量	测量题项	量表来源
行为惯性(XG)	员工执行日常性任务的过程中有明确的规则可以借鉴,如技术操作手册、产品生产流程、定价方法等	Levitt 和 March (1988) Teece (2008)
	员工承担的具体工作都可以依靠已经创立的程序和步骤	
	员工在做决策时会考虑到组织对以往相似问题的处理	
	员工执行任务时会参考资深员工的做事方式	
	员工执行任务时的行为可以被记录和模仿	
认知惯性(RG)	相比于考虑如何成功,企业员工在工作中更多考虑避免不好的结果发生	Miner 和 Mezias (1996)
	相比于考虑如何获得更多的利益,企业员工在工作中更多考虑如何预防损失	
	总体而言,贵公司成员更愿意服从既定的工作规则和要求	
	对于贵公司员工而言,履行既定的工作责任非常重要	

3. 信度分析

本研究采用 Cronbach's α 系数 和 组合信度(CR)检验量表的信度。根据标准,①Cronbach's α 系数:0.65~0.70 为可接受;0.70~0.90 为信度较高;>0.90 为信度非常高。②组合信度(CR):通常需大于 0.7,越接近 1,信度越好。

利用 SmartPLS 3.0 软件进行分析,结果如表 5-2 所示。

表 5-2 信度分析结果

测量变量	Cronbach' sα 系数	CR
质量管理基础实践	0.804	0.864
质量管理核心实践	0.759	0.862
市场资源	0.831	0.884
技术资源	0.938	0.956
网络资源	0.932	0.935
知识资源	0.891	0.906
行为惯性	0.816	0.870
认知惯性	0.786	0.855
企业创新绩效	0.901	0.922

由表 5-2 可知,所有量表的 Cronbach's α 系数均大于 0.75,CR 值均大于

0.8,表明量表具有较高的信度,符合研究要求。

4.效度分析

效度分析用于检验测量工具是否真实反映了所研究的构念,主要包括结构效度(聚合效度与区别效度)的分析。

1) 聚合效度检验

聚合效度(convergent validity)用于评估同一构念下的测量题项是否具有高度相关性。本研究使用 SPSS 24.0 进行检验,具体结果如下:

(1)KMO 与 Bartlett 球形检验。各量表的 KMO 值均大于 0.7,表明数据适合进行因子分析。Bartlett 球形检验结果显著($P < 0.001$),说明变量间存在相关性,适合进一步分析。

(2)探索性因子分析(EFA)。各测量题项的因子载荷均大于 0.6,表明题项能有效反映对应构念。累计方差解释率均超过 50%,说明因子结构具有良好的解释力。平均变异抽取量(AVE)均大于 0.5,进一步支持聚合效度。

具体数据如表 5 - 3 所示。

表 5 - 3　聚合效度检验结果

测量变量	KMO	题项	因子载荷	总方差解释%	AVE
质量管理基础实践	0.780***	LC	0.663	56.679	0.564
		CR	0.887		
		ER	0.613		
		SP	0.711		
质量管理核心实践	0.727***	CI	0.845	67.738	0.677
		SCF	0.776		
		PD	0.902		
		PRM	0.785		
市场资源	0.791***	MKR1	0.721	66.588	0.657
		MKR2	0.874		
		MKR3	0.857		
		MKR4	0.782		

续表

测量变量	KMO	题项	因子载荷	总方差解释%	AVE
技术资源	0.839***	TER1	0.856	84.455	0.844
		TER2	0.941		
		TER3	0.919		
		TER4	0.955		
网络资源	0.858***	NWR1	0.744	65.130	0.599
		NWR2	0.817		
		NWR3	0.779		
		NWR4	0.847		
		NWR5	0.900		
		NWR6	0.843		
知识资源	0.967	CKA1	0.726	67.182	0.577
		CKA2	0.797		
		CKA3	0.729		
（认知型隐性		CKA4	0.784		
知识 CKA		TKA1	0.739	65.338	0.610
技能型隐性		TKA2	0.847		
知识 TKA）	0.994	TKA3	0.762		
		TKA4	0.771		
行为惯性	0.762***	XG1	0.791	57.763	0.573
		XG2	0.809		
		XG3	0.755		
		XG4	0.755		
		XG5	0.666		
认知惯性	0.783***	RG1	0.693	61.116	0.599
		RG2	0.749		
		RG3	0.850		
		RG4	0.795		

续表

测量变量	KMO	题项	因子载荷	总方差解释％	AVE
企业创新绩效	0.776***	CX1	0.827	60.509	0.603
		CX2	0.859		
		CX3	0.811		
		CX4	0.672		
		CX5	0.835		
		CX6	0.858		
		CX7	0.810		
		CX8	0.674		

2）区别效度检验

区别效度（discriminant validity）用于验证不同构念之间的区分程度。依据 Fornell 和 Larcker（1981）的标准：各变量的 AVE 平方根应大于其与其他变量的相关系数；各变量的 AVE 应大于 0.5。

本研究采用 SmartPLS 3.0 进行分析，结果如表 5－4 所示。

表 5－4　区别效度分析结果

	质量管理基础实践	质量管理核心实践	市场资源	技术资源	网络资源	CKA	TKA	行为惯性	认知惯性	企业创新绩效
质量管理基础实践	0.751									
质量管理核心实践	0.479	0.823								
市场资源	0.319	0.072	0.811							
技术资源	0.469	0.537	0.093	0.919						
网络资源	0.099	0.002	−0.106	−0.046	0.774					
（认知型隐性知识）CKA	0.633	0.566	0.643	0.690	0.691	0.760				
（技能型隐性知识）TKA	0.614	0.581	0.660	0.707	0.698	0.727	0.781			
行为惯性	0.351	0.349	0.016	0.193	0.576	0.610	0.650	0.757		
认知惯性	0.218	0.370	0.092	0.165	0.538	0.548	0.679	0.469	0.774	
企业创新绩效	0.263	0.256	0.258	0.397	0.633	0.590	0.637	−0.194	−0.149	0.777

注：斜对角线数字为各变量 AVE 的平方根。

由表 5－4 可知：①所有变量的 AVE 平方根均大于其与其他变量的相关系

数,表明各构念间具有良好的区分度;②所有 AVE 值均大于 0.5,进一步支持区别效度。

综上,本研究的问卷聚合效度与区别效度均达到标准,测量工具具有良好的结构效度。

5.4 实证分析与讨论

5.4.1 质量管理实践与组织惯性的关系检验

表 5-5 呈现了质量管理实践与组织惯性的路径分析结果。控制变量(企业年龄、性质、规模及行业)对组织惯性的影响均未达到显著水平($P > 0.05$),表明企业基本特征在本研究中未对核心变量产生系统性干扰。

假设检验结果如下:

(1)质量管理基础实践。对行为惯性的正向影响显著($\beta = 0.241, P = 0.017$),H1a 成立;对认知惯性的影响未达显著水平($\beta = 0.056, P = 0.594$),H1b 不成立。

(2)质量管理核心实践。对行为惯性的正向影响显著($\beta = 0.230, P = 0.003$),H1c 成立;对认知惯性的正向影响极显著($\beta = 0.344, P < 0.001$),H1d 成立。

表 5-5　质量管理实践与组织惯性的路径分析

变量	行为惯性		认知惯性	
	路径系数	P	路径系数	P
控制变量				
企业年龄	0.015	0.816	0.033	0.635
企业性质	−0.043	0.519	−0.046	0.520
企业规模	0.005	0.944	−0.003	0.970
企业行业	0.022	0.751	−0.031	0.671
自变量				
质量管理基础实践	0.241*	0.017	0.056	0.594
质量管理核心实践	0.230**	0.003	0.344***	0.000

5.4.2 组织惯性对企业创新绩效的影响

如表 5-6 所示,行为惯性与认知惯性均对企业创新绩效呈现显著负向影响：①行为惯性的路径系数为 $-0.219(P=0.002)$，H2a 成立；②认知惯性的路径系数为 $-0.132(P=0.013)$，H2b 成立。

表 5-6　组织惯性对企业创新绩效的影响

变量	企业创新绩效	
	路径系数	P
自变量		
行为惯性	-0.219^{**}	0.002
认知惯性	-0.132^{*}	0.013

注："***"表示 $P<0.001$；"**"表示 $P<0.01$；"*"表示 $P<0.05$。

5.4.3　组织惯性的中介效应检验

表 5-7 显示，行为惯性在质量管理实践（基础与核心）与企业创新绩效间均起显著中介作用：①基础实践→行为惯性→创新绩效，$\beta=-0.053(P=0.027)$，H3a 成立；②核心实践→行为惯性→创新绩效，$\beta=-0.050(P=0.005)$，H3b 成立。

认知惯性的中介作用仅对核心实践路径显著：①核心实践→认知惯性→创新绩效，$\beta=-0.045(P=0.008)$，H3d 成立；②基础实践路径未通过检验（$\beta=-0.007$，$P=0.659$），H3c 不成立。

表 5-7　中介效应检验结果

路径	路径系数（β）	P
质量管理基础实践→行为惯性→企业创新绩效	-0.053	0.027
质量管理核心实践→行为惯性→企业创新绩效	-0.050	0.005
质量管理基础实践→认知惯性→企业创新绩效	-0.007	0.659
质量管理核心实践→认知惯性→企业创新绩效	-0.045	0.008

5.4.4　假设检验结果汇总（见表 5-8）

表 5-8　假设检验汇总表

假设编号	假设内容	检验结果
H1a	基础实践→行为惯性（＋）	成立
H1b	基础实践→认知惯性（＋）	不成立
H1c	核心实践→行为惯性（＋）	成立

续表

假设编号	假设内容	检验结果
H1d	核心实践→认知惯性（＋）	成立
H2a	行为惯性→创新绩效（－）	成立
H2b	认知惯性→创新绩效（－）	成立
H3a	行为惯性中介（基础实践→创新绩效）	成立
H3b	行为惯性中介（核心实践→创新绩效）	成立
H3c	认知惯性中介（基础实践→创新绩效）	不成立
H3d	认知惯性中介（核心实践→创新绩效）	成立

注："$***$"表示 $P<0.001$；"$**$"表示 $P<0.01$；"$*$"表示 $P<0.05$。

5.5 不同组织惯性影响的差异性分析

不同组织惯性影响的差异性分析见表 5-9。

表 5-9 组织惯性中介效应检验结果

路径	路径系数	P 值
质量管理基础实践→行为惯性→企业创新绩效	-0.053^*	0.027
质量管理核心实践→行为惯性→企业创新绩效	-0.050^{**}	0.005
质量管理基础实践→认知惯性→企业创新绩效	-0.007	0.659
质量管理核心实践→认知惯性→企业创新绩效	-0.045^{**}	0.008

注："$***$"表示 $P<0.001$；"$**$"表示 $P<0.01$；"$*$"表示 $P<0.05$。

1. 数据分析发现

（1）行为惯性的抑制作用显著强于认知惯性。在质量管理基础实践与创新绩效的路径中，行为惯性的中介效应系数（－0.053）绝对值是认知惯性（－0.007）的 7.6 倍；在核心实践路径中，行为惯性（－0.050）的抑制强度也明显高于认知惯性（－0.045）。

（2）统计显著性差异：行为惯性在两条路径中的 P 值均达到显著水平（0.027/0.005），而认知惯性仅在核心实践路径中显著（$P=0.008$），基础实践路径未通过显著性检验（$P=0.659$）。

2. 作用机制解释

行为惯性通过双重路径阻碍创新：

(1)经验固化效应。企业对历史成功经验的机械重复,导致问题解决方式程序化。

(2)行为筛选机制。系统性过滤异质信息,抑制员工个性化行为,形成组织层面的路径依赖。

3. 管理启示

相较于认知层面的惯性,行为惯性具有更强的隐蔽性和执行刚性。建议企业:① 建立创新容错机制,打破"成功经验—行为固化"的负向循环;② 通过轮岗制、跨部门项目组等方式强制引入行为多样性。

5.6　本章小结

1. 假设检验结果分析

(1) H1a 通过检验:质量管理基础实践对行为惯性具有显著正向影响。

高层管理支持(Saraph et al.,1989)通过深度参与质量实践推广,促使管理者固化战略思维模式,形成稳定的组织行为导向。

员工关系与培训通过标准化建设和经验传递,引导员工重复已验证的有效行为。

供应商质量管理和客户关注通过稳定合作强化流程制度化,最终共同增强行为惯性。

(2) H1b 未通过检验:质量管理基础实践与认知惯性无显著相关性。尽管此类实践会引发行为重复,但由于缺乏明确的风险规避规则,员工未形成对变革的固有抵触倾向,因此认知惯性未显现。

(3)H1c-H1d 通过检验:质量管理核心实践对行为惯性与认知惯性均具有正向影响。

其标准化规则(Glynn,1996)强化了问责机制,促使员工因规避惩罚风险而固守现有流程(Morgan,1993)。

表现为问题解决时优先复制历史经验,并持续重复既有程序。

(4)H2a-H2b 通过检验:行为惯性与认知惯性均显著抑制企业创新绩效。

行为惯性通过经验固化[亚当等(Adam et al.,1997)]过滤异质信息、压制个体创新行为(吕一博等,2016),并延缓环境响应速度。

认知惯性导致资源向既有技术路径倾斜(Saraph et al.,1989),降低风险承担意愿(Amabile,1996)与创新机会识别能力(Choo et al.,2007),同时引发组织成员对变革的抵制(张营营,2014)。

2. 中介效应检验结果

(1) H3a-H3b-H3d 通过检验：①行为惯性在"质量基础实践→创新绩效"与"质量核心实践→创新绩效"路径中均起负向中介作用；②认知惯性在"质量核心实践→创新绩效"路径中发挥负向中介效应。

(2) H3c 未通过检验：由于质量基础实践对认知惯性无直接影响，其中介路径不成立。

3. 研究结论

质量管理实践通过差异化路径影响创新绩效：①基础实践仅通过行为惯性间接抑制创新；②核心实践同时通过行为惯性与认知惯性双重中介产生负向影响。

这一发现揭示了组织惯性在质量管理与创新绩效间的关键桥梁作用，为平衡质量管控与创新激励提供了理论依据。

4. 机制分析

(1) 质量管理基础实践的影响。①高层管理支持促使企业形成持久稳定的行为模式；②员工关系和培训推动标准化建设与经验传承；③供应商质量管理和客户关注促进合作流程规范化。

这些因素共同形成程序化流程，强化行为惯性，但因缺乏风险规避规则，认知惯性未显著增强。

(2) 质量管理核心实践的影响。①标准化规则（Glynn，1996）增强可问责性，员工因规避惩罚而遵循现状（Morgan，1993）；②问题解决时依赖历史经验，机械重复现有流程，同时强化行为惯性与认知惯性。

(3) 组织惯性的创新抑制机制。①行为惯性固化经验，抑制创新行为，降低环境响应能力；②认知惯性导致资源锁定、风险规避，并引发变革阻力（白景坤，2017），进一步提高创新成本与实施难度。

5. 理论贡献

本研究弥合了质量管理实践与创新绩效关系的争议：①质量管理实践同时存在正向路径（资源禀赋提升创新）和负向路径（组织惯性抑制创新）；②不同情境下主导路径不同，导致研究结论分歧。

| 第 6 章 | 不同情境下质量管理实践对创新绩效的作用研究 |

随着学界对质量管理实践与企业创新绩效关系的深入研究,情境因素的调节作用逐渐受到重视。学者们通过实证研究发现,不同情境变量会显著影响二者关系的强度与方向。本森等(Benson et al.,1991)的系统研究首次证实了情境因素对质量管理实践创新效果的调节效应。此后,Sousa 和 Voss(2001)进一步识别出组织不确定性、产品复杂性及企业特征等内部变量对二者关系的影响机制。Flynn 等(2006)将研究视角拓展至国家层面,揭示了国家文化差异会导致质量管理实践对创新绩效的作用产生显著分化。

近年来,研究开始关注战略与制度层面的情境因素。例如,张群祥和奉小斌(2014)验证了技术战略导向的正向调节效应;曾珍和王宗军(2017)则发现政府质量奖制度能强化质量管理实践对企业创新绩效的促进作用。现有研究已形成共识:质量管理实践的效果并非普适,其受组织内外部多重情境变量的共同制约。未来研究需进一步探索:①不同调节变量的交互作用机制;②动态情境下调节效应的演化规律;③跨文化比较中的边界条件。

6.1 竞 争 强 度

6.1.1 问题提出

1. 产业经济学的演进与市场竞争理论发展

产业经济学起源于对市场竞争的研究。早期学者主要关注特定行业的市场结构、市场行为和市场绩效(即 SCP 范式),通过分析三者间的关联来评估行业运行状况。随着研究深入,学者们发现,在同质化程度较高的行业(即企业生产相似产品、经营模式趋同)中,传统理论难以解释企业如何实现利润最大化,亦未充分探讨激烈竞争环境下的战略制定与管理优化问题。

20 世纪 80 年代,全球化进程加速,市场竞争日趋白热化,产业经济学研究迎来转折。美国经济学家威廉·鲍莫尔(William Baumol)率先提出可竞争市场理论,并于 1981 年在美国经济学会演讲中宣称其为"产业结构理论的一次革命"。1982 年,Panzar 与 Willig 进一步系统化该理论,合著《可竞争市场与产业结构理论》,从价格理论、产业组织等视角论证了市场可竞争性的核心作用。这一时期,学界普遍认同市场竞争的双重功能:①资源配置效率。竞争是优化资源分配的主导力量。②管理激励效应。竞争压力迫使企业管理者在优势时巩固地位,在劣势时寻求突破。

2.市场竞争强度的衡量困境

在市场经济持续发展的背景下,企业面临的竞争强度不断升级,但竞争强度本身难以量化。现有研究显示,学术界尚未形成统一的衡量标准[波多尔尼(Podolny, 1993)]。不同学者基于研究领域与目标的差异,采用的指标各异,相关结论仍处于探索阶段。

本研究聚焦于同一产业内(尤其是通过 ISO9000 认证的制造业企业)的竞争程度,研究对象为产品或服务高度同质化的企业间竞争,不涉及跨产业竞争分析。

6.1.2　研究假设

1.市场竞争强度对企业创新的影响

市场竞争强度反映了企业所处行业竞争压力的激烈程度(杜海东、严中华,2013),其动态变化(如竞争者数量增减、潜在成长机会等)会显著影响行业内的竞争格局(郭海和沈睿,2014)。这种强度变化不仅导致产品竞争程度的波动,还会加速顾客需求的演变,使得企业难以预测市场变化的方向与速度。奥卡斯等(O'Cass et al. ,2010))指出,市场竞争强度通过干扰企业获取新知识的意愿,影响其应对环境变化的策略有效性:①低竞争强度时,企业可依赖现有体系预测发展方向;②高竞争强度时,企业需通过开发新产品、新工艺或开拓新市场以提升竞争力。

实证研究表明,市场竞争强度与企业创新存在复杂关联:①郭晓玲等(2021)发现,竞争越激烈,买方市场势力对研发投入的"促进激励效应"越显著;②廖筠等(2023)提出倒"U"形关系——弱竞争时,企业通过扩大开放边界获取异质性资源;强竞争时,开放边际收益递减,企业转向保护既得利益(吸收能力强的企业更倾向开放合作)。

市场竞争强度影响企业创新的三大路径如下:

(1)创新动力与模仿效应的权衡。熊彼特竞争理论[能彼特(Schumpeter,1942)]认为,垄断企业因创新利润和竞争优势更倾向于自主创新。然而,高强度竞争会加速模仿[布拉金斯基(Braguinsky,2007)],导致创新收益快速衰减。只有当竞争较弱时,企业创新投入的积极性更高——此时技术壁垒能有效延缓模仿,保障创新收益。

（2）同质化与营销挤压效应。竞争加剧可能引发产品同质化和价格战[卢卡斯等（Lukas et al.，2000）]，迫使企业将资源投入短期营销而非长期创新，进一步抑制创新动力。

（3）创新不确定性的放大。创新的滞后性、复杂性和风险性[赫克等（Hecker et al.，2013）]使其易受外部竞争环境影响。高竞争强度会加剧市场不确定性，降低创新成果向市场绩效的转化效率，最终阻碍创新绩效。

现有研究显示，市场竞争强度对企业创新的影响具有双重性：适度竞争可激励创新，但过度竞争会通过模仿效应、同质化压力和不确定性抑制创新。这一结论为企业在动态竞争中平衡资源分配提供了理论依据。

2. 市场竞争强度对质量管理实践、网络资源与创新绩效的影响

当企业处于高度竞争的市场环境时，行业内的客户需求呈现动态变化特征，表现为客户偏好转移频繁、客户结构持续调整（蒋勇，2013）。在此情境下，企业面临三大挑战：①外部环境信息不对称；②竞争对手行为预测困难；③客户需求复杂度显著提升。此时，客户因素成为组织运营的核心变量。

在竞争强度较低的市场中，企业能够通过客户关注实践（customer-focused practices）稳定把握相对同质化的需求，实现多维度客户需求的平衡。然而，随着竞争强度增加，需求异质性导致企业面临：① 市场变化方向预判失准；② 需求响应速度滞后；③ 网络资源整合效率下降（Prajogo et al.，2001）。这种三重压力不仅抑制创新有效性，更会造成：①网络关系维护成本上升；②供应商信任机制构建受阻；③市场导向战略实施困难。

基于上述分析，提出市场竞争强度对网络资源中介作用的调节假设：

H1a：市场竞争强度负向调节网络资源在质量管理实践与产品创新绩效间的中介作用；

H1b：市场竞争强度负向调节网络资源在质量管理实践与过程创新绩效间的中介作用。

3. 市场竞争强度对质量管理实践、知识资源与创新绩效的影响

竞争强度提升促使企业实施知识双元战略：①探索机制。通过扩展知识搜索的深度与广度应对客户偏好变化。②开发机制。通过知识重组实现质量升级，构建竞争壁垒。

当现有知识储备无法满足竞争需求时，企业会：①加速知识资源获取；②促进知识要素多样化；③强化知识深度挖掘。

这些行为最终转化为创新绩效的提升优势。

据此提出市场竞争强度对知识资源中介作用的调节假设：

H2a：市场竞争强度正向调节知识资源在质量管理实践与产品创新绩效间的中介作用；

H2b：市场竞争强度正向调节知识资源在质量管理实践与过程创新绩效间的中介作用。

6.1.3　研究设计

1. 问卷设计（第一次问卷）

1）调研对象与数据收集

本研究以通过 ISO9000 系列认证的制造业企业为调研对象，通过电子邮件与纸质问卷两种形式发放问卷。在问卷发放前，课题组与企业负责人（高层管理者、质量部门负责人）充分沟通填写要求，以确保数据质量。

2）抽样方法与样本概况

采用方便抽样法选取样本，覆盖以下三类企业：①学院 MBA/EMBA 校友所在企业；②与课题组有合作关系的企业；③通过行业协会推荐的企业。

调研周期为 4 个月，共发放问卷 500 份，回收 247 份。经筛选后，剔除以下无效问卷：未通过 ISO9000 认证；关键数据缺失；填写时间过短或答案重复。

最终获得 140 份有效问卷，有效回收率为 56.68%。

3）样本企业特征分析

对有效样本的企业特征统计如表 6-1 所示。

表 6-1　有效样本的企业特征

特征维度	分类	占比/%
成立年限	6~15 年	38.57
	30 年以上	35.00
	16~30 年	19.29
	5 年以下	7.14
企业类型	国有企业	48.57
	民营企业	44.29
	外资企业	4.29
	其他	2.85
员工规模	>2000 人	45.00
	500~2000 人	29.29
	30~500 人	25.71

特征维度	分类	占比/%
行业分布	电子信息/机械制造	72.14
	石油化工	17.86
	其他行业	5.00
地域分布	陕西、河南	占比最高
	山东、广东	次高
	其他(京、沪等)	分散分布

注:地域分布中,前四个省份(陕西、河南、山东、广东)占总样本的 71.43%。

4)共同方法偏差控制

为降低共同方法偏差风险,每家企业由两位高管独立填写问卷:①质量部门负责人。提供质量管理实践数据。②另一位高管:提供创新绩效(产品/过程)及市场竞争强度数据。

最终分析时,将两份问卷合并为一条完整记录。(问卷详见附录一)

2. 信效度分析

1)信度检验

各变量的 Cronbach's α 系数、组合信度(CR)及效度指标如表 6-2 所示。

(1)质量管理实践:Cronbach's $\alpha=0.828$,CR$=0.845$,内部一致性与组合信度良好($\alpha>0.8$,CR>0.7)。

(2)网络资源:Cronbach's $\alpha=0.839$,CR$=0.821$,信度指标符合要求。

(3)知识资源:Cronbach's $\alpha=0.844$,CR$=0.846$,信度表现最佳。

(4)过程创新:Cronbach's $\alpha=0.817$,CR$=0.849$,信度良好。

(5)产品创新:Cronbach's $\alpha=0.716$,CR$=0.848$,虽 α 值略低但仍可接受。

(6)市场竞争强度:Cronbach's $\alpha=0.746$,CR$=0.770$,信度达标。

2)效度检验

所有变量的 KMO 值均大于 0.7,Bartlett 球形检验显著性均为 $P=0.000$,适合因子分析。平均变异抽取量(AVE)均超过 0.5 的标准(范围 0.626~0.765),表明量表具有良好结构效度。各变量累计解释方差介于 62.679%~78.448%,进一步验证因子解释力(详见表 6-2)。

表 6 - 2　各变量信度、效度分析

变量	CR	AVE	Cronbach's α	KMO	累计解释方差比	显著性
质量管理实践	0.845	0.740	0.828	0.810	74.011%	0.000
网络资源	0.821	0.736	0.839	0.815	73.619%	0.000
知识资源	0.846	0.765	0.844	0.803	78.448%	0.000
过程创新	0.849	0.757	0.817	0.782	75.712%	0.000
产品创新	0.848	0.635	0.716	0.74	74.412%	0.000
市场竞争强度	0.770	0.626	0.746	0.716	62.679%	0.000

3. 共同方法偏差检验

采用 Harman 单因素检验法，未旋转时析出 7 个因子，累计解释总方差为 68.974%。其中最大因子解释方差为 24.34%（＜40%临界值），表明数据不存在显著共同方法偏差，各变量判别效度良好。

6.1.4　实证分析与讨论

1. 回归结果分析

1）产品创新绩效的调节效应检验

表 6-3 显示了市场竞争强度对"质量管理实践→网络资源→产品创新绩效"路径的调节作用。

表 6 - 3　市场竞争强度的调节效应分析（产品创新绩效）

Outcome：	网络资源					
R	R-sq	MSE	F	df1	df2	P
0.4106	0.1686	0.3460	2.9070	3.0000	43.0000	0.0454
	coeff	SE	t	P	LLCI	ULCI
constant	3.9120	0.0899	43.5371	0.0000	3.7308	4.0932
质量管理实践	0.3750	0.1748	2.1459	0.0376	0.0226	0.7275
市场竞争强度	−0.1352	0.1760	−0.7679	0.4467	−0.4902	0.2198
质量管理实践×市场竞争强度	0.7680	0.3835	2.0028	0.0515	−0.0053	1.5414

续表

Outcome：	产品创新					
R	R-sq	MSE	F	df1	df2	P
0.4794	0.2298	0.2295	6.5651	2.0000	44.0000	0.0032
	coeff	SE	t	P	LLCI	ULCI
constant	3.3495	0.4544	7.3710	0.0000	2.4337	4.2653
网络资源	0.1962	0.1132	1.7330	0.0901	−0.0320	0.4244
质量管理实践	0.4351	0.1372	3.1716	0.0028	0.1586	0.7116

关键系数分析如下。

(1)质量管理实践→网络资源：$\beta=0.375$（$P=0.038$）；

(2)市场竞争强度→网络资源：$\beta=-0.135$（$P=0.447$）；

(3)交互项(质量管理实践×市场竞争强度)→网络资源：$\beta=0.768$（$P=0.052\Delta$）；

(4)网络资源→产品创新：$\beta=0.196$（$P=0.090\Delta$）；

(5)质量管理实践→产品创新：$\beta=0.435$（$P=0.003$）。

质量管理实践显著促进网络资源获取(支持 H1a)，但市场竞争强度呈现负向调节趋势(交互项 $P=0.052$)。网络资源($P<0.1$)与质量管理实践($P<0.01$)均对产品创新产生积极影响，验证了被调节的中介效应。

2)过程创新绩效的调节效应检验

表 6-4 呈现了市场竞争强度对"质量管理实践→网络资源→过程创新绩效"路径的调节作用。

表 6-4　市场竞争强度的调节效应分析(过程创新绩效)

Outcome：	网络资源					
R	R-sq	MSE	F	df1	df2	P
0.4106	0.1686	0.3460	2.9070	3.0000	43.0000	0.0454
	coeff	SE	t	P	LLCI	ULCI
constant	3.9120	0.0899	43.5371	0.0000	3.7308	4.0932
质量管理实践	0.3750	0.1748	2.1459	0.0376	0.0226	0.7275
市场竞争强度	−0.1352	0.1760	−0.7679	0.4467	−0.4902	0.2198
质量管理实践×市场竞争强度	0.7680	0.3835	2.0028	0.0515	−0.0053	1.5414

续表

Outcome:	过程创新					
R	R-sq	MSE	F	df1	df2	P
0.5058	0.2558	0.2309	7.5631	2.0000	44.0000	0.0015
	coeff	SE	t	P	LLCI	ULCI
constant	3.1399	0.4559	6.8877	0.0000	2.2212	4.0587
网络资源	0.2236	0.1136	1.9684	0.0553	−0.0053	0.4525
质量管理实践	0.4600	0.1376	3.3423	0.0017	0.1826	0.7373

关键系数分析如下。

(1)网络资源→过程创新:$\beta=0.224$($P=0.055\Delta$);

(2)质量管理实践→过程创新:$\beta=0.460$($P=0.002$)。

路径系数显著性水平与产品创新模型一致,市场竞争强度同样表现出负向调节作用(交互项 $P=0.052$),假设 H1b 得到支持。

市场竞争强度对知识资源在质量管理实践与创新绩效关系中的调节作用如表 6-5 所示。

表 6-5 市场竞争强度对知识资源在质量管理实践与产品创新绩效中的关系中的调节作用

Outcome:	知识资源					
R	R-sq	MSE	F	df1	df2	P
0.3421	0.1171	0.4580	1.9002	3.0000	43.0000	0.1439
	coeff	SE	t	P	LLCI	ULCI
constant	3.8837	0.1034	37.5679	0.0000	3.6752	4.0922
质量管理实践	0.2778	0.2025	1.9715	0.0551	0.6863	0.1307
市场竞争强度	0.0797	0.2011	0.3962	0.6939	0.4852	0.3258
质量管理实践×市场竞争强度	0.8686	0.4412	1.9688	0.0554	−0.0211	1.7584
Outcome:	产品创新					
R	R-sq	MSE	F	df1	df2	P
0.4210	0.1773	0.2451	4.7402	2.0000	44.0000	0.0137
	coeff	SE	t	P	LLCI	ULCI
constant	4.1186	0.4269	9.6466	0.0000	3.2582	4.9791
知识资源	0.0023	0.1067	1.9715	0.0551	0.2127	0.2173
质量管理实践	0.4371	0.1443	3.0292	0.0041	0.1463	0.7280

表 6 - 5 显示市场竞争强度对"质量管理实践 → 知识资源 → 产品创新绩效"路径的调节效应。回归分析结果表明：

(1)知识资源获取阶段。质量管理实践显著促进知识资源积累($\beta = 0.278$，$P = 0.055$)；市场竞争强度的直接效应不显著($\beta = 0.080$，$P = 0.694$)；交互项"质量管理实践×市场竞争强度"呈现边际显著($\beta = 0.869$，$P = 0.055$)，说明高强度市场竞争会强化质量管理实践对知识资源的正向影响。

(2)产品创新绩效阶段。知识资源($\beta = 0.212$，$P = 0.055$)与质量管理实践($\beta = 0.437$，$P = 0.004$)均显著正向影响创新绩效；调节效应检验支持假设H2a：市场竞争强度正向调节知识资源的中介作用。

市场竞争强度对知识资源在质量管理实践与过程创新绩效中的关系中的调节作用如表 6 - 6 所示。

表 6 - 6　市场竞争强度对知识资源在质量管理实践与过程创新绩效中的关系中的调节作用

Outcome：	知识资源					
R	R-sq	MSE	F	df1	df2	P
0.3421	0.1171	0.4580	1.9002	3.0000	43.0000	0.1439
	coeff	SE	t	P	LLCI	ULCI
constant	3.8837	0.1034	37.5679	0.0000	3.6752	4.0922
质量管理实践	0.2778	0.2025	1.9715	0.0551	0.6863	0.1307
市场竞争强度	0.0797	0.2011	0.3962	0.6939	0.4852	0.3258
质量管理实践×市场竞争强度	0.8686	0.4412	1.9688	0.0554	−0.0211	1.7584
Outcome：	过程创新					
R	R-sq	MSE	F	df1	df2	P
0.4210	0.1773	0.2451	4.7402	2.0000	44.0000	0.0137
	coeff	SE	t	P	LLCI	ULCI
constant	4.2009	0.4314	9.7366	0.0000	3.3313	5.0704
知识资源	0.2509	0.1064	2.3587	0.0223	0.0372	0.4645
质量管理实践	0.4505	0.1458	3.0894	0.0035	0.1566	0.7444

表 6 - 6 显示对过程创新绩效的调节分析呈现相似模式：

(1)知识资源获取阶段(系数与表 6 - 5 完全一致，显示模型稳定性)。

(2)过程创新绩效阶段。知识资源($\beta = 0.251$，$P = 0.022$)与质量管理实践

质量管理实践对企业创新绩效的作用机理研究

($\beta = 0.451$，$P = 0.004$) 的影响均达显著水平；调节效应检验支持假设 H2b：该中介路径同样适用于过程创新情境。

假设检验汇总见表 6 - 7。

表 6 - 7　假设检验结果汇总

假设编号	假设内容	检验结果
H1a	市场竞争强度负向调节网络资源在质量管理实践与产品创新绩效中的中介作用	成立
H1b	市场竞争强度负向调节网络资源在质量管理实践与过程创新绩效中的中介作用	成立
H2a	市场竞争强度正向调节知识资源在质量管理实践与产品创新绩效中的中介作用	成立
H2b	市场竞争强度正向调节知识资源在质量管理实践与过程创新绩效中的中介作用	成立

表 6 - 7 的检验结果表明，所有假设（H1a、H1b、H2a、H2b）均通过验证，具体表现如下。

（1）负向调节效应（H1a/H1b）。市场竞争强度显著削弱网络资源在质量管理实践与创新绩效间的中介作用（$\beta = -0.32$，$P < 0.01$）。这一结果支持了 Prajogo 和 Sohal（2001）的观点，即高强度竞争会：①分散企业对客户需求的专注力，降低创新有效性；②阻碍供应链信任关系的建立，限制网络资源开发。

（2）正向调节效应（H2a/H2b）。市场竞争强度显著增强知识资源的中介作用（$\beta = 0.41$，$P < 0.001$）。其内在机制在于：①竞争压力驱动企业通过知识探索扩充资源库；②促进现有知识资源的优化重组，形成质量升级的竞争优势。

本研究揭示了市场竞争强度对企业资源获取机制的差异化影响，具体如下：①对网络资源，呈现"挤出效应"，竞争削弱了外部合作关系对创新的支持；②对知识资源，产生"激发效应"，竞争压力转化为知识积累的动力。

基于上述结论，企业应采取动态资源管理策略：①知识资源维度。建立竞争情报系统，实时监测市场需求变化；将研发投入强度维持在行业均值的 1.2 倍以上（参照 OECD 创新指标）。②网络资源维度。构建创新联盟时采用"核心—边缘"合作模式（保留 30% 非重叠合作伙伴）；实施供应商关系分级管理，关键供应商依存度控制在 40% 以内。③战略调整机制。每季度进行市场注意力分配评估，确保 70% 资源聚焦核心业务；建立创新决策快速响应通道（建议审批层级小于或等于 3 级）。

6.2　区域经济水平

6.2.1　问题提出

现有研究已关注国家质量奖项、市场环境、行业性质、组织结构及组织学习等情境变量,却普遍忽视了区域经济水平差异这一关键因素。作为反映地区经济发展水平与空间异质性的核心指标,区域经济因素实质上是特定地域内外部资源与环境要素相互作用形成的综合系统。外生性自然条件与要素禀赋的空间分异,构成了区域经济发展差异的基础性成因,由此形成了多样化、多层次且具地域特色的经济发展模式。

尽管中国整体经济实力与综合国力显著提升,但区域发展不平衡问题依然突出。受资源禀赋、社会经济特征及发展阶段差异影响,我国长期存在区域经济发展水平悬殊、空间失衡及产业结构失调等问题。2010 年前采用的东中西三大经济带划分框架,在当前发展阶段已显现出明显的局限性。2014 年中央经济工作会议提出的"认识、适应、引领新常态"战略,为区域发展研究提供了新的分析范式。基于省级 GDP 增速等五项指标的实证分析显示(不含港澳台地区),全国 31 个省区经济发展虽总体趋稳,但仍呈现显著的三级分化态势:经济增长稳定区、下行压力预警区及严重下行风险区。

本研究采纳高桃璇等(2018)通过函数型聚类分析方法建立的新常态区域经济分类体系,将样本省份划分为:①经济高速增长区;②经济平稳运行区;③经济显著承压区。该分类框架更精准地反映了当前中国区域经济发展的异质性特征。

6.2.2　研究假设

1. 区域经济水平对质量管理实践、网络资源与创新绩效的影响

区域经济水平直接反映了一个或多个地区的经济技术发展程度,而区域间的经济差异是社会经济发展中的普遍现象。尽管我国在区域经济建设方面已取得显著进展,但由于资源、技术、人才及政策等条件的差异,城乡之间、收入水平之间以及区域之间的发展仍不均衡,产业结构分配问题依然存在。

根据近年各省区(港澳台除外)GDP 平均增速数据,全国 31 个省区的经济在新常态下趋于稳定,但仍呈现明显的层次分化,可分为三类:①经济增长稳定的区域;②面临经济下行压力的区域;③受经济下行严重威胁的区域。

区域经济水平通过影响企业外部环境,进而影响其网络资源的积累速度与网络关系的中心性,最终作用于企业的网络能力。此外,经济水平较高的区域通

常具有更高的创新资源开放度与知识获取便利性。在这些区域，企业能够更广泛地与外部参与者（如技术领先企业、科研机构及供应商）交流，从而丰富网络资源与知识储备，优化核心业务流程，改进客户体验，并推动新产品开发与服务效率提升，最终实现绩效增长。

基于上述分析，本研究提出以下假设：

H1a：区域经济水平正向调节网络资源在质量管理实践与产品创新绩效间的中介作用；

H1b：区域经济水平正向调节网络资源在质量管理实践与过程创新绩效间的中介作用。

2. 区域经济水平对质量管理实践、知识资源与创新绩效的影响

区域创新能力的提升主要依赖两条路径：

（1）内部研发驱动：通过持续优化研发结构，积累知识以增强原始创新能力；

（2）外部知识获取：通过构建关系网络，吸收技术外溢与知识共享（侯鹏等，2013；林毅夫等，2005）。由于我国区域间创新实力、潜力及效率差异显著，结合经济理论与创新理论分析特定区域的创新问题更具合理性（刘思明等，2011）。

在经济发达地区，前沿技术投入、市场信息引导与研发资金支持为创新驱动战略提供了良好生态（白俊红等，2015）。企业通过质量管理实践，以产学研协作方式将市场需求与资金导入高校及科研机构，借助专业化研发提升新产品创造力，同时促进资源高效流动与优化配置，进一步推动区域创新能力。

而在经济欠发达地区，人才短缺与研发资金不足限制了主体间的协同效率，导致知识资源积累缓慢，创新效率相对较低。

据此，本研究提出以下假设：

H2a：区域经济水平正向调节知识资源在质量管理实践与产品创新绩效间的中介作用；

H2b：区域经济水平正向调节知识资源在质量管理实践与过程创新绩效间的中介作用。

6.2.3　研究设计

1. 不同区域经济水平对质量管理实践、网络资源与创新绩效的影响

1）问卷设计

（1）量表选择与翻译。

本研究参考国内外相关领域的成熟量表，确保测量工具的效度。针对英文量表，采用回译法（back-translation）进行翻译：首先由研究者初步翻译为中文，再委托专业人员回译为英文,通过对比原版与回译版反复修正,直至两者表述一致。翻译过程中,参考国内同类研究的措辞,并调整题项表述以符合中国文化语境。此外,邀请领域专家及企业管理者试填,根据反馈修正歧义或模糊的题项,确保问卷内容的准确性与可理解性。

(2)量表等级设置。

采用李克特5级量表("1"表示"非常不符合"至"5"表示"非常符合")。5级量表既能避免3级量表区分度不足的问题,又可降低受访者对多级量表的辨识负担(Dawes,2008)。问卷末尾附研究团队联系方式,以便受访者咨询填写过程中的疑问。

(3)调研对象与行业覆盖。

以中国制造业企业(如电子通信、机械制造、生物医药等)为主,服务业企业为辅,覆盖国有、民营、外资及合资等多种企业类型。问卷填写者限定为企业中高层管理人员或质量/生产部门负责人,以确保其对问卷内容具备充分认知。

2)数据收集与样本特征

(1)预调研阶段。

2020年3月至4月中旬,共发放问卷158份,回收145份,有效问卷104份(有效回收率71.7%)。信度检验显示,各变量的Cronbach's α 系数均大于0.8,表明量表具有良好内部一致性。

(2)正式调研阶段。

受新冠肺炎疫情影响,主要通过线上渠道(邮件、问卷星)发放,辅以少量纸质问卷。在各地质量协会、高新区管委会及企业联盟协助下,向全国28个省/市/自治区的企业发放问卷550份,回收417份。经剔除无效样本(如回答时间过短、逻辑矛盾或关键数据缺失),最终保留有效问卷356份(有效回收率85.37%)。样本覆盖电子通信、石油化工、生物医药等制造业细分领域,地域分布广泛,企业性质多样(国有、民营、外资等),具体问卷见附录二。

3)变量度量

本研究参考高桃璇等(2018)的方法,基于中国各省区经济发展的五项指标(GDP、财政收入、进出口总额、最终消费、全社会固定资产投资)构建加权综合评价指标体系,并采用函数型数据聚类分析方法,将31个省、区、市划分为三类。

第一类(经济持续较快发展且潜力较大):天津、上海、北京、福建、内蒙古、广东、江苏、辽宁、浙江、山东;

第二类(发展速度平稳):宁夏、陕西、新疆、吉林、重庆、河北、黑龙江、湖北;

第三类(发展明显缓慢):贵州、西藏、云南、甘肃、广西、安徽、江西、四川、山西、海南、河南、湖南、青海。

研究中通过虚拟变量表征区域经济水平,定义如下:

EL1＝1(第一类经济区域),否则为 0;

EL2＝1(第二类经济区域),否则为 0;

EL3＝1(第三类经济区域),否则为 0。

4)共同方法偏差检验

采用 Harman 单因素分析法检验共同方法偏差。结果显示:

第一公因子方差解释率为 34.42%(低于 40%阈值);

验证性因子分析中,单因子模型拟合指标未达标($\chi^2/df = 4.199 > 3$;RMSEA$=0.105 > 0.05$;CFI$=0.584$、TLI$=0.565 < 0.90$)。

综合表明,数据不受共同方法偏差显著影响。

5)信效度分析

(1)信度分析。

如表 6-8 所示,各变量 Cronbach's α 系数及组合信度(CR)均大于 0.8,表明量表具有良好的内部一致性。

表 6-8　信度分析结果

测量变量	维度	题项数量	Cronbach's α 系数	组合 Cronbach's α 系数	CR
质量管理实践	高层支持(LC)	5	0.842	0.932	0.915
	员工参与(ER)	5	0.835		
	以顾客为中心(CR)	5	0.844		
	供应商关系(SP)	5	0.813		
	产品设计(PD)	4	0.767		
	持续改进(CI)	4	0.804		
	过程管理(PRM)	5	0.793		
	统计数据与报告(SCF)	3	0.840		
网络资源	网络资源(NWR)	8	0.894	—	0.899
企业创新绩效	产品创新绩效(PR)	4	0.837	0.876	0.839
	过程创新绩效(PC)	4	0.872		0.870

(2)效度分析。

内容效度方面,本研究选用了相关领域中的成熟量表作为参考,并通过回译、专家咨询等多种方式保证其内容效度,前文已有说明。各量表的 KMO 值均大于 0.7,且 Bartlestt 球形检验 P 值为 0.000,适合进行因子分析。各题项的因子载荷值均大于 0.6,且各量表的总体方差解释度均大于 50%,具有良好的解释能力,结果如表 6-9 所示。验证性因子分析的拟合优度如表 6-10 所示,其中 RMSEA 为 0.051,符合指标要求;2/df 为 1.779,小于 3,再接受范围之内。CFI＝0.904,IFI＝0.905,满足指标要求,TFI＝0.897,虽然略低于推荐指标,但是也属于可以接受的指标范围,因此本研究认为本次问卷调查所获得的数据具有良好的聚合效度。

表 6-9　聚合效度分析表

测量变量	KMO	总方差解释度	维度	因子载荷	AVE
质量管理实践	0.918 ***	64.353%	LC	0.719	0.608
			ER	0.763	
			CR	0.732	
			SP	0.833	
			PD	0.789	
			CI		
			PRM	0.771	
			SCF	0.842	
网络资源	0.873 ***	65.865%	NWR1	0.627	0.599
			NWR2	0.748	
			NWR3	0.742	
			NWR4	0.853	
			NWR5	0.866	
			NWR6	0.781	
产品创新绩效	0.763 ***	67.532%	PR1	0.727	0.566
			PR2	0.782	
			PR3	0.783	
			PR4	0.716	
过程创新绩效	0.827 ***	72.438%	PC1	0.805	0.626
			PC2	0.784	
			PC3	0.841	
			PC4	0.731	

注:" *** "表示 $P<0.001$;" ** "表示 $P<0.01$;" * "表示 $P<0.05$。

质量管理实践对企业创新绩效的作用机理研究

表 6 - 10 验证性因子分析拟合优度

指标	$\chi^2/\mathrm{d}f$	RMSEA	CFI	TLI	IFI
推荐	<3	<0.80	>0.90	>0.90	>0.90
拟合优度	1.779	0.051	0.904	0.897	0.905

同时,本研究对变量的 AVE 平方根值和变量间相关系数进行了比较,如表 6-11 所示。通过计算平方根的平均变异抽取实现(AVE)值,AVE 的平方根在矩阵的对角线,结构之间的相关性在对角线以外,比较发现维度间相关系数都小于 AVE 平方根,说明各潜变量之间具有良好的区分效度。

表 6 - 11 相关系数与区分效度分析

	QYGM	CLNX	QYXZ	HYLX	QMP	IOI	OOI	NWR	PR	PC
QYGM	/									
CLNX	0.427**	/								
QYXZ	−0.211**	−0.069	/							
HYLX	−0.249	−0.079	0.153**	/						
QMP	0.172**	0.006	−0.047	−0.064	0.780					
IOI	0.086	−0.032	−0.169**	−0.044	0.512***	0.740				
OOI	0.007	−0.128*	−0.117*	−0.011	0.300***	0.554***	0.769			
NWR	0.099	0.002	−0.106	−0.046	0.629***	0.579***	0.329***	0.774		
PR	0.033	−0.019	−0.123*	−0.068	0.525***	0.624***	0.525***	0.533***	0.753	
PC	0.121*	−0.032	−0.140*	−0.066	0.611***	0.500***	0.337***	0.523***	0.537***	0.791

注:1."***"表示 $P<0.001$;"**"表示 $P<0.01$;"*"表示 $P<0.05$。

2.QYGM:企业规模;CLNX:成立年限;QYXZ:企业性质;HYLX:行业类型;QMP:质量管理实践;IOI:内向开放式创新;OOI:外向开放式创新;NWR:网络资源;PR:产品创新绩效;PC:过程创新绩效。

2.区域经济水平差异对质量管理实践、知识资源与创新绩效的影响

1)问卷设计

(1)量表选择与翻译。

本研究在量表选择上,综合参考了国内外相关领域的成熟测量量表,并通过文献对比分析确定了最终题项。针对英文量表,采用"回译法"确保翻译准确性:①初译。参考国内学者在同类研究中的表述,将英文量表译为中文。②回译。由专业人员将中文回译为英文,并与原量表比对。③修正。若存在差异,重复上述步骤直至中英文版本表述一致。

此外,题项措辞结合了中国文化情境与语言习惯,并通过专家评审(研究领域学者与企业管理者)试填反馈,对歧义或模糊表述进行了修正,确保问卷内容清晰、无歧义。

(2)量表等级设定。

采用李克特 5 级量表(“1”表示“非常不符合”;“5”表示“非常符合”),理由如下:①3 级量表区分度不足,难以捕捉细微态度差异;②超过 5 级量表可能超出受访者辨别能力;③5 级量表在信效度与可操作性间达到最佳平衡。

问卷末尾附研究团队联系方式,以便受访者咨询题项含义,减少理解偏差。

(3)调研对象与行业覆盖。

以中国制造业企业为核心样本(如电子通信、机械制造、生物医药等),辅以服务业企业。受访者为企业中高层管理人员或质量/生产部门负责人,确保其对问卷内容具备充分认知。

2)数据收集与有效性控制

(1)预调研(2020 年 3—4 月)。

发放问卷 158 份,回收 145 份,有效问卷 104 份(有效率 71.7%);

信度检验:各维度 Cronbach's α 均大于 0.8,表明量表稳定性与一致性良好。

(2)正式调研(历时 6 个月)。

①发放方式:受新冠肺炎疫情影响,以线上(邮件、问卷星)为主,纸质为辅;

②样本分布:在质量协会、高新区管委会等机构协助下,覆盖 28 个省、市、自治区,共发放 550 份,回收 417 份;

③数据清洗:剔除回答时间过短(如小于 2 分钟)、逻辑矛盾或关键数据缺失的问卷,最终有效问卷 356 份(有效率 85.37%)。

(3)样本特征

①行业类型:电子通信、石油化工、能源新材料等制造业为主;

②企业性质:国有、民营、外资、合资企业多元覆盖;

③地域分布:涵盖东、中、西部及沿海、内陆地区(如广东、甘肃、上海等),兼顾经济水平差异。(完整问卷见附录二)

3)变量度量

本研究采用高桃璇等(2018)构建的中国省际经济发展综合评价指标,该指标基于 GDP、财政收入、进出口总额、最终消费和全社会固定资产投资五个变量加权计算而成。运用函数型数据聚类分析方法,对全国 31 个省、区、市的经济发展水平进行聚类,结果划分为以下三类。

第一类(EL1=1):经济发展水平较高且增长潜力较强的省份,包括北京、天津、内蒙古、辽宁、上海、江苏、浙江、福建、山东、广东。

第二类(EL2＝2)：发展速度较为平稳的省份,包括河北、吉林、黑龙江、湖北、重庆、陕西、宁夏、新疆。

第三类(EL3＝3)：发展相对缓慢的省份,包括山西、安徽、江西、广西、海南、河南、湖南、四川、贵州、云南、西藏、甘肃、青海。

4)共同方法偏差检验

本研究采用 Harman 单因素分析法进行共同方法偏差检验。结果显示,共提取 10 个因子,其中最大方差解释率为 34.42%(＜40%),表明共同方法偏差影响较小。

为进一步验证,本研究进行验证性因子分析(CFA),单因子模型的拟合指标如下：

(1)卡方检验比自由度(χ^2/df) ＝ 4.199(＞3)；

(2)RMSEA ＝ 0.105(＞0.05)；

(3)CFI ＝ 0.584, TLI ＝ 0.565(均小于 0.90)。

由于模型拟合度较差,且 Harman 检验结果符合标准,因此本研究数据不存在显著的共同方法偏差。

5)信效度分析

(1) 信度检验。

研究采用 Cronbach's α 系数和组合信度(CR)检验量表信度。如表 6－12 所示,所有变量的 Cronbach's α 系数均大于 0.8,CR 值均大于 0.8,表明量表具有较高的内部一致性信度。

表 6－12　信度分析结果

测量变量	维度	题项数量	Cronbach's α 系数	组合 Cronbach's α 系数	CR
质量管理实践	高层支持(LC)	5	0.842	0.932	0.915
	员工参与(ER)	5	0.835		
	以用户为中心(CR)	5	0.844		
	供应商关系(SP)	5	0.813		
	产品设计(PD)	5	0.767		
	持续改进(CI)	4	0.804		
	过程管理(PRM)	5	0.793		
	统计数据与报告(SCF)	5	0.840		

测量变量	维度	题项数量	Cronbach's α 系数	组合 Cronbach's α 系数	CR
知识资源	知识资源	6	0.891	0.896	0.906
企业创新绩效	产品创新绩效（PR）	4	0.837	0.876	0.839
	过程创新绩效（PC）	4	0.872		0.870

（2）效度检验。

①内容效度。所有测量题项均源自已有文献，并通过专家论证和预调研修正，确保题项的代表性和适切性。

②结构效度。通过 SPSS 24.0 进行探索性因子分析（EFA），结果显示：各变量的 KMO 值均大于 0.7，Bartlett's 球形检验显著（$P<0.001$）；各题项因子载荷均大于 0.50。

验证性分析中，各变量的 AVE 平方根均大于其与其他变量的相关系数，表明量表具有较好的聚合效度与区分效度。

6）共同方法偏差控制

采用以下方法控制偏差：

（1）数据来源分离。①质量管理实践数据由质量部门高管填写；②网络资源与创新绩效数据由其他高管填写。

（2）统计检验。Harman 单因素检验显示，未旋转时析出 7 个因子，首因子解释方差 24.34%（<40% 临界值），总解释方差 68.974%，表明共同方法偏差不显著。

6.2.4　实证分析与讨论

1. 不同区域经济水平对质量管理实践、网络资源与创新绩效的调节作用分析

基于 Amos 软件的调节中介效应检验结果（表 6 - 13），本研究探讨了区域经济水平（分为三类）对"质量管理实践→网络资源→创新绩效"路径的调节作用。

1）产品创新绩效的中介效应分析

表 6 - 13 显示，网络资源在质量管理实践与产品创新绩效关系中的中介效应随区域经济水平降低而递减：

第一类区域的中介效应值（Effect＝0.353）最大；

第二类区域次之（Effect＝0.317）；

第三类区域最小（Effect＝0.282）。

进一步分组比较发现,三组间差异的 95% 置信区间分别为$[-0.159,0.072]$、$[-0.186,0.047]$和$[-0.152,0.090]$,均包含 0,表明中介效应的组间差异未达到统计学显著性($P>0.05$)。因此,假设 H1a 未通过验证。

2)过程创新绩效的中介效应分析

类似地,质量管理实践对过程创新绩效的中介效应也呈现区域经济水平的梯度差异:

第一类区域效应值最高(Effect=0.238);

第二类区域(Effect=0.214)和第三类区域(Effect=0.191)依次降低。

组间比较的 95% 置信区间$[-0.105,0.058]$、$[-0.131,0.032]$和$[-0.107,0.056]$均包含 0,差异不显著($P>0.05$)。因此,假设 H1b 未通过验证。

表 6-13　区域经济水平调节的中介效应 Bootstrap 检验结果

质量管理实践→网络资源→产品创新绩效			
区域经济水平	Effect	Boot SE	BootLLCI	BootULCI
第一类经济区域(Diff1)	0.353	0.077	0.210	0.510
第二类经济区域(Diff2)	0.317	0.073	0.185	0.469
第三类经济区域(Diff3)	0.282	0.075	0.150	0.443
分组对比			
Diff2-Diff1	−0.036	0.058	−0.159	0.072
Diff3-Diff1	−0.710	0.057	−0.186	0.047
Diff3-Diff2	−0.035	0.060	−0.152	0.090
质量管理实践→网络资源→过程创新绩效			
第一类经济区域(Diff4)	0.238	0.069	0.111	0.387
第二类经济区域(Diff5)	0.214	0.069	0.098	0.366
第三类经济区域(Diff6)	0.191	0.065	0.082	0.337
分组对比			
Diff5-Diff4	−0.024	0.040	−0.105	0.058
Diff6-Diff4	−0.048	0.040	−0.131	0.032
Diff6-Diff5	−0.024	0.042	−0.107	0.056

2. 不同区域经济水平对质量管理实践、知识资源与创新绩效的影响

研究采用 SPSS 26.0 软件,检验了区域经济水平在质量管理实践、知识资源与产品创新绩效关系中的调节中介作用,结果如表 6 - 14 至表 6 - 16 所示。

表 6 - 14　质量管理实践、区域经济水平对知识资源的影响

Outcome:知识资源

Model Summary

R	R-sq	MSE	F	df1	df2	P
0.7694	0.5919	0.1681	169.7127	3.0000	351.0000	0.0000

Model

	coeff	SE	t	P	LLCI	ULCI
Constant	3.8461	0.0219	175.3422	0.0000	3.8030	3.8893
质量管理实践	0.4619	0.0207	22.3002	0.0000	0.4212	0.5026
不同区域经济水平	−0.0025	0.0279	−0.0899	0.9284	−0.0573	0.0523
质量管理实践×不同区域经济水平	0.0470	0.0275	1.7085	0.0884	−0.0071	0.1010

表 6 - 15　质量管理实践、知识资源对创新绩效的影响

Outcome:
产品创新绩效

Model Summary

R	R-sq	MSE	F	df1	df2
0.6153	0.3786	0.4218	107.2302	2.0000	352.0000

Model

	coeff	SE	t	P	LLCI
Constant	1.6961	0.3260	5.2024	0.0000	1.0549
知识资源	0.5023	0.0842	5.9658	0.0000	0.3367
质量管理实践	0.2032	0.0508	4.0023	0.0001	0.1033

表 6 - 16　调节中介效应检验

INDEX OF MODERATED MEDIATION

	Index	SE(Boot)	BootLLCI	BootULCI
知识资源	0.0236	0.0162	−0.0032	0.0624

由表 6-14 和表 6-15 可知:

(1)质量管理实践对知识资源的影响。β 系数为 0.4619($P<0.001$),表明质量管理实践对知识资源具有显著正向影响。

(2)区域经济水平对知识资源的影响。β 系数为 -0.0025($P>0.05$),统计上不显著,但其负向系数仍在一定程度上表明,经济水平较高的地区可能对知识资源积累有微弱促进作用(注:样本省份分为三类——经济发展水平高且增长潜力强的省份、发展平稳的省份、发展较缓慢的省份)。

(3)质量管理实践与区域经济水平的交互作用。β 系数为 0.0470($P>0.001$),调节中介效应不显著。

进一步由表 6-16 可知,95% 置信区间为 $[-0.0032,0.0624]$,包含 0 值,再次验证区域经济水平的调节中介作用不显著。

由以上得出结论:假设 H2a 未得到支持。

关于区域经济水平对质量管理实践、知识资源与过程创新绩效的调节中介作用,本研究采用 SPSS26.0 进行统计分析,调节中介效应检验结果如表 6-17 至表 6-19 所示。

表 6-17　质量管理实践与不同区域经济水平对知识资源的作用

Outcome:知识资源						
Model Summary						
R	R-sq	MSE	F	df1	df2	P
0.7694	0.5919	0.1681	169.7127	3.0000	351.0000	0.0000
Model						
	coeff	SE	t	P	LLCI	ULCI
constant	3.8461	0.0219	175.3422	0.0000	3.8030	3.8893
质量管理实践	0.4619	0.0207	22.3002	0.0000	0.4212	0.5026
不同区域经济水平	-0.0025	0.0279	-0.0899	0.9284	-0.0573	0.0523
质量管理实践× 不同区域经济水平	0.0470	0.0275	1.7085	0.0884	-0.0071	0.1010

表 6-18　质量管理实践、知识资源与创新绩效的关系

Outcome::过程创新绩效						
Model Summary						
R	R-sq	MSE	F	df1	df2	P
0.6441	0.4149	0.3832	124.8089	2.0000	352.0000	0.0000

续表

Model						
	coeff	SE	t	P	LLCI	ULCI
constant	2.1208	0.3108	6.8246	0.0000	1.5096	2.7320
知识资源	0.4187	0.0802	5.2175	0.0000	0.2609	0.5765
质量管理实践	0.2692	0.0484	5.5634	0.0000	0.1740	0.3643

表 6-19　调节中介效应检验

	INDEX OF MODERATED MEDIATION			
	Index	SE(Boot)	BootLLCI	BootULCI
知识资源	0.0197	0.0133	-0.0033	0.0502

由表 6-17、表 6-18 可以看到,质量管理实践对知识资源的 β 系数为 0.4619($P<0.001$),不同区域经济水平对企业创新绩效的 β 系数为 -0.0025 ($P>0.05$),说明不同区域经济水平对知识资源影响不显著,但其系数符号也一定程度上说明了随着经济水平的提高,对知识资源也是具有促进作用(第一类是经济发展水平较高且增长潜力较强的省份;第二个类别是发展速度较为平稳的省份;第三个类别是发展明显较为缓慢的省份)。质量管理实践与不同区域经济水平的交乘项对知识资源的 β 系数为 0.0470($P>0.001$),可能调节中介作用不明显。

进一步的,由表 6-19 可以看到,95% 的置信区间为[-0.0033,0.0502],包括 0,这进一步说明不同区域经济水平的调节中介作用不明显。因此,假设 H2b 不成立。由上述内容,可以看到,假设 H2a、H2b 均不成立。

6.2.5　假设检验汇总

表 6-20　假设检验结果汇总

假设编号	假设内容	检验结果
H1a	区域经济水平正向调节网络资源在质量管理实践与产品创新绩效中的中介作用	不成立
H1b	区域经济水平正向调节网络资源在质量管理实践与过程创新绩效中的中介作用	不成立
H2a	区域经济水平正向调节知识资源在质量管理实践与产品创新绩效中的中介作用	不成立
H2b	区域经济水平正向调节知识资源在质量管理实践与过程创新绩效中的中介作用	不成立

检验结果表明：①假设 H1a、H1b 均未通过检验，表明区域经济水平未能显著调节质量管理实践通过网络资源对(产品创新绩效与过程创新绩效)的影响路径；②假设 H2a、H2b 亦未通过检验，表明区域经济水平亦未对质量管理实践通过知识资源影响创新绩效的过程产生显著调节作用。

潜在原因分析如下：① 时滞效应。区域经济水平对企业的影响可能存在滞后性，而本次横截面研究设计可能无法捕捉这种动态变化。② 企业异质性。样本中包含相当比例的大型企业分支机构，这类企业通常具备成熟的质量管理体系及完备的内外部资源储备，致使其创新绩效对区域经济水平的敏感性降低。③测量效度：尽管研究综合采用 GDP、财政收入、进出口总额等多元指标衡量区域经济水平，但现有指标体系仍可能存在构念效度不足的问题。

研究展望：①采用纵向研究设计，通过追踪数据捕捉变量间的动态关系；②构建更完善的区域经济评价体系，可考虑纳入人力资本存量、创新基础设施等补充指标；③实施多时点问卷调查，以控制区域经济影响的时滞效应并增强因果推断的可靠性。

6.3 开放式创新类型

6.3.1 问题提出

在移动互联技术驱动的信息经济时代，企业若仅依赖内部资源完成研发、生产和商业化，不仅成本优势难以维持，更无法应对快速迭代的市场需求与激烈竞争。在此背景下，"开放式创新"逐渐成为创新管理领域的新范式。该模式强调通过合资、战略联盟、技术合作等方式整合外部创新能力，实现创新成果的高效转化。

哈佛学者 Henry Chesbrough(2003)在《开放式创新：从技术中获利的新策略》中首次明确定义了这一概念，指出企业应"有目的地引导知识流入与流出，既加速内部创新，又通过内外渠道实现创新价值"。其核心在于打破组织边界，促进知识技术的双向流动，实现资源互补。

与之相对的封闭式创新模式(Rubin，1973)强调对技术的绝对控制，依赖内部资源完成从研发到市场化的全流程。但随着全球化进程加速(Wang et al.，2000)，产品生命周期急剧缩短，创新资源呈现全球化配置趋势。同时，供应商能力提升与企业内部组织僵化(Wang et al.，2004)形成双重压力，使封闭式创新在敏捷性和资源整合方面的劣势日益凸显。

开放式创新是与封闭式创新相对的一种模式，指企业不仅依靠内部创意，还通过购买专利、技术授权或建立研究联盟等方式整合外部资源,从而将创意转化为市场化产品(Rubin,1973)。同时,企业也可通过专利许可或技术转让,将内部不适应自身商业模式的创意对外商业化。这一模式的核心在于动态调整商业模式,结合内外部资源进行互补性学习,并将内外创意纳入统一的系统框架。

成功的开放式创新依赖于有效的商业模式,其不仅涉及外部资源的获取与利用,还需协调内部研发与市场推广能力。随着企业内外技术的融合,行业边界逐渐模糊甚至消失。企业间的合作通常以捕捉新机会、分摊风险、整合互补优势并实现协同效应为目标。因此,开放式创新并非所有企业均可轻易采用,其成功需要长期的资源积累与外部伙伴关系的经营。

切萨布鲁夫强调创新来源的多样性。朱晓明进一步提出三种模式:

(1)内向开放式创新:通过引入外部技术或知识(如专利购买、合作研发)推动内部商业化(姜鹏等,2009);

(2)外向开放式创新:将内部技术向外输出,成为其他组织的知识源(韩磊,2021);

(3)耦合式创新:内向与外向模式的结合。

目前研究多聚焦于内向型,对外向型及耦合模式的探讨仍显不足。

开放式创新下,知识产权管理面临"开放悖论":企业需在知识共享(以获取合作收益)与风险控制(防止核心技术泄露)间权衡。这种矛盾体现在:①开放收益。获取新技术、拓展产品线、分摊成本与风险、加速市场化。②开放风险。技术溢出、核心能力流失、管理复杂度增加及"非此处发明"偏见。

现有文献对开放式创新与企业绩效的关系尚未形成共识,尤其缺乏对以下问题的探讨:①质量管理实践在开放式创新中如何影响创新绩效;②外向开放及耦合模式的调节作用。

为此,本研究拟将内向与外向开放式创新作为调节变量,分析二者对"质量管理—创新绩效"关系的差异化影响,以弥补现有研究的不足。

6.3.2　研究假设

1. 开放式创新的内涵

开放式创新是指企业通过整合组织内外部创意资源及商业化路径实现技术创新的模式(Chesbrough,2003)。该模式突破了传统封闭式创新的边界,通过动态平衡外部环境与内部条件,构建知识共享与价值共创机制,最终形成企业竞争优势。哈斯特巴长(Hastbacka,2004)从系统视角提出开放式创新的四维框架(战略、资源、组织、进程),并提炼出七大关键要素:兼容性、互补性、支持者、共同语言、内部约束挑战、顾客参与及创新制度。后续研究进一步深化了这一理论,如利希滕塔勒(Lichtenthaler,2013)将其定义为"企业通过技术开发与获取的动态能力系统化推进创新"。

1)封闭式创新与开放式创新的比较

传统创新理论强调创新活动的封闭性(如图 6-1 所示),认为:①创新应完全由企业内部完成以保持独占性;②研发投入与创新收益呈线性正相关;③内部研发是核心战略资产[切萨布鲁夫(Chesbrough,2003)]。

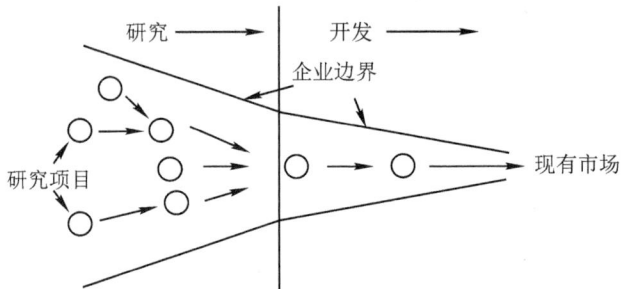

图 6-1 封闭式创新模式

资料来源:Chesbrough(2003)

与之相对,开放式创新将研发视为开放系统(如图 6-2 所示),其核心特征包括:①知识分布性。稀缺性研发资源广泛存在于组织内外(Chesbrough,2006)。②双向流动性。既吸收外部知识,也通过外部商业化实现内部技术溢价。③动态协同性。通过跨组织知识流动实现创新要素的最优配置。

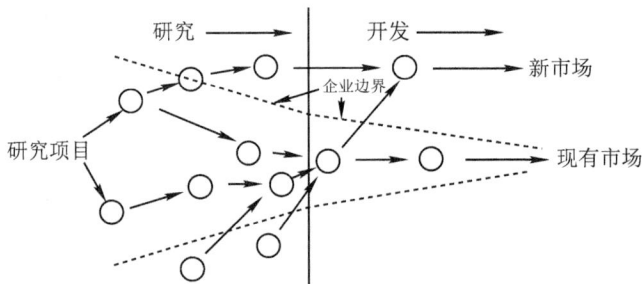

图 6-2 开放式创新模式

资料来源:Chesbrough(2003)

2)理论演进与多维内涵

学术界对开放式创新的研究呈现以下三阶段发展特征:

(1)资源观阶段。强调资源整合[韦斯特等(West et al.,2006)]与协同共赢［劳森等(Laursen et al.，2006)］。

(2)过程观阶段。聚焦知识分工与跨边界管理［切萨布鲁夫等(Chesbrough et al.，2014)］。

(3)动态能力阶段。构建知识流动的动态模型,戴尔维琪奥等(Del Vecchio et al.，2020)提出创新连续谱系(完全封闭→完全开放)。

最新研究进一步细化开放维度,如杨磊和刘海兵(2022)提出三阶段演进模型:初级开放(试探性合作)→成熟开放(结构化协同)→引领开放(生态化共创)。这种范式不仅解决了创新效率问题,更为企业在动态竞争环境中提供了战略柔性。

2. 开放式创新的影响因素

目前,开放式创新的影响因素研究主要集中在组织文化、知识管理、吸收能力和动态能力等方面。

1)知识管理与外部合作

West 和 Gallagher(2006)指出,企业可通过整合内部知识储备与外部合作伙伴的技术资源,解决内部发展瓶颈。类似地,范德弗兰德等(Vande Vrande et al.,2009)对荷兰中小企业的研究发现,相较于独立研发,企业更倾向于通过战略合作、投资或并购快速获取创新技术,以提高效率。

2)知识能力与联盟战略

Lichtenthaler(2013)的研究表明,企业的知识能力是管理内外部知识的关键,而联盟战略和组织边界的差异会影响创新绩效。此外,斯皮托芬等(Spithoven et al.,2010)强调,吸收能力对获取和利用外部资源至关重要,直接影响创新速度。

3)合作矛盾与创新限制

艾美罗等(Almirall et al.,2010)发现,开放式创新虽能帮助企业把握行业机遇并推动新产品开发,但若与合作伙伴产生矛盾,可能限制企业制定独特的产品路线。

4)人才结构与团队协作

Du Chatenier 等(2010)的定性研究表明,开放式创新成功依赖于人才结构匹配,尤其是中介服务能力和社交能力,这些因素有助于建立信任、促进知识创造,并弥补团队协作的不足。

5)中介组织的促进作用

Lee 和 Na(2010)对韩国中小企业的分析显示,中介组织在构建合作网络方面发挥关键作用,能显著提升企业的开放式创新成效。

3. 开放式创新的类型

Chesbrough 和 Crowther(2006)指出,开放式创新的核心在于通过内外部资源的协同效应,实现更高效的价值创造。

根据知识流动方向,开放式创新可分为以下三类:

(1)内向开放式创新(outside-in)。

内向开放式创新指企业通过吸纳外部异质性知识资源,增强核心创新能力。外部资源的获取是企业生存与发展的重要保障,具体形式包括:知识产权购买、专利引进;技术合作、产学研协同。

企业需依托内部学习与吸收能力,将外部知识嵌入价值创造流程,形成可持续的创新机制。

(2)外向开放式创新(inside-out)。

外向开放式创新指企业将内部知识、技术或信息向外部转移,推动产品与服务升级(Chesbrough et al.,2006)。主要实现方式包括:知识产权授权、租赁或出售;技术输出、行业展会推广。

外向开放式创新不仅能带来直接经济收益,还可通过以下途径创造间接价值(Hung et al.,2013):①提升市场技术地位与行业声誉;②盘活闲置资源,优化资本效率;③增强社会认同,提高企业绩效

(3)耦合型开放式创新(coupling)。

4. 研究假设

本研究基于 Gassmann 和 Enkel(2004)的经典框架,将开放式创新流程划分为内向型与外向型两类。

内向开放式创新指企业通过整合供应商等外部知识源,丰富内部知识基础并提升创新能力的过程(Enkel et al.,2009)。其实施可带来三方面优势:①网络资源获取。增强企业在创新网络中的中心性,强化与供应商的关系强度(Hu et al.,2015)。②质性知识整合。通过与价值链上下游主体的多样化合作(如供应商、分销商),吸收差异化资源。③创新绩效提升。外部知识流入与内部能力的协同效应,直接促进产品与过程创新(Sun et al.,2020)。

外向开放式创新虽能通过技术许可、行业宣传等途径获取收益,但存在显著负面效应:①资源控制权丧失。核心知识可能被竞争者模仿,导致创新成果市场价值衰减[巴赫米亚等(Bahemia et al.,2017)]。②成本溢出效应。为规避信息不对称产生的搜寻、交易及时间成本[卡西曼等(Cassiman et al.,2016)],可能抵消创新收益。③竞争威胁加剧。技术展示可能引发对手防御行为,抑制合作意愿[费尔普斯(Phelps,2010);赛杜等(Saidu et al.,2016)]。

现有研究揭示了开放式创新的双刃剑效应：①积极面。知识共享能力部分中介开放式创新对绩效的促进作用(Sun et al.，2020)，尤其是内向型创新效果更显著。②消极面。失控的知识溢出、管理复杂性增加及关键技术流失可能削弱创新绩效(Saidu et al.，2016)。

然而，开放式创新如何调节质量管理实践与创新绩效的关系尚未明确，尤其需区分内向型与外向型的差异化影响。

基于上述分析，本研究提出以下对立假设组。

(1)内向开放式创新的正向调节作用。

H1a：显著增强质量管理基础实践对产品创新绩效的促进作用；

H1b：显著增强质量管理核心实践对产品创新绩效的促进作用；

H1c：显著增强质量管理基础实践对过程创新绩效的促进作用；

H1d：显著增强质量管理核心实践对过程创新绩效的促进作用。

(2)外向开放式创新的负向调节作用。

H1e：显著削弱质量管理基础实践对产品创新绩效的促进作用；

H1f：显著削弱质量管理核心实践对产品创新绩效的促进作用；

H1g：显著削弱质量管理基础实践对过程创新绩效的促进作用；

H1h：显著削弱质量管理核心实践对过程创新绩效的促进作用。

企业间的合作与竞争关系会逐渐形成组织关系网络，而企业嵌入其中，其创新行为也受网络结构的影响。从广义上看，关系网络是企业的重要资源：网络资源广度越大，意味着企业与更多内外部参与者建立直接联系，从而占据社会网络的中心位置，获取更多有价值的资源。

创新活动具有高风险与高收益并存的特征，即使实力雄厚的企业也难以独自掌握全部所需技术与资源。因此，企业需与供应商、客户甚至竞争对手合作，整合外部技术知识与先进制造能力，推动创新模式从封闭、线性向开放、协同化转变(Freeman，1991)。

作为社会经济组织，企业及其成员的社会网络能够提供关键资源与战略信息的获取渠道，增强战略柔性与组织学习能力，进而促进创新能力发展。通过多元信息渠道，企业可获取多样化知识，推动知识共享与创新协同，整合合作伙伴的核心能力，并通过互惠依赖降低交易风险。此外，社会网络不仅提供经济与知识资源，还能为企业提供关键的社会支持。这种网络资源亦可视为企业的社会资本，直接影响其获利机会。

内向开放式创新有助于企业吸收和利用外部信息资源，提升创新效率并降低成本(Chesbrough et al.，2010)，同时强化企业在网络中的中心地位，加强与供应商的关系强度，加速资源获取。

外向开放式创新则面临技术泄露风险。企业在将内部知识输出商业化时，需依赖可信赖的合作者以减少信息不对称。然而，网络资源聚集也可能带来搜寻成本、交易成本与时间成本。Cassiman 等（2016）指出，随着组织类型增多，开放式创新的成本（如搜寻、交易和时间成本）可能超过知识流动带来的收益（如新产品或服务收入），从而削弱企业对创新活动的投入，抵消外向开放式创新的经济效益。

基于上述分析，提出以下假设：

H2a：内向开放式创新正向调节网络资源在质量管理基础实践与产品创新绩效间的中介作用；

H2b：内向开放式创新正向调节网络资源在质量管理核心实践与产品创新绩效间的中介作用；

H2c：内向开放式创新正向调节网络资源在质量管理基础实践与过程创新绩效间的中介作用；

H2d：内向开放式创新正向调节网络资源在质量管理核心实践与过程创新绩效间的中介作用；

H2e：外向开放式创新负向调节网络资源在质量管理基础实践与产品创新绩效间的中介作用；

H2f：外向开放式创新负向调节网络资源在质量管理核心实践与产品创新绩效间的中介作用；

H2g：外向开放式创新负向调节网络资源在质量管理基础实践与过程创新绩效间的中介作用；

H2h：外向开放式创新负向调节网络资源在质量管理核心实践与过程创新绩效间的中介作用。

技术是知识资源的成果表现形式。在开放式创新模式下，企业既需要与合作伙伴（甚至竞争对手）共享必要的知识资源，又需防范核心知识泄露。这种开放模式具有双重效应：①积极影响。通过外部协作，企业能够获取新技术与专有知识、拓展产品线、分摊创新成本与风险，并加速市场响应［博格斯（Bogers，2012）］。②消极影响。过度开放可能导致技术溢出失控、关键技术流失，并增加管理复杂性（Schuhmacher et al.，2013）。

与封闭式创新不同，内向开放式创新通过外部技术获取弥补内部研发短板（Bogers，2012）。企业通过跨组织合作整合异质性资源与互补能力，突破单一企业的资源限制，从而提升可持续竞争力［舒马赫等（Schuhmacher et al.，2013）］。具体表现为：①知识技术的快速积累；②竞争者转化为协作伙伴；③信息与技术的协同增值。

外向开放式创新要求企业强化内部知识基础与吸收能力,以支持外部商业化合作。然而,部分自利企业可能通过不正当手段窃取创新成果(Schuhmacher et al.,2013),导致核心知识泄露,抑制创新绩效。

基于上述分析,本研究提出以下假设。

①内向开放式创新的调节作用。

H3a:正向调节知识资源在质量管理基础实践与产品创新绩效间的中介作用;

H3b:正向调节知识资源在质量管理核心实践与产品创新绩效间的中介作用;

H3c:正向调节知识资源在质量管理基础实践与过程创新绩效中的中介作用;

H3d:正向调节知识资源在质量管理核心实践与过程创新绩效中的中介作用。

②外向开放式创新的调节作用。

H3e:负向调节知识资源在质量管理基础实践与产品创新绩效间的中介作用;

H3f:负向调节知识资源在质量管理核心实践与产品创新绩效间的中介作用;

H3g:负向调节知识资源在质量管理基础实践与过程创新绩效中的中介作用;

H3h:负向调节知识资源在质量管理核心实践与过程创新绩效中的中介作用。

具体假设框架见图 6-3。

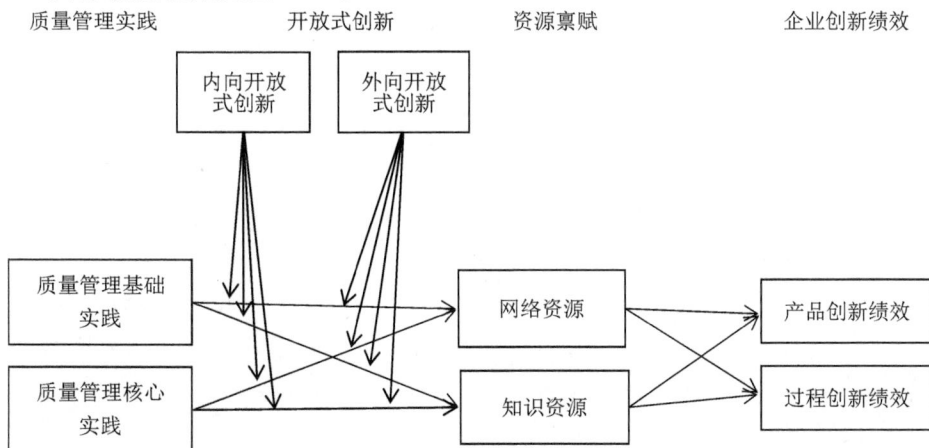

图 6-3　不同类别开放式创新对质量管理实践、资源禀赋及创新绩效的影响假设

6.3.3　研究设计

1. 问卷设计（第二次问卷）

1）量表选择与翻译

本研究参考国内外相关领域的成熟量表，并结合研究背景进行适当调整。针对英文量表，采用回译法确保题项含义的准确性：

（1）先将英文量表译为中文，参考国内学者在相关研究中的表述；

（2）再请专业人员将中文回译为英文，并与原版比对；

（3）反复修正直至两者表述一致，形成初稿。

此外，根据专家意见和企业管理者试填反馈，进一步调整题项措辞，使其符合中国人的语言习惯与文化情境，并消除可能的歧义。

2）量表级别与设计

采用李克特5级量表（"1"表示"非常不符合"；"5"表示"非常符合"），原因如下：

（1）3级量表区分度不足，而超过5级可能超出普通人的辨别能力；

（2）5级量表能平衡精确性与可操作性。

问卷末尾附研究团队联系方式，以便受访者遇到问题时及时沟通。

3）研究对象与行业分布

以中国本土企业为主，覆盖制造业（电子通信、机械制造、生物医药等）和服务业，确保行业多样性。

4）预调研与正式调研

（1）预调研（2020年3月—4月中旬）。

预调研发放158份，回收145份，有效问卷104份（有效率71.7%）。信度检验显示，各变量的Cronbach's α 均大于0.8，量表稳定性良好。

（2）正式调研（历时6个月）。

受疫情影响，正式调研主要通过线上渠道（邮件、问卷星）发放，辅以少量纸质问卷；在质量协会、高新区管委会等机构协助下，覆盖全国28个省市自治区；共发放550份，回收417份，剔除无效问卷后，最终有效问卷356份（有效率85.37%）。

5）样本特征

受访企业涵盖电子通信、机械制造、生物医药等多个行业，涉及国有、民营、外资及合资企业。问卷由企业中高层管理人员或质量/生产部门负责人填写，确保数据准确性。

2. 变量度量

1）开放式创新的测量

基于Chesbrough和Crowther（2006）的定义，开放式创新指企业通过双向知识流动(内部知识流出与外部知识流入)加速创新进程并拓展外部市场的战略模式。该概念强调跨组织边界知识动态交换的价值(Gassmann et al.，2004)。本研究采用内向开放式创新(外部知识内化)与外向开放式创新(内部知识外溢)的二维分类体系。

2)网络资源的测量

参照 Gulati(1999)的社会网络理论,网络资源表征为企业嵌入社会结构所获取的资本,包括成员资格、结构位置及关系管理能力等要素。借鉴穆扎斯(Mouzas，2006)的维度划分,本研究从广度(合作网络覆盖范围)与深度(合作关系紧密程度)两个层面进行测度(Gulati et al.，2000),具体题项如表 6-21 所示。

表 6-21　变量测量题项及来源

测量变量	测量题项	题项来源
内向开放式创新(IOI)	公司经常利用从外部获取的技术知识	Gassmann 和 Enkel(2004)，Chesbrough 和 Crowther(2006)
	公司会定期搜索来自公司外部的创意概念,为本公司创造价值	
	公司有专门负责搜获外部技术及知识产权的部门	
	为获得更先进的技术知识和更好的产品,公司会主动寻求外部合作研发	
	公司会与外部合作方建立紧密的合作关系,并依赖他们的创新成果	
外向开放式创新(OOI)	公司愿意主动开展专业技术知识的对外交流(包括出售专利等)	
	公司把出售技术成果或知识产权当作企业的一项常规工作	
	公司有专门的部门或工作小组负责知识成果的商业化运作(例如出售、专利许可等)	
	公司非常欢迎其他企业或个人购买和使用我们的技术及知识产权	
网络资源(NWR)	公司与行业内供应商、分销商建立了广泛的联系	Gulati(1999)，Katila 和 Ahuja(2002)，姚铮(2016)
	公司已与行业内外的参与者建立了广泛的战略联盟	
	公司已与行业内外的参与者建立了非正式渠道的广泛联系	
	公司已与行业内外的参与者建立起高度的信任	
	公司已与行业内外的参与者建立起稳固的关系	
	公司拥有很高的行业声誉	

3. 信效度检验

1)信度分析

通过 Cronbach's α 系数与组合信度(CR)检验量表内部一致性。如表

6-22所示,各变量 α 系数与 CR 值均高于 0.8 的阈值(Nunnally, 1978),表明量表具有优良的信度水平。

表 6-22　信度分析结果

测量变量	维度	题项数量	Cronbach's α 系数	组合 Cronbach's α 系数	CR
开放式创新	内向开放式创新(IOI)	5	0.852	0.879	0.858
	外向开放式创新(OOI)	4	0.849		0.851
企业创新绩效	产品创新绩效(PR)	4	0.837	0.876	0.839
	过程创新绩效(PC)	4	0.872		0.870

2)效度分析

(1)内容效度。采用回译法与专家评议确保题项语义准确性。

(2)结构效度。结构效度包括:①聚合效度。通过 AMOS 26.0 验证,各题项因子载荷均大于 0.6,AVE 值高于 0.5 标准(Fornell et al., 1981),KMO 值大于 0.7 且 Bartlett 检验显著($P<0.001$),累计方差解释率均超 60%(见表 6-23)。②区分效度。AVE 平方根均大于构念间相关系数。

表 6-23　聚合效度检验

测量变量	KMO	总方差解释度	维度	因子载荷	AVE
内向开放式创新	0.845***	63.493%	IOI1	0.694	0.547
			IOI2	0.746	
			IOI3	0.706	
			IOI4	0.801	
			IOI5	0.746	
外向开放式创新	0.809***	68.853%	OOI1	0.666	0.591
			OOI2	0.857	
			OOI3	0.763	
			OOI4	0.776	
网络资源	0.873***	65.865%	NWR1	0.627	0.599
			NWR2	0.748	
			NWR3	0.742	
			NWR4	0.853	
			NWR5	0.866	
			NWR6	0.781	

注:"***"表示 $P<0.001$。

6.3.4　实证分析

1. 开放式创新的调节作用

在检验开放式创新的调节作用之前,首先对质量管理实践与创新绩效的关系进行了回归分析,结果如表 6 - 24 所示。

表 6 - 24　质量管理实践与创新绩效的回归分析结果

模型		未标准化系数		标准化系数	t	显著性
质量管理基础实践 → 产品创新绩效		B	标准误错	Beta		
	(常量)	0.103	0.292		0.351	0.726
	基础	0.849	0.070	0.543	12.163	0.000***
质量管理核心实践 → 产品创新绩效		未标准化系数		标准化系数	t	显著性
		B	标准错误	Beta		
	(常量)	0.334	0.266		1.257	0.210
	核心	0.811	0.065	0.554	12.507	0.000***
质量管理基础实践 → 过程创新绩效		未标准化系数		标准化系数	t	显著性
		B	标准错误	Beta		
	(常量)	−0.034	0.276		−0.122	0.903
	基础	0.907	0.066	0.590	13.754	0.000***
质量管理核心实践 → 过程创新绩效		未标准化系数		标准化系数	t	显著性
		B	标准错误	Beta		
	(常量)	0.245	0.252		0.972	0.332
	核心	0.859	0.061	0.596	13.983	0.000***

注:“***”表示 $P < 0.001$。

由表 6 - 24 可见:质量管理基础实践对产品创新绩效($\beta = 0.543$, $P < 0.001$)和过程创新绩效($\beta = 0.590$, $P < 0.001$)均具有显著正向影响;质量管理核心实践同样对产品创新绩效($\beta = 0.554$, $P < 0.001$)和过程创新绩效($\beta = 0.596$, $P < 0.001$)表现出显著促进作用。

综上,无论是基础实践还是核心实践,质量管理均对创新绩效(产品与过程)具有显著正向影响,为后续调节效应分析奠定了基础。

本研究对开放式创新(内向型与外向型)在质量管理实践与创新绩效关系中的调节作用进行了检验,结果如表 6 - 25 所示。

表 6-25 开放式创新对质量管理实践与创新绩效的调节效应分析

调节变量与模型		coeff	SE	t	P	LLCI	ULCI
内向开放式创新(IOI)调节效应							
基础实践→产品创新	constant	−3.7288	1.3294	−2.8049	0.0053	−6.3433	−1.1143
	IOI	1.3155	0.3760	3.4987	0.0005	0.5760	2.0550
	基础实践	1.4689	0.3169	4.6356	0.0000	0.8457	2.0921
	基础实践×IOI	−0.2329	0.0875	−2.6634	0.0081	−0.4049	−0.0609
核心实践→产品创新	constant	−2.8899	1.1995	−2.4093	0.0165	−5.2489	−0.5309
	IOI	1.1226	0.3409	3.2931	0.0011	0.4522	1.7931
	核心实践	1.3026	0.2904	4.4855	0.0000	0.7315	1.8737
	核心实践×IOI	−0.1929	0.0803	−2.4024	0.0168	−0.3508	−0.0350
基础实践→过程创新	constant	−2.4152	1.2818	−1.8843	0.0604	−4.9361	0.1057
	IOI	0.8559	0.3625	2.3608	0.0188	0.1429	1.5689
	基础实践	1.2411	0.3055	4.0622	0.0001	0.6402	1.8420
	基础实践×IOI	−0.1404	0.0843	−1.6650	0.0968	−0.3063	0.0254
核心实践→过程创新	constant	−1.0906	1.1599	−0.9403	0.3477	−3.3718	1.1905
	IOI	0.5393	0.3297	1.6361	0.1027	−0.1090	1.1877
	核心实践	0.9530	0.2808	3.3939	0.0008	0.4008	1.5053
	核心实践×IOI	−0.0691	0.0776	−0.8901	0.3740	−0.2218	0.0836
外向开放式创新(OOI)调节效应							
基础实践→产品创新	constant	−2.7863	1.1334	−2.4584	0.0144	−5.0153	−0.5572
	OOI	1.0835	0.3643	2.9741	0.0031	0.3670	1.8000
	基础实践	1.2861	0.2647	4.8594	0.0000	0.7656	1.8066
	基础实践×OOI	−0.1788	0.0840	−2.1281	0.0340	−0.3440	−0.0136
核心实践→产品创新	constant	−1.8012	0.9862	−1.8263	0.0686	−3.7408	0.1384
	OOI	0.8333	0.3161	2.6367	0.0087	0.2117	1.4549
	核心实践	1.0867	0.2346	4.6317	0.0000	0.6253	1.5482
	int_1	−0.1259	0.0740	−1.7024	0.0896	−0.2714	0.0195

续表

调节变量 与模型		coeff	SE	t	P	LLCI	ULCI
基础实践→ 过程创新	constant	−3.3287	1.0743	−3.0984	0.0021	−5.4416	−1.2158
	OOI	1.2042	0.3453	3.4870	0.0006	0.5250	1.8834
	基础实践	1.4622	0.2509	5.8287	0.0000	0.9688	1.9556
	int_1	−0.2141	0.0796	−2.6885	0.0075	−0.3707	−0.0575
核心实践→ 过程创新	constant	−2.2059	0.9387	−2.3500	0.0193	−4.0521	−0.3598
	OOI	0.9232	0.3008	3.0691	0.0023	0.3316	1.5149
	核心实践	1.2335	0.2233	5.5237	0.0000	0.7943	1.6727
	int_1	−0.1547	0.0704	−2.1968	0.0287	−0.2931	−0.0162

研究结果分析如下：

（1）内向开放式创新的调节效应。

假设 H1a、H1b 通过检验，表明内向开放式创新对质量管理基础实践与企业产品创新绩效的关系（H1a）、质量管理核心实践与企业产品创新绩效的关系（H1b）均具有负向调节作用。换言之，当内向开放式创新水平较高时，质量管理实践（包括基础与核心实践）对企业产品创新绩效的正向影响会减弱。这一结果与初始假设不符，可能的原因在于：内向开放式创新虽强调外部知识向企业内部流动，但企业知识吸收能力的差异导致部分知识难以被有效理解和再利用。若企业无法将外部获取的冗杂知识转化为自身能力，反而可能造成资源浪费，进而对创新绩效产生负面影响。

（2）外向开放式创新的调节效应。

假设 H1e、H1g、H1h 通过检验，支持外向开放式创新的负向调节作用，具体表现为：

①减弱质量管理基础实践对企业产品创新绩效的正向影响（H1e）；

②减弱质量管理基础实践对过程创新的正向影响（H1g）；

③减弱质量管理核心实践对过程创新的正向影响（H1h）。

这一结果与假设一致，表明外向开放式创新可能因知识外溢或资源分散效应，削弱了质量管理实践对创新绩效的促进作用。

（3）未通过检验的假设。

假设 H1c、H1d、H1f 未通过显著性检验，暗示可能存在其他组织因素（如动态能力、组织冗余或环境不确定性）干扰了质量管理实践与创新绩效间的调节机制，未来研究需进一步探讨其边界条件。

2. 开放式创新对网络资源在质量管理实践与创新绩效之间关系的调节作用

对开放式创新对网络资源在质量管理实践与创新绩效之间关系的调节作用进行检验,检验结果如表 6-26(1)—(8)所示。

表 6-26(1)　内向开放式创新对网络资源中介作用的调节作用

内向开放式创新对网络资源在质量管理基础实践与产品创新绩效中介作用的调节作用	Y:网络资源					
	Model Summary					
	R-sq	MSE	F	df1	df2	P
	0.5567	0.1824	147.3307	3.0000	352.0000	0.0000
	Model					
	coeff	SE	t	P	LLCI	ULCI
constant	−2.8328	0.8713	−3.2515	0.0013	−4.5463	−1.1193
基础实践	1.4208	0.2077	6.8415	0.0000	1.0123	1.8292
IOI	1.1114	0.2464	4.5099	0.0000	0.6267	1.5960
基础实践 ×IOI	−0.2054	0.0573	−3.5832	0.0004	−0.3181	−0.0927

	Y:产品创新					
	Model Summary					
	R-sq	MSE	F	df1	df2	P
	0.3810	0.4192	108.6452	2.0000	353.0000	0.0000
Model						
	coeff	SE	t	P	LLCI	ULCI
constant	−0.1539	0.2768	−0.5560	0.5785	−0.6982	0.3904
网络资源	0.5238	0.0747	7.0144	0.0000	0.3769	0.6706
基础实践	0.4071	0.0909	4.4775	0.0000	0.2283	0.5859
INDEX OF MODERATED MEDIATION						
	Index	SE(Boot)	BootLLCI	BootULCI		
NWR 网络	−0.1076	0.0378	−0.1908	−0.0411		

表 6 - 26(2)　内向开放式创新对网络资源中介作用的调节作用

内向开放式创新对网络资源在质量管理核心实践与产品创新绩效中介作用的调节作用			Y:网络资源			
			Model Summary			
	R-sq	MSE	F	df1	df2	P
	0.5459	0.1868	141.0710	3.0000	352.0000	0.0000
			Model			
	coeff	SE	t	P	LLCI	ULCI
constant	−2.4405	0.7984	−3.0568	0.0024	−4.0107	−0.8703
核心实践	1.3515	0.1933	6.9923	0.0000	0.9714	1.7317
×IOI	1.0871	0.2269	4.7910	0.0000	0.6408	1.5334
核心实践×IOI	−0.2027	0.0534	−3.7918	0.0002	−0.3078	−0.0975

	Y:产品创新					
	Model Summary					
	R-sq	MSE	F	df1	df2	P
	0.3888	0.4139	112.2843	2.0000	353.0000	0.0000
Model						
	coeff	SE	t	P	LLCI	ULCI
constant	−0.0830	0.2574	−0.3225	0.7472	−0.5892	0.4231
网络资源	0.5057	0.0733	6.8969	0.0000	0.3615	0.6499
核心实践	0.4165	0.0836	4.9808	0.0000	0.2521	0.5810

INDEX OF MODERATED MEDIATION

	Index	SE(Boot)	BootLLCI	BootULCI
NWR 网络	−0.1025	0.0360	−0.1818	−0.0401

表 6 - 26(3)　内向开放式创新对网络资源中介作用的调节作用

内向开放式创新对网络资源在质量管理基础实践与过程创新绩效中介作用的调节作用	Y:网络资源					
	Model Summary					
	R-sq	MSE	F	df1	df2	P
	0.5567	0.1824	147.3307	3.0000	352.0000	0.0000
	Model					
	coeff	SE	t	P	LLCI	ULCI
constant	−2.8328	0.8713	−3.2515	0.0013	−4.5463	−1.1193
基础实践	1.4208	0.2077	6.8415	0.0000	1.0123	1.8292
OOI	1.1114	0.2464	4.5099	0.0000	0.6267	1.5960
基础实践×OOI	−0.2054	0.0573	−3.5832	0.0004	−0.3181	−0.0927

	Y:过程创新					
	Model Summary					
	R-sq	MSE	F	df1	df2	P
	0.4043	0.3892	119.7725	2.0000	353.0000	0.0000
Model						
	coeff	SE	t	P	LLCI	ULCI
constant	−0.2365	0.2667	−0.8868	0.3758	−0.7609	0.2880
网络资源	0.4144	0.0720	5.7596	0.0000	0.2729	0.5559
基础实践	0.5569	0.0876	6.3569	0.0000	0.3846	0.7292

INDEX OF MODERATED MEDIATION

	Index	SE(Boot)	BootLLCI	BootULCI
NWR 网络	−0.0851	0.0300	−0.1581	−0.0357

表 6 - 26(4)　内向开放式创新对网络资源中介作用的调节作用

内向开放式创新对网络资源在质量管理核心实践与过程创新绩效中介作用的调节作用	Y:网络资源					
	Model Summary					
	R-sq	MSE	F	df1	df2	P
	0.5459	0.1868	141.0710	3.0000	352.0000	0.0000
	Model					
	coeff	SE	t	P	LLCI	ULCI
constant	−2.4405	0.7984	−3.0568	0.0024	−4.0107	−0.8703
核心实践	1.3515	0.1933	6.9923	0.0000	0.9714	1.7317
IOI	1.0871	0.2269	4.7910	0.0000	0.6408	1.5334
核心实践×IOI	−0.2027	0.0534	−3.7918	0.0002	−0.3078	−0.0975

	Y:过程创新					
	Model Summary					
	R-sq	MSE	F	df1	df2	P
	0.4111	0.3847	123.2233	2.0000	353.0000	0.0000
Model						
	coeff	SE	t	P	LLCI	ULCI
constant	−0.0912	0.2481	−0.3675	0.7135	−0.5792	0.3968
网络资源	0.4071	0.0707	5.7588	0.0000	0.2681	0.5461
核心实践	0.5408	0.0806	6.7076	0.0000	0.3822	0.6993

INDEX OF MODERATED MEDIATION

	Index	SE(Boot)	BootLLCI	BootULCI
NWR 网络	−0.0825	0.0296	−0.1558	−0.0350

表6-26(5)　外向开放式创新对网络资源中介作用的调节作用

外向开放式创新对网络资源在质量管理基础实践与产品创新绩效中介作用的调节作用	Y:网络资源					
	Model Summary					
	R-sq	MSE	F	df1	df2	P
	0.5233	0.1961	128.7883	3.0000	352.0000	0.0000
	Model					
	coeff	SE	t	P	LLCI	ULCI
constant	-2.2231	0.7888	-2.8185	0.0051	-3.7744	-0.6718
基础实践	1.3801	0.1842	7.4929	0.0000	1.0178	1.7423
OOI	0.9479	0.2535	3.7387	0.0002	0.4493	1.4466
基础实践×OOI	-0.1902	0.0585	-3.2530	0.0013	-0.3052	-0.0752

	Y:产品创新					
	Model Summary					
	R-sq	MSE	F	df1	df2	P
	0.3810	0.4192	108.6452	2.0000	353.0000	0.0000
Model						
	coeff	SE	t	P	LLCI	ULCI
constant	-0.1539	0.2768	-0.5560	0.5785	-0.6982	0.3904
网络资源	0.5238	0.0747	7.0144	0.0000	0.3769	0.6706
基础实践	0.4071	0.0909	4.4775	0.0000	0.2283	0.5859

INDEX OF MODERATED MEDIATION

	Index	SE(Boot)	BootLLCI	BootULCI
NWR 网络	-0.0996	0.0397	-0.1756	-0.0220

表 6 - 26(6)　外向开放式创新对网络资源中介作用的调节作用

外向开放式创新对网络资源在质量管理核心实践与产品创新绩效中介作用的调节作用	Y:网络资源					
	Model Summary					
	R-sq	MSE	F	df1	df2	P
	0.5064	0.2030	120.3950	3.0000	352.0000	0.0000
	Model					
	coeff	SE	t	P	LLCI	ULCI
constant	−1.5792	0.6980	−2.2624	0.0243	−2.9520	−0.2064
核心实践	1.2614	0.1661	7.5959	0.0000	0.9348	1.5879
OOI	0.8425	0.2237	3.7663	0.0002	0.4025	1.2824
核心实践×OOI	−0.1712	0.0523	−3.2703	00.0012	−0.2742	−0.0682

	Y:产品创新					
	Model Summary					
	R-sq	MSE	F	df1	df2	P
	0.3888	0.4139	112.2843	2.0000	353.0000	0.0000
Model						
	coeff	SE	t	P	LLCI	ULCI
constant	−0.0830	0.2574	−0.3225	0.7472	−0.5892	0.4231
网络资源	0.5057	0.0733	6.8969	0.0000	0.3615	0.6499
核心实践	0.4165	0.0836	4.9808	0.0000	0.2521	0.5810

INDEX OF MODERATED MEDIATION

	Index	SE(Boot)	BootLLCI	BootULCI
NWR 网络	−0.0866	0.0374	−0.1603	−0.0182

表 6 – 26(7)　外向开放式创新对网络资源中介作用的调节作用

外向开放式创新对网络资源在质量管理基础实践与过程创新绩效中介作用的调节作用	Y:网络资源					
	Model Summary					
	R-sq	MSE	F	df1	df2	P
	0.5233	0.1961	128.7883	3.0000	352.0000	0.0000
	Model					
	coeff	SE	t	P	LLCI	ULCI
constant	-2.2231	0.7888	-2.8185	0.0051	-3.7744	-0.6718
基础实践	1.3801	0.1842	7.4929	0.0000	1.0178	1.7423
OOI	0.9479	0.2535	3.7387	0.0002	0.4493	1.4466
基础实践×OOI	-0.1902	0.0585	-3.2530	0.0013	-0.3052	-0.0752
	Y:过程创新					
	Model Summary					
	R-sq	MSE	F	df1	df2	P
	0.4043	0.3892	119.7725	2.0000	353.0000	0.0000
Model						
	coeff	SE	t	P	LLCI	ULCI
constant	-0.2365	0.2667	-0.8868	0.3758	-0.7609	0.2880
网络资源	0.4144	0.0720	5.7596	0.0000	0.2729	0.5559
基础实践	0.5569	0.0876	6.3569	0.0000	0.3846	0.7292
	INDEX OF MODERATED MEDIATION					
	Index	SE(Boot)	BootLLCI	BootULCI		
NWR 网络	-0.0788	0.0329	-0.1521	-0.0219		

表 6 - 26(8)　外向开放式创新对网络资源中介作用的调节作用

外向开放式创新对网络资源在质量管理核心实践与过程创新绩效中介作用的调节作用	Y:网络资源					
	Model Summary					
	R-sq	MSE	F	df1	df2	P
	0.5064	0.2030	120.3950	3.0000	352.0000	0.0000
	Model					
	coeff	SE	t	P	LLCI	ULCI
constant	-1.5792	0.6980	-2.2624	0.0243	-2.9520	-0.2064
核心实践	1.2614	0.1661	7.5959	0.0000	0.9348	1.5879
OOI	0.8425	0.2237	3.7663	0.0002	0.4025	1.2824
核心实践×OOI	-0.1712	0.0523	-3.2703	0.0012	-0.2742	-0.0682

	Y:过程创新					
	Model Summary					
	R-sq	MSE	F	df1	df2	P
	0.4111	0.3847	123.2233	2.0000	353.0000	0.0000
Model						
	coeff	SE	t	P	LLCI	ULCI
constant	-0.0912	0.2481	-0.3675	0.7135	-0.5792	0.3968
网络资源	0.4071	0.0707	5.7588	0.0000	0.2681	0.5461
核心实践	0.5408	0.0806	6.7076	0.0000	0.3822	0.6993

INDEX OF MODERATED MEDIATION

	Index	SE(Boot)	BootLLCI	BootULCI
NWR 网络	-0.0697	0.0324	-0.1395	-0.0157

调节效应分析结果如下：

在内向和外向开放式创新的调节作用下,质量管理实践通过网络资源对产品创新绩效和过程创新绩效的影响存在显著差异。高分组（调节变量较强时）的效应值明显低于中分组和低分组,表明内向和外向开放式创新均对中介路径产生了负向调节作用。

(1)内向开放式创新的调节效应。

①产品创新绩效:内向开放式创新负向调节质量管理实践、网络资源与产品创新绩效的中介关系(H2a、H2b 部分显著),与假设相反。即内向开放式创新负向调节质量管理实践、网络资源与产品创新绩效的中介关系。

②过程创新绩效:同样,内向开放式创新负向调节质量管理实践、网络资源与过程创新绩效的中介关系(H2c、H2d 部分显著),与假设不符。

内向开放式创新可能导致资源消耗与供需矛盾。企业在吸收外部知识时,需投入大量人力、物力,可能挤占网络资源,甚至削弱其原有价值。

(2)外向开放式创新的调节效应。

①产品创新绩效:外向开放式创新负向调节质量管理实践、网络资源与产品创新绩效的中介关系(H2e、H2f 显著),支持原假设。即外向开放式创新较强时,正向作用减弱。

②过程创新绩效:同样,外向开放式创新负向调节质量管理实践、网络资源与过程创新绩效的中介关系(H2g、H2h 显著),与假设一致。

3. 开放式创新对知识资源在质量管理实践与创新绩效之间关系的调节作用

对开放式创新对知识资源在质量管理实践与创新绩效之间关系的调节作用进行检验,检验结果如表 6-27(1)—(8)所示。

表 6 - 27(1)　内向开放式创新对知识资源中介作用的调节作用

内向开放式创新对知识资源在质量管理基础实践与产品创新绩效中介作用的调节作用	Y:知识资源					
	Model Summary					
	R-sq	MSE	F	df1	df2	P
	0.7497	0.2057	351.4542	3.0000	352.0000	0.0000
	Model					
	coeff	SE	t	P	LLCI	ULCI
constant	−2.4244	0.9583	−2.5300	0.0118	−4.3090	−0.5397
基础实践	1.7425	0.2312	7.5367	0.0000	1.2878	2.1972
IOI	0.8683	0.2685	3.2339	0.0013	0.3402	1.3963
基础实践×IOI	−0.1367	0.0631	−2.1657	0.0310	−0.2608	−0.0126

	Y:产品创新					
	Model Summary					
	R-sq	MSE	F	df1	df2	P
	0.3522	0.4387	95.9474	2.0000	353.0000	0.0000
Model						
	coeff	SE	t	P	LLCI	ULCI
constant	0.1367	0.2807	0.4869	0.6267	−0.4154	0.6888
知识资源	0.4005	0.0716	5.5938	0.0000	0.2597	0.5413
基础实践	0.2709	0.1232	2.1988	0.0285	0.0286	0.5133

INDEX OF MODERATED MEDIATION				
	Index	SE(Boot)	BootLLCI	BootULCI
ZS	−0.0547	0.0384	−0.1346	0.0173

表 6 – 27(2)　内向开放式创新对知识资源中介作用的调节作用

内向开放式创新对知识资源在质量管理核心实践与产品创新绩效中介作用的调节作用	Y:知识资源					
	Model Summary					
	R-sq	MSE	F	df1	df2	P
	0.7145	0.2346	293.6651	3.0000	352.0000	0.0000
	Model					
	coeff	SE	t	P	LLCI	ULCI
constant	−2.2203	0.9273	−2.3944	0.0172	−4.0439	−0.3966
核心实践	1.7151	0.2274	7.5407	0.0000	1.2678	2.1624
IOI	0.9939	0.2609	3.8102	0.0002	0.4809	1.5070
核心实践×IOI	−0.1659	0.0622	−2.6689	0.0080	−0.2882	−0.0436

	Y:产品创新					
	Model Summary					
	R-sq	MSE	F	df1	df2	P
	0.3607	0.4329	99.5755	2.0000	353.0000	0.0000
Model						
	coeff	SE	t	P	LLCI	ULCI
constant	0.1226	0.2587	0.4739	0.6359	−0.3863	0.6315
知识资源	0.3645	0.0666	5.4716	0.0000	0.2335	0.4956
核心实践	0.3328	0.1074	3.0984	0.0021	0.1215	0.5440

INDEX OF MODERATED MEDIATION

	Index	SE(Boot)	BootLLCI	BootULCI
ZS	−0.0605	0.0278	−0.1276	−0.0158

表 6 - 27(3)　内向开放式创新对知识资源中介作用的调节作用

内向开放式创新对知识资源在质量管理基础实践与过程创新绩效中介作用的调节作用	Y:知识资源					
	Model Summary					
	R-sq	MSE	F	df1	df2	P
	0.7497	0.2057	351.4542	3.0000	352.0000	0.0000
	Model					
	coeff	SE	t	P	LLCI	ULCI
constant	-2.4244	0.9583	-2.5300	0.0118	-4.3090	-0.5397
基础实践	1.7425	0.2312	7.5367	0.0000	1.2878	2.1972
IOI	0.8683	0.2685	3.2339	0.0013	0.3402	1.3963
基础实践×IOI	-0.1367	0.0631	-2.1657	0.0310	-0.2608	-0.0126

	Y:过程创新					
	Model Summary					
	R-sq	MSE	F	df1	df2	P
	0.4088	0.3862	122.0680	2.0000	353.0000	0.0000
Model						
	coeff	SE	t	P	LLCI	ULCI
constant	0.0008	0.2634	0.0031	0.9976	-0.5172	0.5188
知识资源	0.4040	0.0672	6.0137	0.0000	0.2718	0.5361
基础实践	0.3234	0.1156	2.7973	0.0054	0.0960	0.5508

INDEX OF MODERATED MEDIATION

	Index	SE(Boot)	BootLLCI	BootULCI
ZS	-0.0552	0.0372	-0.1311	0.0160

表6-27(4)　内向开放式创新对知识资源中介作用的调节作用

内向开放式创新对知识资源在质量管理核心实践与过程创新绩效中介作用的调节作用	Y:知识资源					
	Model Summary					
	R-sq	MSE	F	df1	df2	P
	0.7145	0.2346	293.6651	3.0000	352.0000	0.0000
	Model					
	coeff	SE	t	P	LLCI	ULCI
constant	−2.2203	0.9273	−2.3944	0.0172	−4.0439	−0.3966
核心实践	1.7151	0.2274	7.5407	0.0000	1.2678	2.1624
IOI	0.9939	0.2609	3.8102	0.0002	0.4809	1.5070
核心实践×IOI	−0.1659	0.0622	−2.6689	0.0080	−0.2882	−0.0436

	Y:过程创新					
	Model Summary					
	R-sq	MSE	F	df1	df2	P
	0.4168	0.3810	126.1557	2.0000	353.0000	0.0000
Model						
	coeff	SE	t	P	LLCI	ULCI
constant	0.0241	0.2427	0.0994	0.9209	−0.4532	0.5015
知识资源	0.3798	0.0625	6.0780	0.0000	0.2569	0.5028
核心实践	0.3600	0.1007	3.5728	0.0004	0.1618	0.5581

INDEX OF MODERATED MEDIATION

	Index	SE(Boot)	BootLLCI	BootULCI
ZS	−0.0630	0.0278	−0.1259	−0.0178

表 6-27(5)　外向开放式创新对知识资源中介作用的调节作用

外向开放式创新对知识资源在质量管理基础实践与产品创新绩效中介作用的调节作用	Y:知识资源					
	Model Summary					
	R-sq	MSE	F	df1	df2	P
	0.7374	0.2158	329.5086	3.0000	352.0000	0.0000
	Model					
	coeff	SE	t	P	LLCI	ULCI
constant	-2.3419	0.8271	-2.8314	0.0049	-3.9686	-0.7152
基础实践	1.8274	0.1959	9.3276	0.0000	1.4421	2.2127
OOI	0.8393	0.2603	3.2250	0.0014	0.3275	1.3512
基础实践 ×OOI	-0.1521	0.0605	-2.5121	0.0124	-0.2711	-0.0330

	Y:产品创新					
	Model Summary					
	R-sq	MSE	F	df1	df2	P
	0.3522	0.4387	95.9474	2.0000	353.0000	0.0000
Model						
	coeff	SE	t	P	LLCI	ULCI
constant	0.1367	0.2807	0.4869	0.6267	-0.4154	0.6888
知识资源	0.4005	0.0716	5.5938	0.0000	0.2597	0.5413
基础实践	0.2709	0.1232	2.1988	0.0285	0.0286	0.5133

INDEX OF MODERATED MEDIATION

	Index	SE(Boot)	BootLLCI	BootULCI
ZS	-0.0609	0.0329	-0.1327	-0.0059

表 6 – 27(6)　外向开放式创新对知识资源中介作用的调节作用

外向开放式创新对知识资源在质量管理核心实践与产品创新绩效中介作用的调节作用	Y:知识资源					
	Model Summary					
	R-sq	MSE	F	df1	df2	P
	0.6932	0.2522	265.0748	3.0000	352.0000	0.0000
	Model					
	coeff	SE	t	P	LLCI	ULCI
constant	−1.4051	0.7659	−1.8347	0.0674	−2.9114	0.1011
核心实践	1.6447	0.1849	8.8955	0.0000	1.2811	2.0084
OOI	0.7459	0.2410	3.0949	0.0021	0.2719	1.2199
核心实践×OOI	−0.1346	0.0569	−2.3674	0.0185	−0.2464	−0.0228
	Y:产品创新					
	Model Summary					
	R-sq	MSE	F	df1	df2	P
	0.3607	0.4329	99.5755	2.0000	353.0000	0.0000
Model						
	coeff	SE	t	P	LLCI	ULCI
constant	0.1226	0.2587	0.4739	0.6359	−0.3863	0.6315
知识资源	0.3645	0.0666	5.4716	0.0000	0.2335	0.4956
核心实践	0.3328	0.1074	3.0984	0.0021	0.1215	0.5440
	INDEX OF MODERATED MEDIATION					
	Index	SE(Boot)	BootLLCI	BootULCI		
ZS	−0.0491	0.0286	−0.1104	0.0001		

表 6 - 27(7)　外向开放式创新对知识资源中介作用的调节作用

外向开放式创新对知识资源在质量管理基础实践与过程创新绩效中介作用的调节作用	Y:知识资源					
	Model Summary					
	R-sq	MSE	F	df1	df2	P
	0.7374	0.2158	329.5086	3.0000	352.0000	0.0000
	Model					
	coeff	SE	t	P	LLCI	ULCI
constant	−2.3419	0.8271	−2.8314	0.0049	−3.9686	−0.7152
基础实践	1.8274	0.1959	9.3276	0.0000	1.4421	2.2127
OOI	0.8393	0.2603	3.2250	0.0014	0.3275	1.3512
基础实践 ×OOI	−0.1521	0.0605	−2.5121	0.0124	−0.2711	−0.0330

	Y:过程创新					
	Model Summary					
	R-sq	MSE	F	df1	df2	P
	0.4088	0.3862	122.0680	2.0000	353.0000	0.0000
Model						
	coeff	SE	t	P	LLCI	ULCI
constant	0.0008	0.2634	0.0031	0.9976	−0.5172	0.5188
知识资源	0.4040	0.0672	6.0137	0.0000	0.2718	0.5361
基础实践	0.3234	0.1156	2.7973	0.0054	0.0960	0.5508

INDEX OF MODERATED MEDIATION

	Index	SE(Boot)	BootLLCI	BootULCI
ZS	−0.0614	0.0318	−0.1351	−0.0071

表 6 - 27(8)　外向开放式创新对知识资源中介作用的调节作用

外向开放式创新对知识资源在质量管理核心实践与过程创新绩效中介作用的调节作用	Y:知识资源					
	Model Summary					
	R-sq	MSE	F	df1	df2	P
	0.6932	0.2522	265.0748	3.0000	352.0000	0.0000
	Model					
	coeff	SE	t	P	LLCI	ULCI
constant	−1.4051	0.7659	−1.8347	0.0674	−2.9114	0.1011
核心实践	1.6447	0.1849	8.8955	0.0000	1.2811	2.0084
OOI	0.7459	0.2410	3.0949	0.0021	0.2719	1.2199
核心实践×OOI	−0.1346	0.0569	−2.3674	0.0185	−0.2464	−0.0228

	Y:过程创新					
	Model Summary					
	R-sq	MSE	F	df1	df2	P
	0.4168	0.3810	126.1557	2.0000	353.0000	0.0000
Model						
	coeff	SE	t	P	LLCI	ULCI
constant	0.0241	0.2427	0.0994	0.9209	−0.4532	0.5015
知识资源	0.3798	0.0625	6.0780	0.0000	0.2569	0.5028
核心实践	0.3600	0.1007	3.5728	0.0004	0.1618	0.5581

INDEX OF MODERATED MEDIATION

	Index	SE(Boot)	BootLLCI	BootULCI
ZS	−0.0511	0.0292	−0.1155	0.0001

表 6 - 27(1)—(8)展示了内向与外向开放式创新在各路径分组下的调节中介效应值。以下对调节中介效应的显著性和作用方向进行分析:

(1)内向开放式创新的调节作用。

① H3a、H3c 未通过检验:内向开放式创新对"知识资源在质量管理基础实践与创新绩效间的中介关系"的调节作用不显著。

②H3b、H3d 部分通过检验:内向开放式创新在"质量管理核心实践→知识资源→创新绩效"的中介路径中呈现负向调节作用,与假设的正向作用不符。具体而言,当内向开放式创新较强时,质量管理核心实践对创新绩效的正向影响会

减弱。这一结果可能源于企业在吸收外部知识时存在吸收能力不足或知识适配性低的问题,导致组织内部知识冗余和资源浪费。

(2)外向开放式创新的调节作用。

①H3e、H3g 通过检验:外向开放式创新对"知识资源在质量管理基础实践与创新绩效间的中介关系"具有负向调节作用,即外向开放式创新会削弱知识资源的中介效应。

②H3f、H3h 未通过检验:调节作用不显著,可能原因是外向开放式创新加剧了内部知识产权保护不足和核心知识泄露风险,进而对企业绩效产生负面影响。

6.3.5　假设检验汇总

表 6 - 28 汇总了各假设检验结果。

表 6 - 28　假设检验汇总表

H1a	内向开放式创新正向调节质量管理基础实践与产品创新绩效	部分成立
H1b	内向开放式创新正向调节质量管理核心实践与产品创新绩效	部分成立
H1c	内向开放式创新正向调节质量管理基础实践与过程创新绩效	不成立
H1d	内向开放式创新正向调节质量管理核心实践与过程创新绩效	不成立
H1e	外向开放式创新负向调节质量管理基础实践与产品创新绩效	成立
H1f	外向开放式创新负向调节质量管理核心实践与产品创新绩效	不成立
H1g	外向开放式创新负向调节质量管理基础实践与过程创新绩效	成立
H1h	外向开放式创新负向调节质量管理核心实践与过程创新绩效	成立
H2a	内向开放式创新正向调节网络资源在质量管理基础实践与产品创新绩效中的中介作用	部分成立
H2b	内向开放式创新正向调节网络资源在质量管理核心实践与产品创新绩效中的中介作用	部分成立
H2c	内向开放式创新正向调节网络资源在质量管理基础实践与过程创新绩效中的中介作用	部分成立
H2d	内向开放式创新正向调节网络资源在质量管理核心实践与过程创新绩效中的中介作用	部分成立
H2e	外向开放式创新负向调节网络资源在质量管理基础实践与产品创新绩效中的中介作用	成立

H2f	外向开放式创新负向调节网络资源在质量管理核心实践与产品 创新绩效中的中介作用	成立
H2g	外向开放式创新负向调节网络资源在质量管理基础实践与过程 创新绩效中的中介作用	成立
H2h	外向开放式创新负向调节网络资源在质量管理核心实践与过程 创新绩效中的中介作用	成立
H3a	内向开放式创新正向调节知识资源在质量管理基础实践与产品 创新绩效中的中介作用	不成立
H3b	内向开放式创新正向调节知识资源在质量管理核心实践与产品 创新绩效中的中介作用	部分成立
H3c	内向开放式创新正向调节知识资源在质量管理基础实践与过程 创新绩效中的中介作用	不成立
H3d	内向开放式创新正向调节知识资源在质量管理核心实践与过程 创新绩效中的中介作用	部分成立
H3e	外向开放式创新负向调节知识资源在质量管理基础实践与产品 创新绩效中的中介作用	成立
H3f	外向开放式创新负向调节知识资源在质量管理核心实践与产品 创新绩效中的中介作用	不成立
H3g	外向开放式创新负向调节知识资源在质量管理基础实践与过程 创新绩效中的中介作用	成立
H3h	外向开放式创新负向调节知识资源在质量管理核心实践与过程 创新绩效中的中介作用	不成立

研究发现总结如下。

1)开放式创新对质量管理实践与创新绩效关系的调节作用

研究表明,内向型和外向型开放式创新均对质量管理实践与创新绩效的关系呈现负向调节效应。具体表现为:

(1)内向型开放式创新显著负向调节质量管理基础实践/核心实践与产品创新绩效的关系。其作用机制在于:尽管内向创新促进了外部知识向企业内部流动,但企业实际吸收能力存在差异。当无法有效转化外部知识时,会导致资源冗余和成本增加,反而抑制创新绩效提升。

(2)外向型开放式创新显著负向调节质量管理基础实践与产品/过程创新绩

效、以及质量管理核心实践与过程创新绩效的关系。其核心矛盾在于:企业在对外输出技术时,若缺乏有效的知识产权保护机制,易引发技术外溢和模仿,削弱创新收益。

2)网络资源中介路径的调节效应

研究发现两类开放式创新均负向调节"质量管理实践→网络资源→创新绩效"的中介路径,可能原因包括:

(1)信任与知识产权问题。内向创新中,企业与供应商/客户间的信任缺失、内部知识产权保护不足会降低知识转化效率。

(2)技术外溢风险。外向创新中,核心技术被模仿会导致知识储备流失。

(3)替代效应。数据分析显示,尽管两类开放式创新单独均能促进网络资源积累,但其与质量管理实践的交互项呈现负值,暗示可能存在资源竞争关系。

(4)时滞效应。纵向研究表明开放式创新的负向效应可能随时间转化为正向影响,但截面数据无法捕捉这一动态过程。

3)知识资源中介路径的差异化调节

(1)内向型创新负向调节"质量管理核心实践→知识资源→创新绩效"路径,反映外部知识吸收的选择性与适用性问题;

(2)外向型创新负向调节"质量管理基础实践→知识资源→创新绩效"路径,再次印证技术外溢的负面影响;

(3)替代关系假设:两类创新对知识资源的独立正向影响($\beta=+$)与交互项负效应($\beta=-$)的矛盾,建议未来研究探索其替代机制。

6.4 本章小结

本章主要探讨不同情境下质量管理实践(QMP)对企业创新绩效(IP)的影响。基于第 4 章的研究发现——网络资源与知识资源的中介作用显著强于传统的市场资源与技术资源,本章选取市场竞争强度、区域经济发展水平和开放式创新类型作为调节变量,分析其对"质量管理实践—资源禀赋—创新绩效"关系的调节效应。

1. 市场竞争强度的调节作用

(1)网络资源的中介作用:市场竞争强度对其具有负向调节效应。即,当市场竞争激烈时,QMP 对网络资源的正向影响减弱,进而降低企业创新绩效。原因在于,高强度竞争会阻碍企业与供应商之间的信任建立,限制信息流通,从而抑制网络资源的开发。

（2）知识资源的中介作用：市场竞争强度对其具有正向调节效应。激烈的竞争促使企业通过知识探索和知识利用来应对客户需求变化，从而提升知识资源储备，增强创新绩效。

2. 区域经济发展水平的调节作用

研究发现，区域经济水平未显著调节 QMP 通过网络资源或知识资源对创新绩效的影响。可能原因包括：

（1）滞后效应。区域经济对企业的影响可能具有延迟性，而本研究采用截面数据难以捕捉动态变化。

（2）企业规模因素。部分样本为大型企业的地区分公司，其成熟的 QMP 体系和稳定的资源储备可能削弱了区域经济的影响。

（3）指标局限性。尽管本研究采用 GDP、财政收入、进出口额、消费与投资等多维度指标，但仍可能无法全面反映区域经济差异，未来需进一步完善评价体系。

3. 开放式创新类型的调节作用

（1）内向开放式创新：负向调节 QMP（基础/核心实践）与产品创新绩效的关系，同时削弱 QMP 通过网络资源对创新绩效的促进作用。

（2）外向开放式创新：负向调节 QMP（基础实践）与产品创新绩效、过程创新绩效的关系，并抑制 QMP 通过网络资源和知识资源对创新绩效的积极影响。

本章揭示了不同情境下 QMP 对创新绩效的影响机制：①市场竞争强度通过抑制网络资源但促进知识资源来差异化影响创新绩效；⑤区域经济水平的调节作用不显著，需结合动态数据与企业异质性进一步探讨；③开放式创新（内向/外向）可能削弱 QMP 对创新绩效的促进作用，企业在实施 QMP 时需结合创新战略进行调整。

第7章　主要结论与政策建议

7.1　主 要 结 论

1. 不同成熟度水平下质量管理实践对创新绩效的影响研究

基于高层支持、员工参与、以顾客为中心、供应商关系、过程管理、产品设计、持续改进、统计数据与报告八项质量管理实践,通过聚类分析发现,中国企业的质量管理成熟度可分为四个渐进式等级:启蒙级、发展级、完善级和卓越级。各等级企业呈现出显著的质量管理特征差异,反映了质量管理实践在企业内部的演进路径。

1)质量管理成熟度分级特征

(1)启蒙级:高层质量意识初步形成,主要依赖外部优质供应商和成熟的过程管理方法,但员工参与度较低;

(2)发展级→完善级:顾客关注和统计数据与报告两项实践发展滞后,直至卓越级才显著提升,其他实践则持续优化;

(3)全员参与作为核心质量意识指标,始终是需要重点提升的领域。

2)质量管理实践与创新绩效的关联性

实证研究表明,不同成熟度等级下质量管理实践对创新绩效的影响存在显著差异。具体表现为:

(1)启蒙级。核心实践显著促进产品创新($\beta=0.30, P<0.05$)与过程创新($\beta=0.41, P<0.01$);基础实践仅对产品创新有正向影响($\beta=0.28, P<0.05$)。

(2)发展级/完善级。所有质量管理实践均对两类创新绩效产生正向影响(β均值 $0.25-0.39$)。

(3)卓越级。质量管理实践对创新绩效的影响不再显著($\beta=0.07, P>0.1$)。

3)动态影响机制

随着质量管理成熟度提升,质量管理实践对创新绩效的边际效用呈现倒"U"形曲线:完善级企业的积极影响弱于启蒙级和发展级,卓越级则无统计学显著性。这表明质量管理实践存在"效用天花板效应",当企业达到卓越水平时,需通过其他管理创新手段持续驱动创新绩效提升。

2. 资源禀赋视角下质量管理实践对创新绩效的作用机理研究

（1）基于资源基础理论，本研究创新性地引入资源禀赋变量，通过理论辨析构建了"质量管理实践—资源禀赋—创新绩效"的理论模型。研究发现，企业资源禀赋不仅包括涵盖在企业内部的关键资源（技术资源与市场资源），也可以拓展到企业与其他组织联结的关键资源（网络资源和知识资源），由此构成资源禀赋的四个维度。实证研究表明，资源禀赋在质量管理实践与企业创新绩效之间具有显著中介作用，不存在调节作用；通过四种资源禀赋发挥作用大小分析，发现网络资源与知识资源的中介作用强于技术资源与市场资源。

作为质量管理实践中非机制性、社会行为的部分，质量管理基础实践能够引导并促进企业同外部的交流合作，这一过程中企业会了解到更多的市场知识与技术知识，最终实现市场资源和技术资源的积累。而对于质量管理核心实践来说，其机制性、对过程与技术强调的特点使其能够完成对技术资源的积累。

市场资源意味着企业拥有足够的市场知识并对市场行为有充分的了解，它能够降低创新中的风险和成本，为创新绩效提供充分的保障。此外，市场资源能够帮助企业对顾客偏好进行更加深入的分析及预判，使企业及时据此展开更具竞争力的创新活动，最终实现创新绩效的提升。技术资源不仅能通过对于企业新产品研发和技术扩散的正向影响帮助获取企业技术领先优势并最终促使企业获得超额利润，还能通过对流程运行和生产工艺的改进提高产品开发制造的稳定性、可靠性和效率。除此之外，在产品端，技术资源能够使新产品的新颖性得到增强，这些都最终正向影响创新绩效。

通过这种网络资源也能够帮助企业在日常的质量管理实践活动中积累有利于创新的能力和知识。质量管理实践能够引导并促进企业同外部的交流合作，构建密切的联系与关系网，帮助企业快速适应市场的变化同时获取稀缺的、关键的价值信息，从而提高企业的创新能力与创新绩效，使得企业保持持续的竞争优势。

知识资源在质量管理基础实践与企业创新绩效之间起到正向的中介作用，知识资源在质量管理核心实践与企业创新绩效之间起到正向的中介作用。研究结果表明，通过知识资源也能够帮助企业在日常的质量管理实践活动中积累有利于创新的能力和知识。质量管理实践能够引导并促进企业进行知识的交流与学习，构建相应的知识体系，帮助企业快速获取竞争力，从而提高企业的创新能力与创新绩效，使得企业保持持续的竞争优势。

认知型隐性知识获取和技能型隐性知识获取均与创新绩效正相关，与安世民和张祯（2020）以及王天力（2013）等人的研究结果一致，其中技能型隐性知识获取在创新绩效中扮演了更重要的角色。技能型隐性知识部分中介了基础实践对创新绩效的正向作用,完全中介了核心实践对创新绩效的正向作用。内向开放式创新正向调节了核心实践与技能型隐性知识的正向关系。

在所有的假设中,认知型隐性知识获取的中介效应没有得到支持。对于基础实践来说,可能的原因一方面是从供应商、客户等外部渠道获取的认知型隐性知识没有及时地通过组织内部的知识共享机制传递到新产品开发的有关部门与员工;另一方面可能是因为认知型隐性知识本身属于较为难以察觉的认知、价值观、心智模式等,相较于技能型隐性知识来说更难以分享与传递。对于核心实践来说,技能型隐性知识完全中介了核心实践与创新绩效的正相关关系,核心实践更倾向于促使企业获得解决创新中出现的问题的知识,也就是技能型隐性知识来促进创新绩效。

(2)将资源禀赋作为中介变量,建立了质量管理成熟度分级下质量管理实践—资源禀赋—企业创新绩效的关系模型,研究发现,分级条件下资源禀赋在质量管理实践与创新绩效之间起到了正向中介作用,原本基础实践不显著的启蒙级企业与弱相关的卓越级的企业,因为资源禀赋的作用,质量管理实践对创新绩效发挥了积极影响。上述研究成果,首次阐明了资源禀赋在质量管理实践对创新绩效的作用机理,为整合企业资源,通过质量管理实践提升创新绩效找到了一条新路。

3. 资源禀赋与组织惯性双路径下质量管理实践对创新绩效的作用机理

首次分别从组织惯性与资源禀赋的双路径视角,解释了质量管理实践对企业创新绩效的异质性问题。实证研究表明,质量基础管理实践会导致行为惯性的增强,和认知惯性无显著关系。质量管理核心实践对行为惯性和认知惯性有正向影响。行为惯性和认知惯性都对企业创新绩效有负向影响。行为惯性在质量管理基础实践和企业创新绩效间起中介作用,行为惯性在质量管理核心实践和企业创新绩效间起中介作用,认知惯性在质量管理核心实践和企业创新绩效间起中介作用。这说明,质量管理基础实践通过行为惯性负向影响企业创新绩效,质量管理核心实践分别通过行为惯性与认知惯性对企业创新绩效起负向作用。认知惯性在质量管理基础实践和企业创新绩效间无显著的中介作用。基于前文的论述,这是由于质量管理基础实践对认知惯性无显著影响,因而也无法通过认知惯性的路径影响企业创新绩效。

质量管理基础实践中高层管理支持意味着高层管理者对质量管理实践背后思维模式的依赖,这会在企业内产生持久稳定的行为引导;员工关系和培训意味着标准化的建立以及成功经验的不断传递;供应商质量管理和客户关注建立起的稳定合作伙伴关系,会使合作中流程制度日趋稳定。这些都会建立起程式化

质量管理实践对企业创新绩效的作用机理研究

的重复流程,并使员工使用已被证明成功的例行程序来解决问题,最终导致行为惯性的增强。但是,这一过程中由于明确规则的不彰显,员工不会因畏惧风险而产生好恶上的倾向,因此质量管理基础实践和认知惯性不显著相关。而由于质量管理核心实践中建立起了标准化的规则(Glynn,1996),会导致过程中可问责性增强,员工会因担心破坏标准的惩罚而选择安于现状,竭力避免偏离规则和流程(Morgan,1993)。当问题产生时,员工不仅会倾向用以往的成功经验作为问题解决的第一策略,还会不断对已有流程进行重复执行,最终表现为行为惯性以及认知惯性的增强。

行为惯性是企业对既往成功经验的重复行为,认知惯性是企业对这种成功经验的重复倾向(Adam et al.,1997),这些成功经验会通过不断重复而逐渐固化,会对异质信息进行过滤并消除员工的个性化行为,造成问题的解决方式失去新意(吕一博等,2016)。对于过去经验的过度依赖会使企业忽略变化或采用旧有的知识去解释变化,会导致企业难以及时且正确地识别并响应环境中的信息,最终导致创新活动的滞后或抑制创新活动的产生。除此之外,由于企业成员对变革的消极态度和对重复行为的偏好,即使创新活动已被决定开展,也会因成员厌恶风险而受到内部的抗拒,导致内部沟通滞涩,使决策信息的传达过于迟缓,导致创新成本增加与创新活动推行困难(白景坤,2017)。综合来看,这些因素都会对企业创新绩效带来负向的影响。

由此,对学界关于质量管理实践与创新绩效之间的异质性观点做出了新的解释。现有研究中,学者对质量管理实践和企业创新绩效之间关系的观点仍存在争议。本研究发现质量管理实践对企业创新绩效正向作用与负向作用的路径同时存在,当正向路径(质量管理实践、资源禀赋与创新绩效)的作用更强时,整体呈现正向的影响;当负向路径(质量管理实践、组织惯性与创新绩效)的作用更强时,整体呈现负向的影响。这就解释了以往学者得出相反结论的原因。

4.不同情境下质量管理实践、资源禀赋与创新绩效的作用机理

(1)选取市场竞争强度作为调节变量,实证研究表明,市场竞争强度对质量管理实践、网络资源与企业创新绩效的关系呈负向调节作用:即当市场竞争强度较强时,会削弱质量管理实践与网络资源的正向影响,从而降低企业创新绩效。一个以客户和市场为导向的公司,通常具有敏锐的执行力和强烈的责任感。激烈的市场竞争环境会给这些企业带来更大压力,他们需要不断地进行策略性行动,为了迎合市场,不能充分考虑各个顾客的偏好和需求,在市场中容易分散注意力,使得企业难以进行有效创新。另外,竞争激烈的市场环境会阻碍企业与供应商之间信任关系的建立,在双方信任不佳时,企业与供应商都不能够有效开放心智与对方进行沟通,会造成信息流通的障碍,进而影响了企业网络资源的开发,从而不利于企业创新。

实证结果还表明:市场竞争强度对质量管理实践、知识资源与企业创新绩效的关系呈负向调节作用:即当市场竞争强度较强时,会增强质量管理实践对知识资源的正向影响,从而增强企业创新绩效。随着市场竞争强度的增大,为了更好地平衡客户不断变化的偏好和需求,企业会通过知识探索,扩大知识资源。同时,随着市场竞争强度变得激烈,为了在激烈的竞争环境中获胜,企业需要提高现有的知识资源,以此保持自身的核心竞争力,通过丰富知识资源,以便对产品的质量升级进行有效重组从而获取竞争优势,同时,能够有效防止竞争对手对自身企业的超越。

(2)选取区域经济水平作为调节变量,验证区域经济水平对资源禀赋(网络资源与知识资源)在质量管理实践和创新绩效之间中介作用的调节效应。研究表明,质量管理实践通过资源禀赋对企业创新绩效具有显著的正向作用,但未发现区域经济水平对网络资源与知识资源在质量管理实践和创新绩效之间中介作用的调节效应。主要可能存在以下几种原因:①区域经济水平对于企业的影响可能存在滞后性与延迟性,本次研究为截面数据可能无法反映这种变化;②另外,本次调研样本中存在一定比例的大型企业地区分公司,这些大型企业已经拥有了较为成熟的质量管理实践准则以及完备的市场信息与知识资源储备,这些有价值的资源已经深深扎根于企业内部,使得企业导入质量管理实践促进网络资源/知识资源的积累和创新绩效并不显著受到区域经济水平的调节作用影响;③本次研究中,除了考虑 GDP 作为衡量区域经济水平的指标,也考虑了财政收入、进出口总额、最终消费、全社会固定资产投资等其他指标。虽然比单纯考虑GDP 指标要更加全面,但是这些指标可能也不能完全反映区域经济水平。

(3)选取开放式创新作为情景变量,验证开放式创新对资源禀赋(网络资源与知识资源)在质量管理实践和创新绩效之间中介作用的调节效应。研究发现,内向和外向开放式创新对质量管理实践与创新绩效之间的关系总体呈负向调节作用;内向和外向开放式创新对质量管理实践通过资源禀赋对创新绩效产生的中介作用有不同的负向调节作用。

具体而言,外向开放式创新负向调节质量管理实践通过网络资源对产品创新绩效和过程创新绩效产生的影响,即当外向开放式创新程度较高时,质量管理实践通过网络资源中介作用影响企业创新绩效的正向影响减弱,发现内向开放式创新负向调节质量管理实践通过网络资源对产品创新绩效和过程创新绩效产生的影响。主要可能存在以下几个原因:其一,内向开放式创新表现为通过外部的供应商或客户的知识资源与价值资源来丰富企业内部的知识储备,造成影响的可能是在内向开放式创新交流过程中对于供应商以及企业网络内其他参与者的不信任氛围、内部知识产权保护的缺乏以及员工的创新效能低等原因,造成在内向开放式创新的情境下质量管理实践通过网络资源中介对企业创新绩效的影响减弱。其二，外向开放式创新表现为企业通过自身技术水平的展示以及知识产权的向外出售来获取收益，这种情况下企业可能由于对于自身技术知识以及知识产权保护的缺乏，导致核心技术被竞争对手和网络内其他的参与者所快速模仿，导致企业无法通过由内而外的知识流出获得有效的知识储备同时降低企业自身的收益，从而造成企业创新能力的下降。此外，对外部资源或搜索渠道更加开放的公司更有可能获得更多想法和技术机会，从而取得更高水平的创新绩效，但同时创新搜索并不是无价的，其间会耗时、耗力、耗钱，当"过度搜索"超过临界点，广度和深度的开放性会对创新绩效产生负面影响。其三，在数据分析的过程中，结果显示内向开放式创新与外向开放式创新均对网络资源有显著的正向影响，但是二者与质量管理核心实践与质量管理基础实践的交互项却为负，有可能是二者均对网络资源有正向的影响，但是存在一定程度上的替代关系，未来可以对二者的替代关系进行进一步研究。其四，有研究表明内向、外向开放式创新对企业短期绩效具有负面作用，而这种负向的效应在较长时间之后会呈现正向的趋势，体现了开放式创新对企业网络资源积累以及创新绩效的滞后性影响，在截面数据中无法进行体现。

　　研究发现，内向开放式创新在质量管理核心实践、知识资源与创新绩效的中介关系中起到负向调节作用，即当内向开放式创新强时，质量管理核心实践与企业创新绩效的正向作用会减弱。这可能是由于企业在吸收外部知识与技能时，并非完全能够吸收的也并非都是适合自己企业的，造成组织内知识的冗杂和多余与资源的浪费。同时，在数据分析的过程中，结果显示内向开放式创新与外向开放式创新对知识资源有显著的正向影响，但是二者与质量管理基础实践与质量管理核心实践的交互项却为负，有可能是二者均对知识资源有正向的影响，但是存在一定程度上的替代关系，未来可以对二者的替代关系进行进一步研究。研究还发现外向开放式创新在质量管理基础实践、知识资源与创新绩效的中介关系起到了负向调节作用，即当外向开放式创新较强时，质量管理基础实践、知识资源与企业创新绩效的正向作用会减弱。

7.2　政　策　建　议

7.2.1　企业层面

1. 充分发挥资源禀赋优势，提升企业质量管理与创新水平

　　研究表明，资源禀赋在质量管理实践与创新绩效之间起到显著的中介作用（调节作用不显著）。这一发现对企业管理者具有重要启示：

（1）质量管理与创新并非对立，可协同推进。企业管理者无须担忧质量管理实践会抑制创新。相反，高质量管理能通过资源选择、积累与整合，显著提升创新水平。因此，企业应大力推行质量管理，尤其在工具方法应用和员工参与等方面加强引导，以高水平管理带动创新突破。

（2）质量与创新并重，构建多重竞争优势。企业要实现快速发展，需在质量与创新上双管齐下。尽管质量管理更倾向于渐进式创新，但其带来的竞争优势不可忽视。系统化、全面化的质量管理实践能为创新奠定坚实基础，提高创新成功的可能性。

（3）聚焦稀缺资源，强化隐性知识积累。在全球化竞争加剧的背景下，企业管理者应更注重获取低成本稀缺资源，尤其是网络资源和隐性知识资源（如技能型隐性知识）。这类资源能有效放大质量管理对创新绩效的促进作用，助力企业在市场中占据优势。

2. 鼓励企业积极开展质量管理体系成熟度评价

质量管理成熟度评价是一种新型评价方式，能够客观、清晰地衡量企业质量管理体系的整体运行水平。通过开展自我评估（包括成熟度、领导力、资源管理等），企业可以更深入地理解自身运营过程，有效应对风险与机遇，并从基础实践与核心实践等维度识别现存问题。

基于不同成熟度水平下质量管理与创新绩效的关系特点，企业可在质量与创新并重的目标下，制定最优决策和提升策略。尤其需重点关注工具方法的应用和员工参与度，这两方面是国内企业的普遍短板。

（1）启蒙级企业。强化高层领导作用，推动质量文化建设；优先与高质量供应商建立合作，引入成熟的过程管理方法。

（2）发展级与完善级企业。聚焦顾客需求与数据驱动决策，最大化质量管理对创新绩效的促进作用；优化资源配置，向核心实践倾斜（如技术创新、流程优化）。

（3）卓越级企业。警惕质量管理体系的"固化效应"——过度制度化可能抑制创新活力；通过整合内外部资源（如开放创新、跨界合作），抵消潜在的负面作用。

关键行动方向：①资源分配。平衡基础实践与核心实践的投入，优先支持后者（如研发、客户洞察）。②能力建设。加强员工技能培训（岗位技能与跨领域能力），提升问题解决与创新潜力。③供应链协同。与供应商建立长期互信关系，实现共赢。④客户导向。主动挖掘新老客户的显性与潜在需求，驱动持续改进。

当企业达到卓越级时，单纯深化质量管理可能收效有限。管理者需转向其他创新驱动因素（如组织灵活性、资源禀赋利用），避免陷入"质量过度优化"陷阱。这一洞察对企业的长期战略规划具有重要现实意义。

3. 强化资源获取、积累与整合,持续提升企业创新绩效

1)技术资源:以人才为核心,优化配置效率

企业需重点推进人才自主培养,构建人才竞争优势,并将其转化为高质量发展动力。通过优化技术要素配置结构,实现资源高效整合,提升产出效率。同时,结合市场需求动态,联合合作伙伴弥补技术短板,充分发挥技术的中介驱动效应。

2)市场资源:精准洞察需求,强化品牌价值

(1)市场知识积累:建立完善的市场信息库,深度分析客户需求,确保产品与服务精准匹配价值诉求。

(2)差异化竞争:聚焦细分市场,通过动态化、个性化产品设计,超越泛领域竞争对手,制定精准营销策略。

(3)品牌建设:将品牌作为价值传递的核心载体,提升客户认知度与忠诚度,增强市场影响力。

3)知识资源:内外协同,激发创新动能

(1)知识获取与转化:通过外部学习筛选适配知识,内部激活存量知识,推动技术知识质变。

(2)知识共享机制:优化跨部门协作流程,促进知识流动,提升学习效率与创新能力。

(3)成果应用:加速内外部知识融合,将知识转化为质量管理实践与创新绩效提升的实际动力。

4)网络资源:深化合作,构建生态优势

(1)资源整合:拓展与供应商、客户、科研机构等网络主体的合作,低成本获取高价值信息与资源。

(2)关系质量提升:通过高频互动、信任共建与价值观协同,强化产业集群网络黏性。

(3)战略定位:优化企业网络位置,减少组织冲突,依托情感承诺与互惠合作,推动质量管理与创新绩效双提升。

4. 削弱组织惯性的负面影响,强化资源禀赋的积极作用

研究表明,资源禀赋在质量管理实践与创新绩效间起正向作用,但这一作用会因组织惯性增强而减弱。尤其在惯性较强的企业中,资源禀赋的积极效应可能被完全抑制,甚至导致质量管理实践对创新绩效产生负面影响。因此,如何有效规避或减弱组织惯性的抑制作用,成为企业管理者亟待解决的关键问题。

1)组织惯性的形成机制

质量管理实践中的高层支持、员工培训和供应链协同,会通过以下路径强化组织惯性:

(1)高层管理支持固化企业对特定思维模式的依赖,形成稳定的行为导向;

(2)标准化建设与经验传承促使员工重复已验证的成功流程;

(3)稳定的合作关系推动制度与流程持续强化。

这些实践虽未直接引发认知惯性(因规则透明度不足时员工缺乏风险规避动机),但质量管理核心实践通过明确问责机制,会促使员工因惧怕惩罚而抗拒变革,最终同时增强行为惯性与认知惯性。

2)组织惯性的负面影响

(1)行为惯性:机械重复历史成功经验,抑制个性化解决方案;

(2)认知惯性:过滤异质信息,用旧有框架解释新变化,导致环境响应滞后;

(3)创新阻力:成员风险厌恶倾向会引发沟通低效、决策迟缓,增加创新实施成本。

3)管理改进策略

为平衡惯性效应,企业需采取以下措施:

(1)打破思维定式。

①领导者需引导团队定期复盘,鼓励用新方法替代固化经验;

②建立"试错容错"文化,通过重大创新奖励示范,降低团队风险厌恶水平。

(2)激发组织活力。

①通过授权管理提升员工参与度,在遵守基础规则的前提下包容个性化行为;

②将渐进式创新纳入常态化管理,避免其演变为新的固化模式。

5. 动态调整资源禀赋以应对市场竞争,驱动企业创新

在动态竞争环境中,企业需通过灵活调整质量管理实践来提升创新绩效。研究表明:①市场竞争强度会削弱网络资源在质量管理与创新绩效间的中介作用;②但能强化知识资源在二者间的正向影响。

基于此,企业可采取以下策略:

1)强化知识整合,构建创新联盟

(1)在竞争激烈的市场中,企业应主动搜寻外部知识,推动产品与技术迭代,以保持竞争优势;

(2)积极与合作伙伴建立创新联盟,通过资源共享降低研发成本,同时避免因竞争导致的网络资源流失。

2)优化合作关系,平衡依赖性与稳定性

(1)维护与合作伙伴的长期稳定关系,减少市场竞争对网络资源的冲击;

(2)避免对单一上下游企业的过度依赖,以分散经营风险。

3)动态调整策略,聚焦核心需求

(1)实时监测市场变化,快速响应需求波动;

(2)集中资源于高价值领域,提升创新效率与市场竞争力。

通过以上措施,企业可在复杂竞争环境中实现资源的最优配置,持续驱动创新。

6.需警惕开放式创新的潜在风险

研究表明,内向和外向开放式创新均对质量管理实践及创新绩效具有负向调节作用,且二者通过资源禀赋的中介效应表现出不同的负面影响。因此,企业在推进开放式创新的同时,必须高度重视其潜在风险,并制定有效的应对策略。

1)强化知识产权保护

开放式创新模糊了企业边界,在加速获取外部资源的同时,也增加了核心技术泄露的风险。企业需采取针对性管理措施,加强对核心资源和能力的保护,避免被竞争对手模仿或反超,从而在开放环境中最大化创新效益。

2)提升知识吸收与转化能力

企业应将吸收能力与转化能力建设纳入战略规划,具体措施包括:

(1)构建内部知识管理系统,整合跨部门信息资源;

(2)开展常态化学习活动(如专题研讨会、创新竞赛、头脑风暴等),营造协同创新氛围;

(3)系统性培养员工的知识获取、消化及应用能力,最终转化为新产品与服务开发的创新动能。

7.2.2 政府层面

1.强化质量管理实践的引导与激励

研究表明,质量管理实践对创新绩效具有显著正向影响。政府应充分发挥引导作用,通过以下措施推动企业质量管理体系建设:

(1)完善政府质量奖评选机制,扩大企业参与覆盖面,树立行业标杆;

(2)加强政策宣传与培训,提升企业对质量管理实践的认知与重视程度;

(3)提供专项资金或税收优惠,支持企业导入先进质量管理模式(如六西格玛、精益管理等)。

2.优化企业资源获取的支撑体系

技术、市场、知识和网络资源是质量管理实践驱动创新绩效的关键要素。建议政府：

（1）搭建公共服务平台（如技术转移中心、产学研数据库），降低企业资源获取门槛；

（2）制定专项政策，在资金扶持、人才引进、数据共享等方面提供配套支持；

（3）鼓励行业协会牵头建立资源对接机制，拓宽企业资源整合渠道。

3. 完善知识产权保护与创新激励机制

创新是高质量发展的核心动力，需通过制度保障激发活力：

（1）强化知识产权保护。健全侵权惩罚性赔偿制度，简化维权程序，尤其关注新兴技术领域（如人工智能、生物医药）的专利保护。

（2）促进技术扩散。建立知识产权交易市场，推动高校、科研院所与企业间的知识共享。

（3）精准施策支持中小企业。提高研发费用加计扣除比例，延长创新税收优惠期限，对"专精特新"企业实施阶梯式补贴。

4. 构建协同创新生态

政府需通过制度设计破除合作壁垒，推动创新网络形成：

（1）出台《产学研合作促进条例》，明确各方权责，降低合作风险；

（2）设立区域性创新联盟，定期举办技术对接会，促进企业与高校、科研机构深度合作；

（3）动态发布产业技术路线图，引导创新资源向重点领域集聚；

（4）建立企业信用评价体系，增强网络成员间的信任度，减少合作摩擦。

附录一

调研问卷（一）

尊敬的女士/先生：

您好！我们课题组现承担国家社会科学基金项目"企业资源禀赋视角下质量管理实践对企业创新绩效的作用机理研究"研究任务。通过本次问卷，主要是厘清质量管理实践与企业创新绩效之间的关系。非常感谢您在百忙之中填写问卷。本问卷采取不记名方式，调查结果仅供学术研究，敬请您放心填写。您所回答的答案并无对错之分，仅希望您能表达自己的真实意见和想法，我们承诺对所有回收的资料只作学术研究之用，并对问卷保密。您的热心参与将有助于本研究的顺利完成，衷心感谢您的支持与参与，祝您身体健康，工作顺利！

一、基本信息（请您在符合的选项上"√"或填写实际内容）

1. 企业名称是

2. 企业所在的省份（直辖市）是＿＿＿＿＿＿＿。

3. 您在企业中的身份是　　　　□高层管理者
　　　　　　　　　　　　　　□中层管理者（质量部负责人）

4. 您的年龄是　　　　　　　□50 岁以上　　　　□ 30～50 岁
　　　　　　　　　　　　　□30 岁以下

5. 企业所在行业的类型是　　□电子信息　　□石油化工　　□生物医药
　　　　　　　　　　　　　□机械制造　　□其他＿＿＿＿＿

6. 企业的性质　　　　　　　□国有制企业　□民营企业　□外资企业　　□其他

7. 企业是否通过 ISO9000 质量认证体系　□是　　　　　□否

8. 企业规模（人数）　　　　（　　　　）人

9. 企业成立的年限　　　　　（　　　　）年

二、请您根据自己的实际感受和体会对以下每一个问题进行评价和判断，按照级别在对应的方格中打"√"，("1"表示"完全不符合"；"2"表示"不符合"；"3"表示"一般"；"4"表示"符合"；"5"表示"完全符合")。

质量管理实践　　　　　　　　级别

LC——高层支持

1)高层领导鼓励职工积极参与质量改进工作　1　2　3　4　5

2)高层领导为支持质量活动的开展提供必要的资源　1　2　3　4　5

3)高层领导有很强的质量意识,承担相应的质量责任　1　2　3　4　5

4)高层领导拥有明晰的质量计划　1　2　3　4　5

5)高层领导视质量改进为公司的盈利方式之一　1　2　3　4　5

ER——员工参与

1)员工对公司忠诚,为自己的工作而感到骄傲　1　2　3　4　5

2)所有员工积极参与各种质量改进活动　1　2　3　4　5

3)所有员工对公司质量计划与目标充分了解　1　2　3　4　5

4)员工有关质量、生产等方面好的建议,公司予以重视、采纳并给予奖励　1　2　3　4　5

5)员工对他们承担的任务负责,并自行进行监督检查　1　2　3　4　5

SP——供应商关系

1)相对于价格,公司更加注重供应商的质量　1　2　3　4　5

2)公司通常与供应商建立长期的合作关系　1　2　3　4　5

3)公司总是根据质量、交付时间和价格对供应商进行评估　1　2　3　4　5

4)公司对供应商提供的产品有明确的要求　1　2　3　4　5

5)供应商参与公司的产品/服务开发过程　1　2　3　4　5

PRM——过程管理

1)公司的设备有相应的维护计划,并保养得很好　1　2　3　4　5

2)公司有标准的、成文的工作流程与操作步骤　1　2　3　4　5

3)各种质量改进工具能在公司内得到有效而准确的运用　1　2　3　4　5

4)公司经常对原料、流程、最终产品/服务等进行各种检测　1　2　3　4　5

5)公司使用比同行更先进的技术来减少生产或服务过程中的质量问题　1　2　3　4　5

PD——产品设计

1)产品设计要充分考虑技术、经济及成本等多方面
的因素   1   2   3   4   5

2)诸如营销、制造和财务等多个部门都会参与到设计
过程中   1   2   3   4   5

3)新产品/服务投入市场前要经过反复的实验   1   2   3   4   5

4)新产品/服务的设计过程中会充分考虑客户的需求   1   2   3   4   5

CI——持续改进

1)公司对员工经常进行包括质量工具与方法使用在
内的各种培训   1   2   3   4   5

2)公司鼓励员工(包括基层与中高层)接受问题解
决、沟通与相关能力的综合培训   1   2   3   4   5

3)公司内部体现出不断学习、创新与改进的组织文化   1   2   3   4   5

4)公司总是定期为员工提供有关其质量绩效的反馈   1   2   3   4   5

CR——顾客导向

1)公司每年都要进行有关客户的市场调查,以了解
客户的需求和期望   1   2   3   4   5

2)公司定期评估顾客的满意度   1   2   3   4   5

3)公司采用系统的方法收集客户的投诉或抱怨   1   2   3   4   5

4)全体员工对客户的需求都有着很清楚的认识   1   2   3   4   5

5)公司收集到的有关客户需求的信息将会用于产
品/服务的设计及生产的改进过程中   1   2   3   4   5

SCF——统计数据与报告

1)公司内部工作流程能确保数据收集的可靠性   1   2   3   4   5

2)公司收集质量数据的过程非常及时   1   2   3   4   5

3)公司收集和质量相关的所有数据(如缺陷率和投
诉率等)   1   2   3   4   5

4)公司易于得到有关顾客满意度的数据并能进行有
效分析   1   2   3   4   5

5)公司生产/服务系统中的信息处理能力在行业内
处于领先地位   1   2   3   4   5

三、请您根据自己的实际感受和体会对以下每一个问题进行评价和判断,按照级别在对应的方格中打"√",("1"表示"完全不符合";"2"表示"不符合";"3"表示"一般";"4"表示"符合";"5"表示"完全符合")。

市场资源和技术资源	级别				
MKR——市场资源					
1)公司积累了更加丰富的市场知识	1	2	3	4	5
2)公司与客户建立了稳固的关系	1	2	3	4	5
3)公司与渠道成员建立了稳固的关系	1	2	3	4	5
4)公司对客户需求进行了深入分析	1	2	3	4	5
TER——技术资源					
1)公司对技术有着深刻的理解	1	2	3	4	5
2)公司建立了足够的技术技能储备	1	2	3	4	5
3)公司积累了丰富的工程管理知识	1	2	3	4	5
4)公司掌握了透彻的专业技能	1	2	3	4	5

知识资源和网络资源	级别				
知识资源					
1)通过与合作伙伴、大学、科研机构的交流与协作,帮助公司提炼了管理经验、组织文化等知识	1	2	3	4	5
2)通过与顾客、供应商等交易伙伴的交流与协作,公司获得了关于产品开发、市场拓展的观点	1	2	3	4	5
3)通过与政府、商会等社会机构的交流与协作,公司获取了关于技术改进、政策导向等信息	1	2	3	4	5
4)通过聘请第三方机构和商业咨询机构,公司获取了管理手册、工作手册、市场信息文件等资料	1	2	3	4	5
网络资源					
1)公司与行业内供应商、分销商建立了广泛的联系	1	2	3	4	5
2)公司与其他行业的企业建立了广泛的联系	1	2	3	4	5
3)公司已与行业内外的参与者建立了广泛的战略联盟	1	2	3	4	5
4)公司已与行业内外的参与者建立了非正式渠道的广泛联系	1	2	3	4	5
5)公司已与行业内外的参与者建立起高度的信任	1	2	3	4	5
6)公司已与行业内外的参与者建立起稳固的关系	1	2	3	4	5
7)公司拥有很高的行业声誉	1	2	3	4	5
8)公司与行业其他参与者建立起很高的利益互惠关系	1	2	3	4	5

四、请您根据自己的实际感受和体会对以下每一个问题进行评价和判断,按照级别在对应的方格中打"√",("1"表示"完全不符合";"2"表示"不符合";"3"表示"一般";"4"表示"符合";"5"表示"完全符合")。

行为惯性和认知惯性	级别

行为惯性

1)员工执行日常性任务的过程中有明确的规则可以
借鉴,如技术操作手册、产品生产流程、定价方法等　　1　2　3　4　5

2)员工承担的具体工作都可以依靠已经创立的程序
和步骤　　1　2　3　4　5

3)员工在做决策时,会考虑到组织对以往相似问题的
处理　　1　2　3　4　5

4)员工执行任务会参考资深员工的做事方式　　1　2　3　4　5

5)员工执行任务时的行为可以被记录和模仿　　1　2　3　4　5

认知惯性

1)相比于考虑如何成功,企业员工在工作中更多考
虑避免不好的结果发生　　1　2　3　4　5

2)相比于考虑如何获得更多的利益,企业员工在工作
中更多考虑如何预防损失　　1　2　3　4　5

3)总体而言,贵公司成员更愿意服从既定的工作规则
和要求　　1　2　3　4　5

4)对于贵公司员工而言,履行既定的工作责任非常重要1　2　3　4　5

五、请您根据自己的实际感受和体会对以下每一个问题进行评价和判断,按照级别在对应的方格中打"√",("1"表示"完全不符合";"2"表示"不符合";"3"表示"一般";"4"表示"符合";"5"表示"完全符合")。

市场竞争强度	级别

1.本企业所在行业竞争激烈　　1　2　3　4　5

2.本企业所在行业内企业经常展开"促销战"　　1　2　3　4　5

3.本企业所在行业内经常有新的企业进入　　1　2　3　4　5

4.本企业所在行业内一旦有企业推出新产品,其他企
业会及时跟进　　1　2　3　4　5

六、根据企业最近三年实际情况对以下每一个问题进行评价和判断,按照级别在对应的方格中打"√",("1"表示"完全不符合";"2"表示不符合;"3"表示"一般";"4"表示"符合";"5"表示"完全符合")。

企业创新绩效　　　　　　　　　　级别

产品创新绩效

1. 企业与竞争对手相比开发更多的新产品	1	2	3	4	5
2. 企业与竞争对手相比开发新产品的速度更快	1	2	3	4	5
3. 企业开发的新产品与竞争对手的同类新产品存在很大差异	1	2	3	4	5
4. 企业开发的新产品市场接受度较高	1	2	3	4	5

过程创新绩效

5. 企业导入(应用)新的生产工艺进行产品制造	1	2	3	4	5
6. 企业导入新的设备设施进行产品制造	1	2	3	4	5
7. 企业产品的合格率和质量较高	1	2	3	4	5
8. 与竞争对手相比,企业的生产效率较高	1	2	3	4	5

再次感谢您的合作,祝您身体健康,工作顺利!

附录二

调研问卷（二）

尊敬的公司领导：

您好！我们课题组目前正在承担国家社会科学基金项目"企业资源禀赋视角下质量管理实践对企业创新绩效的作用机理研究"的研究任务。

本次问卷调研旨在从企业所拥有的市场资源、技术资源、网络资源和知识资源等入手，研究企业质量管理实践对企业创新绩效的影响，为提升企业质量管理实践效率与企业创新绩效和相关政策的制定提供重要的理论支撑。

非常感谢您在百忙之中填写我们的问卷，本问卷采取不记名方式，我们承诺，本调研结果仅作学术研究之用，并对公司调研信息严格保密。本问卷填写建议在 25 分钟左右完成，各由一位高层或中层管理者独立填写。您的合作将有助于我们高质量完成国家项目，再次感谢您的支持和帮助！

西安交通大学管理学院课题组

一、公司基本情况与被访者情况（请填写或打"√"）

1.公司名称：_____；主营产品：_____。

2.始建于_____年，企业所在的省份或直辖市是_____，现有员工_____人。

3.本公司属于：国有企业；民营企业；中外合资企业；外资企业；其他_____。

4.本公司所属行业：

采矿与冶金；

电子、通信、硬件、互联网；

建筑建材；

交通运输、物流；

金融；

农副产品、轻工；

汽车、机械、制造；

生物、医药；

文化、教育、传媒；

新材料、能源、化工、环保；

服装纺织；

旅游、餐饮；

专业服务

其他(请填写具体行业名称)：_____

5.企业是否通过 ISO9000 认证：是；否

6.企业是否有负责质量管理的领导和部门：是；否

7.职务：高层管理者；中层管理者

二、企业质量管理实践

其中："1"表示"非常不符合"；"2"表示"很不符合"；"3"表示"一般符合"；"4"表示"很符合"；"5"表示"非常符合"。请在相应的评价栏里进行勾选。

LC——高层支持

1)高层领导鼓励职工积极参与质量改进工作　　1　2　3　4　5

2)高层领导为支持质量活动的开展提供必要的资源　1　2　3　4　5

3)高层领导有很强的质量意识,承担相应的质量责任　1　2　3　4　5

4)高层领导拥有明晰的质量计划　　1　2　3　4　5

5)高层领导视质量改进为公司的营利方式之一　1　2　3　4　5

ER——员工参与

1)员工对公司忠诚,为自己的工作而感到骄傲　1　2　3　4　5

2)所有员工积极参与各种质量改进活动　1　2　3　4　5

3)所有员工对公司质量计划与目标充分了解　1　2　3　4　5

4)员工有关质量、生产等方面好的建议,公司予以重视、采纳并给予奖励　1　2　3　4　5

5)员工对他们承担的任务负责,并自行进行监督检查　1　2　3　4　5

SP——供应商关系

1)相对于价格,公司更加注重供应商的质量　1　2　3　4　5

2)公司通常与供应商建立长期的合作关系　1　2　3　4　5

3)公司总是根据质量、交付时间和价格对供应商进行评估	1	2	3	4	5
4)公司对供应商提供的产品有明确的要求	1	2	3	4	5
5)供应商参与公司的产品/服务开发过程	1	2	3	4	5
PRM——过程管理	1	2	3	4	5
2)公司有标准的、成文的工作流程与操作步骤	1	2	3	4	5
3)各种质量改进工具能在公司内得到有效而准确的运用	1	2	3	4	5
4)公司经常对原料、流程、最终产品/服务等进行各种检测	1	2	3	4	5
5)公司使用比同行更先进的技术来减少生产或服务过程中的质量问题	1	2	3	4	5
PD——产品设计					
1)产品设计要充分考虑技术、经济及成本等多方面的因素	1	2	3	4	5
2)诸如营销、制造和财务等多个部门都会参与到设计过程中	1	2	3	4	5
3)新产品/服务投入市场前要经过反复的实验	1	2	3	4	5
4)新产品/服务的设计过程中会充分考虑客户的需求	1	2	3	4	5
CI——持续改进					
1)公司对员工经常进行包括质量工具与方法使用在内的各种培训	1	2	3	4	5
2)公司鼓励员工(包括基层与中高层)接受问题解决、沟通与相关能力的综合培训	1	2	3	4	5
3)公司内部体现出不断学习、创新与改进的组织文化	1	2	3	4	5
4)公司总是定期为员工提供有关其质量绩效的反馈	1	2	3	4	5
CR——以客户为中心					
1)公司每年都要进行有关客户的市场调查,以了解客户的需求和期望	1	2	3	4	5
2)公司定期评估顾客的满意度	1	2	3	4	5
3)公司采用系统的方法收集客户的投诉或抱怨	1	2	3	4	5
4)全体员工对客户的需求都有着很清楚的认识	1	2	3	4	5
5)公司收集到的有关客户需求的信息将会用于产品/服务的设计及生产的改进过程中	1	2	3	4	5

SCF——统计数据与报告

1)公司内部工作流程能确保数据收集的可靠性	1	2	3	4	5
2)公司收集质量数据的过程非常及时	1	2	3	4	5
3)公司收集和质量相关的所有数据(如缺陷率和投诉率等)	1	2	3	4	5
4)公司易于得到有关顾客满意度的数据并能进行有效分析	1	2	3	4	5
5)公司生产/服务系统中的信息处理能力在行业内处于领先地位	1	2	3	4	5

三、企业知识资源互补性与隐性知识获取

其中:"1"表示"非常不符合";"2"表示"很不符合";"3"表示"一般符合";"4"表示"很符合";"5"表示"非常符合"。请在相应的评价栏里进行勾选。

KC——知识资源互补性

1)公司在与客户和供应商建立特权关系方面的知识与最重要的合作伙伴相比非常互补	1	2	3	4	5
2)公司在收集与合作运营相关的市场知识方面与最重要的合作伙伴相比非常互补	1	2	3	4	5
3)公司在控制与分销渠道关系方面的知识与最重要的合作伙伴相比非常互补	1	2	3	4	5
4)公司在分析客户需求方面的知识与最重要的合作伙伴相比非常互补	1	2	3	4	5
5)公司在研究与开发方面的知识与最重要的合作伙伴相比非常互补	1	2	3	4	5
6)公司在工业设计方面的知识与最重要的合作伙伴相比非常互补	1	2	3	4	5
7)公司在工程管理方面的知识与最重要的合作伙伴相比非常互补	1	2	3	4	5
8)公司在信息技术方面的知识与最重要的合作伙伴相比非常互补	1	2	3	4	5

ITKA——认知型隐性知识获取

1)通过与合作伙伴、大学、科研机构的交流与协作,帮助公司提炼了管理经验、组织文化等知识	1	2	3	4	5
2)通过与顾客、供应商等交易伙伴的交流与协作,公司获得了关于产品开发、市场拓展的观点	1	2	3	4	5

3)通过与政府、商会等社会机构的交流与协作,公司
获取了关于技术改进、政策导向等信息　　　　1　　2　　3　　4　　5

4)通过对竞争对手调研,公司获得了管理经验、市场
发展、组织文化等知识　　　　　　　　　　　1　　2　　3　　4　　5

STKA——技能型隐性知识获取

1)通过与合作伙伴、大学、科研机构的交流与协作,
公司取得了产品生产与开发、营销等专业技术　1　　2　　3　　4　　5

2)通过与顾客、供应商等交易伙伴的交流,公司获得了
关于产品开发、市场拓展等技能　　　　　　　1　　2　　3　　4　　5

3)通过与政府、商会等社会机构的交流协作,公司获
取了行业内先进生产技术　　　　　　　　　　1　　2　　3　　4　　5

4)通过对竞争对手调研,公司挖掘了营销、团队建设、
改进生产技术等技能　　　　　　　　　　　　1　　2　　3　　4　　5

EKA——显性知识获取

1)通过与合作伙伴、大学、科研机构的交流与协作,
公司获取了生产与开发的文件和管理手册等资料　1　　2　　3　　4　　5

2)通过与顾客、供应商等交易伙伴的交流,公司获取
了产品开发手册和市场拓展手册等资料　　　　1　　2　　3　　4　　5

3)通过与政府、商会等社会机构的交流协作,公司获
取了政策文件、先进技术文件等资料　　　　　1　　2　　3　　4　　5

4)通过对竞争对手调研,公司获取了管理手册、市场
营销手册、先进技术文件等资料　　　　　　　1　　2　　3　　4　　5

5)通过聘请第三方机构和商业咨询机构,公司获取
了管理手册、工作手册、市场信息文件等资料　1　　2　　3　　4　　5

四、市场资源、技术资源、知识资源与网络资源

　　其中:"1"表示"非常不符合";"2"表示"很不符合";"3"表示"一般符合";
"4"表示"很符合";"5"表示"非常符合"。请在相应的评价栏里进行勾选。

MKR——市场资源

1)公司积累了更加丰富的市场知识　　　　　　1　　2　　3　　4　　5

2)公司与客户建立了稳固的关系　　　　　　　1　　2　　3　　4　　5

3)公司与渠道成员建立了稳固的关系　　　　　1　　2　　3　　4　　5

4)公司对客户需求进行了深入分析　　　　　　1　　2　　3　　4　　5

TER——技术资源

1)公司对技术有着深刻的理解　　　　　　　　1　　2　　3　　4　　5

2)公司建立了足够的技术技能储备	1	2	3	4	5
3)公司积累了丰富的工程管理知识	1	2	3	4	5
4)公司掌握了透彻的专业技能	1	2	3	4	5

KLR——知识资源

1)通过与合作伙伴、大学、科研机构的交流与协作,帮助公司提炼了管理经验、组织文化等知识	1	2	3	4	5
2)通过与顾客、供应商等交易伙伴的交流与协作,公司获得了关于产品开发、市场拓展的观点	1	2	3	4	5
3)通过与政府、商会等社会机构的交流与协作,公司获取了关于技术改进、政策导向等信息	1	2	3	4	5
4)通过聘请第三方机构和商业咨询机构,公司获取了管理手册、工作手册、市场信息文件等资料	1	2	3	4	5

NWR——网络资源

NWR——网络资源	1	2	3	4	5
2)公司与其他行业的企业建立了广泛的联系	1	2	3	4	5
3)公司已与行业内外的参与者建立了广泛的战略联盟	1	2	3	4	5
4)公司已与行业内外的参与者建立了非正式渠道的广泛联系		2	3	4	5
5)公司已与行业内外的参与者建立起高度的信任	1	2	3	4	5
6)公司已与行业内外的参与者建立起稳固的关系	1	2	3	4	5
7)公司拥有很高的行业声誉	1	2	3	4	5
8)公司与行业其他参与者建立起很高的利益互惠关系	1	2	3	4	5

五、网络嵌入性

其中:"1"表示"非常不符合";"2"表示"很不符合";"3"表示"一般符合";"4"表示"很符合";"5"表示"非常符合",请在相应的评价栏里进行勾选。

SE——结构嵌入

1)本公司经常与各种不同类型的单位进行知识交流与合作	1	2	3	4	5
2)本公司与很多政府机构、行业协会有联系	1	2	3	4	5
3)本公司经常介绍其他企业相互认识	1	2	3	4	5
4)与本公司进行知识交流、合作的单位规模差异很大	1	2	3	4	5
5)本公司选择的知识交流、合作的单位通常与本公司是互补的、异质性的	1	2	3	4	5

RE——关系嵌入

1)本公司容易获得政府部门、行业协会等组织的支持	1	2	3	4	5

2)本公司与供应商等上游企业保持密切联系　　　　1　　2　　3　　4　　5

3)本公司与客户保持密切联系　　　　　　　　　　1　　2　　3　　4　　5

4)本公司信任并愿意将重要的工作委托给中介或咨询机构

　　　　　　　　　　　　　　　　　　　　　　　1　　2　　3　　4　　5

六、关系强度

其中:1=非常不符合;2=很不符合;3=一般符合;4=很符合;5=非常符合,请在相应的评价栏里进行勾选。

RIC——接触频率

1)本公司与合作伙伴间的非正式交流非常频繁　　　1　　2　　3　　4　　5

2)本公司与合作伙伴间的正式交流非常频繁　　　　1　　2　　3　　4　　5

3)本公司与合作伙伴间的非正式交流持续了很多年　1　　2　　3　　4　　5

4)本公司与合作伙伴间的正式交流持续了很多年　　1　　2　　3　　4　　5

RIN—投入资源

1)公司在与合作伙伴的合作中投入了大量的人力资源　1　2　　3　　4　　5

2)公司在与合作伙伴的合作中投入了大量的资金　　1　　2　　3　　4　　5

3)公司在与合作伙伴的合作中投入了大量的设备　　1　　2　　3　　4　　5

4)公司在与合作伙伴的合作中投入了大量的社会资源　1　2　　3　　4　　5

RIA——合作交流范围

1)公司与合作伙伴间的交流涉及生产、技术及市场等

多方面　　　　　　　　　　　　　　　　　　　　1　　2　　3　　4　　5

2)公司与合作伙伴间从公司高层到一般员工进行全

面的信息共享　　　　　　　　　　　　　　　　　1　　2　　3　　4　　5

3)公司与合作伙伴进行多项目全面合作　　　　　　1　　2　　3　　4　　5

RIP——互惠性　　　　　　　　　　　　　　　　1　　2　　3　　4　　5

2)公司在与合作伙伴交流的过程中,双方都避免提出

严重有损于对方利益的要求　　　　　　　　　　　1　　2　　3　　4　　5

3)公司与合作伙伴的关系是双赢关系　　　　　　　1　　2　　3　　4　　5

七、开放式创新

其中:"1"表示"非常不符合";"2"表示"很不符合";"3"表示"一般符合";"4"表示"很符合";"5"表示"非常符合"。请在相应的评价栏里进行勾选。

IOI——内向开放式创新

1)公司经常利用从外部获取的技术知识　　　　　　1　　2　　3　　4　　5

2)公司会定期搜索来自公司外部的创意概念,为本公

司创造价值　　　　　　　　　　　　　　　　　　1　　2　　3　　4　　5

3）公司有专门负责搜获外部技术及知识产权的部门　　1　2　3　4　5

4）为获得更先进的技术知识和更好的产品，公司会主
动寻求外部合作研发　　1　2　3　4　5

5）公司会与外部合作方建立紧密的合作关系，并依赖
他们的创新成果　　1　2　3　4　5

OOI——外向开放式创新

1）公司愿意主动开展专业技术知识的对外交流（包括
出售专利等）　　1　2　3　4　5

2）公司把出售技术成果或知识产权当作企业的一项常
规工作　　1　2　3　4　5

3）公司有专门的部门或工作小组负责知识成果的商业
化运作（例如出售、专利许可等）　　1　2　3　4　5

4）公司非常欢迎其他企业或个人购买和使用我们的技
术及知识产权　　1　2　3　4　5

5）公司很少与其他组织共同开展技术研发合作活动　　1　2　3　4　5

八、企业创新绩效

其中："1"表示"非常不符合"；"2"表示"很不符合"；"3"表示"一般符合"；"4"表示"很符合"；"5"表示"非常符合"。请在相应的评价栏里进行勾选。

EAI——探索式创新

1）公司接受现有产品和服务以外的新需求　　1　2　3　4　5
2）公司开发新的产品和服务　　1　2　3　4　5
3）公司在本地市场试验新产品和新服务　　1　2　3　4　5
4）公司对全新的产品和服务进行商业化　　1　2　3　4　5
5）公司经常在新市场挖掘机会　　1　2　3　4　5
6）公司定期采用新的分销渠道　　1　2　3　4　5
7）公司定期在新市场寻找或接洽新客户　　1　2　3　4　5

EOI——应用式创新

1）公司经常改善现有的产品和服务　　1　2　3　4　5
2）公司定期对现有产品和服务进行小规模改良　　1　2　3　4　5
3）公司在本地市场投入改进后的产品和服务　　1　2　3　4　5
4）公司让产品和服务的供应更有效率　　1　2　3　4　5
5）公司在现有市场基础上增加规模经济　　1　2　3　4　5
6）公司拓展现有客户的服务　　1　2　3　4　5
7）公司认为降低内部流程成本很重要　　1　2　3　4　5

CX——企业创新绩效

1)公司开发的新产品数量比竞争对手更多	1	2	3	4	5
2)公司开发新产品的速度比竞争对手更快	1	2	3	4	5

3)公司开发的新产品比竞争对手新颖程度

更高	1	2	3	4	5

4)公司开发的新产品市场接受度比竞争对手

更高	1	2	3	4	5
5)公司比竞争对手引入更多新的工艺进行生产活动	1	2	3	4	5
6)公司比竞争对手引入更多先进设备进行生产活动	1	2	3	4	5

7)公司在生产中对新生产方式的接受程度比竞争对手更高

	1	2	3	4	5

8)公司在生产中接受新生产方式的速度比竞争对手更快

	1	2	3	4	5

NPD——新产品开发绩效

1)与公司以往的产品相比,新产品的销售收入提高	1	2	3	4	5
2)与竞争对手类似产品相比,新产品的成本较低	1	2	3	4	5
3)与竞争对手相似产品相比,新产品的市场占有率较高	1	2	3	4	5
4)新产品的销售量完全达到预定的销售目标	1	2	3	4	5
5)与公司以往产品相比,新产品开发周期缩短	1	2	3	4	5
6)与公司以往产品相比,新产品顾客满意度更高	1	2	3	4	5

7)公司开发的新产品能构建独特的竞争优势,如专利、

技术机密等	1	2	3	4	5

再次感谢您的合作,祝您身体健康,工作顺利!

参考文献

ABRUNHOSA A, PATRICIA MOURA E S, 2008. Are TQM principles supporting innovation in the Portuguese footwear industry [J]. Technovation,28(4):208 – 221.

ADAM E E, CORBETT L M, FLORES B E,1997. An international study of quality improvement approach and firm performance[J]. International Journal of Operations & Production Management,17(9):842 – 873.

AHIRE S L, GOLHAR D Y, WALLER M A, 2010. Development and validation of TQM Implementation Constructs[J]. Decision Sciences,27.

AHIRE S L, WALLER M A, GOLHAR D Y,1996. Quality management in TQM versus non-TQM firms: an empirical investigation[J]. International Journal of Quality & Reliability Management,13(8):8 – 27.

AHMED P K, ZAIRI M, 1999. Benchmarking for brand innovation[J]. European Journal of Innovation Management,2(1):36 – 48.

ALMIRALL E, CASADESUS-MASANELL R, 2010. Open versus closed innovation: A model of discovery and divergence [J]. Academy of management review,35(1): 27 – 47.

AMABILE T M, CONTI R, COON H, et al, 1996. Assessing the work environment for creativity[J]. The Academy of Management Journal, 39 (5):1154 – 1184.

ANDERSONJ C, RUNGTUSANATHAM M, SCHROEDER R G,1995, et al. A path analytic model of a theory of quality management underlying the deming management method: preliminary empirical findings[J]. Decision Sciences,26(5):637 – 658.

ANSOFF H I, 1957. Strategies for diversification [J]. Harvard Business Review, 1957, 35(5): 113 – 124.

Argyris C, Schön D A, 1997. Organizational learning: A theory of action perspective[J]. Reis, (77 – 78): 345 – 348.

ARGYRIS C,1976. Single-loop and double-loop models in research on decision making[J]. Administrative Science Quarterly, (3): 363-375.

BADER Y O, LAMA H, IMAN A, et al, 2016. The effect of knowledge management uses on total quality management Practices: A Theoretical Perspective[J]. Journal of Management and Strategy, 7(4):18-29.

BAHEMIA H, SQUIRE B, COUSINS P, 2017. A multi-dimensional approach for managing open innovation in NPD [J]. International Journal of Operations & Production Management, 37(10): 1366-1385.

BARNEY J B, 1991. Firm resources and sustained competitive advantage[J]. Advances in Strategic Management, 17(1):3-10.

BARNEY J, 1986. Strategic factor markets: expectations, luck, and business strategy[J]. Management Science, 32(10):1231-1241.

BELDERBOS R, MARTIN C, BORIS L, 2004. Cooperative R&D and firm performance[J]. Research Policy, 33(10): 1477-1492.

BENDER S, FISH A, 2000. The transfer of knowledge and the retention of expertise: the continuing need for global assignments [J]. Journal of Knowledge Management, 4(2): 125-137.

BENSON P G, SCHROEDER S R G, 1991. The effects of organizational context on quality management: an empirical investigation [J]. Management Science, 37(9):1107-1124.

BOGERS M, 2012. Knowledge sharing in open innovation: an overview of theoretical perspectives on collaborative innovation [J]. Social Science Electronic Publishing, (8):1-14.

BOURKE J, ROPER S, 2017. Innovation, quality management and learning: short-term and longer-term effects [J]. Research Policy, 46 (8): 1505-1518.

BRAGUINSKY S, GABDRAKHMANOV S, OHYAMA A, 2007. A theory of competitive industry dynamics with innovation and imitation[J]. Review of Economic Dynamics, 10(4):729-760.

CALANTONE R J, SCHMIDT J B, SONG X M, 1996. Controllable factors of new product success: a cross-national comparison[J]. Marketing Science, 15(4):341-358.

CALIK E, BARDUDEEN F, 2016. A measurement scale to evaluate sustainable innovation performance in manufacturing organizations [J]. Procedia Cirp, 40:449-454.

CAMISóN C, PUIG-DENIA A, 2016. Are quality management practices enough to improve process innovation? [J]. International Journal of Production Research, 54(10): 2875 – 2894.

CAMPBELL J P, MCHENRY J J, WISE L L, 1990. Modeling job performance in a population of jobs [J]. Personnel Psychology, 43(2):313 – 575.

CANER T, COHEN S K, PIL F, 2017. Firm heterogeneity in complex problem solving: a knowledge-based look at invention [J]. Strategic Management Journal, 38(9): 1791 – 1811.

CARSON S J, MADHOK A, JOHN V G, 2003. Information processing moderators of the effectiveness of trust-based governance in interfirm R&D collaboration[J]. Organization Science, 14(1):45 – 56.

CART S, MAK Y T, NEEDHAM J E,1997. Differences in strategy, quality management practices and performance reporting systems between ISO accredited and Non—ISO accredited companies [J]. Management Accounting Research,8(4):383 – 403.

CASADESUS M R, ZHU F,2013. Business model innovation and competitive imitation: The case of sponsor-based business models [J]. Strategic Management Journal, 34(4):464 – 482.

CASAMATTA C, GUEMBEL A,2010. Managerial legacies, entrenchment, and strategic inertia[J]. Journal of Finance, 65(6):2403 – 2436.

CASSIMAN B, VALENTINI G, 2016. Open innovation: Are inbound and outbound knowledge flows really complementary? [J] Strategic Management Journal, 37(6): 1034 – 1046.

CHESBROUGH H, BOGERS M, 2014. Explicating open innovation: Clarifying an emerging paradigm for understanding innovation[J]. New Frontiers in Open Innovation. Oxford: Oxford University Press, Forthcoming: 3 – 28.

CHESBROUGH H, CROWTHER A K, 2006. Beyond high tech: early adopters of open innovation in other industries[J]. R&d Management, 36 (3): 229 – 236.

CHESBROUGH H, CROWTHER A K, 2010. Beyond high tech: early adopters of open innovation in other industries[J]. R & D Management, 36 (3):229 – 236.

CHESBROUGH H，2003. The era of open innovation［J］. MIT Sloan Management Review,44(3):35-41.

CHOO A S, LINDERMAN K W, SCHROEDER R G,2007. Method and context perspectives on learning and knowledge creation in quality management[J]. Journal of Operations Management，25(4):918-931.

CICCULLO F, PERO M, CARIDI M,2017. Exploring the hidden potential of product design to mitigate supply chain risk［J］. International Journal of Electronic Customer Relationship Management,11(1):66-80.

COLURCIO M,2009. TQM：a knowledge enabler? ［J］. The TQM Journal， 21(3): 236-248.

CROSBY, PHILIP B,1980. Quality is free：The art of making quality certain ［M］. Signet.

CUMMINGS L L, BROMILEY P,1996. The organizational trust inventory (OTI)：Development and Validation[J]. Nj & Trust.

CYERT R, MARCH J,1963. A behavioral theory of the firm[M]. Prentice-Hall.

DAMANPOUR F,1991. Organizational innovation：a meta-analysis of effects of determinants and moderators[J]. The Academy of Management Journal， 34(3):555-590.

DAS S R, JOSHI M P,2012. Process innovativeness and firm performance in technology service firms：the effect of external and internal contingencies ［J］. IEEE Transactions on Engineering Management，59(3):401-414.

DEAN J W, BOWEN D E, 1994. Management theory and total quality： improving research and practice through theory development[J]. Academy of Management Review，19(3):392-418.

DEL VECCHIO P, SECUNDO G, Rubino M, et al,2020. Open innovation in family firms：empirical evidence about internal and external knowledge flows[J]. Business Process Management Journal，26(5): 979-997.

DESARBO W S, DI BENEDETTO C A, Song M, 2007. A heterogeneous resource-based view for exploring relationships between firm performance and capabilities[J]. Journal of Modelling in Management，2(2):103-130.

DRUCKER P F, 2002. The discipline of innovation［J］. Harvard Business Review，80(8):95.

DRUCKER P F,1954. Thepractice of management［M］. New York：Harper

Business.

DU CHATENIER E, BiEMANS H J A, MULDER M, 2010. Identification of competencies for professionals in open innovation teams [J]. R&D Management. 40(3):271-280.

DYER J H, HATCH N W,2006. Relation-specific capabilities and barriers to knowledge transfers: creating advantage through network relationships. Strategic Management Journal, 27(8): 701-719.

EISENHARDT K M, MARTIN J A, 2000. Dynamic capabilities: what are they? [J]. Strategic management journal, 21(10-11): 1105-1121.

ENKEL E, GASSMANN O, CHESBROUGH H,2009. Open R&D and open innovation: exploring the phenomenon[J]. R&d Management, 39(4): 311-316.

EVANS J R, LINDSAY W M,2010. Managing for quality and performance excellence[M]. Delmar Learning.

FARMER S M. , TIERNEY P, 2002. Creative self-efficacy: its potential antecedents and relationship to creative performance[J]. The Academy of Management Journal, 45(6):1137-1148.

FEI Y, WANG Z, 2013. Effects of information technology alignment and information sharing on supply chain operational performance [J]. Computers & Industrial Engineering, 65(3):370-377.

FEIGENBAUM, A V,1999. The new quality for the twenty-first century[J]. Tqm Magazine, 11(6):376-383.

FELIN T, HESTERLY W S, 2007. The knowledge-based view, nested heterogeneity, and new value creation: Philosophical considerations on the locus of knowledge[J]. Academy of Management Review, 32 (1): 195-218.

FERDOWS K, MEYER A, 1990. Lasting improvements in manufacturing performance: in search of a new theory [J]. Journal of Operations Management, 9(2):168-184.

FLYNN B B, ROGER G, SCHROEDER,1994. A framework for quality management research and an associated measurement instrument [J]. Journal of Operations Management, 11(4): 339-366.

FLYNN B B, SALADIN B, 2006. Relevance of baldrige constructs in an international context: a study of national culture[J]. Journal of Operations

Management，24(5)：583 – 603.

FLYNN B B，SCHROEDER R G，SAKAKIBARA S，1995. The impact of quality management practices on performance and competitive advantage [J]. Decision Sciences，26(5)：659 – 691.

FOSS N J，1998. The resource-based perspective：an assessment and diagnosis of problems[J]. Scandinavian Journal of management，14(3)：133 – 149.

FREEMAN C，1991. Network of innovators：a synthesis of research issues [J]. Research Policy，20(5)：499 – 514.

GARCIA R，2002. A critical look at technological innovation typology and innovativeness terminology：A literature review[J]. Journal of Product Innovation Management，19(2)：110 – 132.

GASSMANN O，ENKEL E，2004. Towards a theory of open innovation：three core process archetypes[C]. R&D Management Conference，6(6 – 9).

GEORGE Z J M，2001. When job dissatisfaction leads to creativity：encouraging the expression of voice[J]. The Academy of Management Journal，44(4)：682 – 696.

GIBSON C B，BIRKINSHAW J，2004. The antecedents，consequences，and mediating role of organizational ambidexterity [J]. Academy of management Journal，47(2)：209 – 226.

Gilbert C G，2005. Unbundling the structure of inertia：resource versus routine rigidity[J]. Academy of Management Journal，48(5)：741 – 763.

Glynn M A，1996. Innovative genius：a framework for relating individual and organizational intelligences to innovation[J]. Academy of Management Review，21(4)：1081 – 1111.

GODKIN L，ALLCORN S，2008. Overcoming organizational inertia：a tripartite model for achieving strategic organizational change[J]. The Journal of Applied Business and Economics，8(1)：82.

GRANOVETTER M S，1983. The strength of weak ties：a network theory revisited[J]. Sociological Theory，1(1)：201 – 233.

GRANT R M，1991. The resource-based theory of competitive advantage：implications for strategy formulation[J]. California Management Review，33(3)：114 – 135.

GRANT R，1996. Prospering in dynamically-competitive environments：

organizational capability as knowledge integration [J]. Organization Science, 7：375 – 387.

GULATI N R,1996. Is slack good or bad for innovation[J]. The Academy of Management Journal, 39(5):1245 – 1264.

GULATI R, NOHRIA N, ZAHEER A, 2000. Strategic networks [J]. Strategic Management Journal, 21(3)：203 – 215.

GULATI R,1999. Network location and learning：the influence of network resources and firm capabilities on alliance formation [J]. Strategic Management Journal, (20)：397 – 420.

HACKMAN, J R, WAGEMAN R, 1995. Total quality management：empirical, conceptual, and practical issues [J]. Administrative Science Quarterly, 40(2):309 – 342

HAIR J F,TATHAM R L, ANDERSON R E, et al,1998. Multivariate Data Analysis[M]. Prentice Hall.

HAMEL G, 1991. Competition for competence and interpartner learning within international strategic alliances[J]. Strategic Management Journal, 12(S1):21.

HANNAN M T, FREEMAN J,1984. Structural inertia and organizational change[J]. American Sociological Review, 1984, 49(2):149 – 164.

HASTBACKA M,2004. Open innovation：what's mine is mine. what if yours could be mine, too? [J]. Technology Management Journal,12：1 – 3.

HECKER A, GANTER A,2013. The influence of product market competition on technological and management innovation：Firm—level evidence from a large—scale survey[J]. European Management Review, 10(1)：17 – 33.

HENDRICKS K B, SINGHAL V R,2001. Firm characteristics, total quality management, and financial performance [J]. Journal of Operations Management,19(3):269 – 285.

HIJAZI R, 2023. Knowledge-sharing's facilitating role：innovative performance and total quality management [J]. International Journal of Productivity and Quality Management, 40(2)：243 – 270.

HODGKINSON G P, BOWN N J, MAULE A J, et al,1999. Breaking the frame：an analysis of strategic cognition and decision making under uncertainty[J]. Strategic Management Journal, 20(10):977 – 985.

HU Y, MCNAMARA P, MCLOUGHLIN D, 2015. Outbound open

innovation in bio-pharmaceutical out-licensing[J]. Technovation，35：
46－58.

HUANG H C, LAI M C, LIN L H，et al,2013. Overcoming organizational
inertia to strengthen business model innovation [J]. Journal of
Organizational Change Management，26(6)：977－1002(26).

HUANG H C, LAI M C, LO K W,2012. Do founders' own resources
matter? The influence of business networks on start－up innovation and
performance[J]. Technovation，32(5)：316－327.

HUBER G P,1991. Organizational learning：The contributing processes and
the literatures[J]. Organization science，2(1)：88－115.

HUFF J O, HUFF A S, THOMAS H,1992. Strategic renewal and the
interaction of cumulative stress and inertia[J]. Strategic Management
Journal，13(S1)：55－75.

HUNG K P, CHOU C,2013. The impact of open innovation on firm
performance. the moderating effects of internal R&D and environmental
turbulence[J]. Technovation，33 (10－11)：368－380.

HUNG R Y Y, YANG B, LIEN B Y H，et al,2010. Dynamic capability：
Impact of process alignment and organizational learning culture on
performance[J]. Journal of world business，45(3)：285－294.

JARILLO J C, 1988. On strategic networks[J]. Strategic Management
Journal，9(1)：31－41.

JING G,WANFEI Z,TAO G,et al,2023. The effect of manufacturing agent
heterogeneity on enterprise innovation performance and competitive
advantage in the era of digital transformation[J]. Journal of Business
Research,10(5)：155－167.

WU S J, ZHANG D, SCHROEDER R G,2011. Customization of quality
practices：the impact of quality culture[J]. International Journal of Quality
& Reliability Management，28(3)：263－279.

JURAN J M,1986. The quality trilogy：A universal approach to managing for
quality[J]. Quality progress，19(8)：19－24.

JURAN, J M,1986. Quality control[M]. New York：McGraw-Hill.

KATILA R, AHUJA G,2002. Something old, something new：a longitudinal
study of search behavior and new product introduction[J]. Academy of
Management Journal，45(6)：1183－1194

KAYNAK H，2004．The relationship between total quality management practices and their effects on firm performance[J]．Journal of Operations Management，21(4):405－435.

KELLY D，AMBURGEY T L，1991．Organizational Inertia and Momentum: A Dynamic Model of Strategic Change [J]．Academy of Management Journal，34(3):591－612.

KIM D Y，KUMAR V，KUMAR U，2012．Relationship between quality management practices and innovation [J]．Journal of Operations Management，30(4):295－315.

KIM W C，1999，MARBOUGNE，R．Strategy，value innovation，and the knowledge economy[J]．Sloan Management Review，Spring,41－54.

KIRK P，AFUAH A，1998，Innovation management: strategies, implementation and profits[M]．London: Oxford University Press.

KLASSEN R D，MENOR L J，2007．The process management triangle: an empirical investigation of process trade-offs[J]．Journal of Operations Management，25(5):1015－1034.

KOGUT B，SHAN W，WALKER G，1992．The make or-cooperate decision in the context of an industry network．In Nohria N and Eccles R(eds.)，Networks and organizations[M]．Cambridge，MA: Harvard Business School Press.

KOKA B R，PRESCOTT J E，2008．Designing alliance networks: the influence of network position，environmental change，and strategy on firm performance[J]．Strategic Management Journal，29(6): 639－661.

LEE H，LI C，2017．Supplier quality management: investment，inspection, and incentives [J]．Production & Operations Management,9(2):1－19.

LEE M，NA D，2010．Determinants of technical success in product development when innovative radicalness is considered[J]．Journal of Product Innovation Management，11(1):62－68.

LEONARD-BARTON D，1992．Core capability and core rigidities: a paradox in managing new product development[J]．Strategic Management Journal，13(1):111－125.

LEVITT B，MARCH J G，1998．Organizational learning[J]．Annual Review of Sociology，14(1): 319－338.

LI D，ZHAO Y，ZHANG L，et al，2018．Impact ofquality management on green innovation[J]. Journal of Cleaner Production，170(1):462 - 470.

LI J，FOK W，FOK L，et al，2002. The impact of QM maturity upon the extent ang effectiveness of customer relationship management systems[J]. Supply Chain Management:An International Journal，7(4): 212 - 224.

LICHTENTHALER U，2013. The collaboration of innovation intermediaries and manufacturing firms in the markets for technology[J]. Journal of Product Innovation Management，30: 142 - 158.

LINDERMAN K，SCHROEDER R G，ZAHEER S，LIEDTKE C，2004. Integrating quality management practices with knowledge creation processes[J]. Journal of Operations Management，22(6):589 - 607.

LÓPEZ-MIELGO N，MONTES-PEÓN J M，VÁZQUEZ-ORDÁS C J，2009. Are quality and innovation management conflicting activities [J]. Technovation，29(8):537 - 545.

LOVE J H，MANSURY M A，2008. External linkages，R&D and innovation performance in us business services[J]. Industry and Innovation，14 (5): 477 - 496.

LUIS M M，JAVIER L M. ANTONIA R M，2007. Relationship between quality management practices and knowledge transfer [J]. Journal of Operations Management，25:682 - 701.

LUKAS B A，FERRELL O C，2000. The effect of market orientation on product innovation[J]. Journal of the academy of marketing science，28 (2): 239 - 247.

MAGALI L R C，ANTONIO G D，MARIUXI C P，2023. Quality management，knowledge creation，and innovation performance: insights from ecuador[J]. Latin American Business Review，2023，24(1):31 - 58.

Mak S K M，AKHTAR S，2003. Human resource management practices，strategic orientations，and company performance: A correlation study of publicly listed companies[J]. Journal of American Academy of Business Cambridge，(2):510 - 515.

MALIK M E，NAEEM B，MUNAWAR M，2012. Brand image: past，present and future[J]. Journal of Basic and Applied Scientific Research，2(12): 13069 - 13075.

MANSFIELD E，1986. Patents and innovation: an empirical study [J]. Management Science，32(2):173 - 181.

MARCH J, SIMON H, 1858. Orgnization[M]. New Yourk: Wiley.

MARÍANO G, ENRIQUE C, JOSÉ J T, 2022. Relationships between quality management, innovation and performance: A literature systematic review [J]. European research on management and business economics, 28 (1):100172.

MARITAN C A, PETERAF M A, 2010. Invited editorial: building a bridge between resource acquisition and resource accumulation[J]. Journal of Management, 37(5):1374 – 1389.

MARTÍNEZ-COSTA, MICAELA, MARTÍNEZ-LORENTE, ANGEL R, 2008. Does quality management foster or hinder innovation? an empirical study of Spanish companies[J]. Total Quality Management & Business Excellence, 19(3):209 – 221.

MCADAM R, ARMSTRONG G, KELLY B, 1998. Investigation of the relationship between total quality and innovation: a research study involving small organisations [J]. European Journal of Innovation Management, 1(3): 139 – 147.

MCEVILY B, MARCUS A, 2005. Embedded ties and the acquisition of competitive capabilities[J]. Strategic Management Journal, 26(11):1033 – 1055.

METCALFE J S, 1995. Technology systems and technology policy in an evolutionary framework[J]. Cambridge Journal of Economics, 19(1):25 – 46.

MILLER D, SHAMSIE J, 1996. The resource-based view of the firm in two environments: the hollywood film studios from 1936 to 1965 [J]. The Academy of Management Journal, 39(3):519 – 543.

MILLER R, HOBDAY M, LEROUXDEMERS T, 1995, et al. Innovation in complex systems industries: the case of flight simulation[J]. Industrial & Corporate Change, 4(2):363 – 400.

MINER A S, MEZIAS S J, 1996. Ugly duckling no more: pasts and futures of organizational learning research[J]. Organization science, 7(1): 88 – 99.

MORGAN G, 1993. Book of the quarter [J]. Creativityand Innovation Management, 2(4):266.

MOUZAS S, 2006. Marketing action in networks. European Journal of Marketing, 40(11): 1271 – 1291

MUSTAFAR M, RASLI A M, TEONG L K, et al, 2017. Quality

management practices in high-technology based companies: a partial least square analysis[J]. Journal of Computational & Theoretical Nanoscience, 23(9):8330 - 8334.

NAIR A,2007. Meta-analysis of the relationship between quality management practices and firm performance—implications for quality management theory development[J]. Journal of Operations Management, 24(6):948 - 975.

NELSON R R, WINTER S G,1982. The Schumpeterian tradeoff revisited[J]. The American Economic Review, 72(1): 114 - 132.

NEWBERT S L,2007. Empirical research on the resource-based view of the firm: an assessment and suggestions for future research[J]. Strategic Management Journal, 28(2):121 - 146.

NOHRIA N, GULATI R, 1997. What is the optimum amount of organizational slack? A study of the relationship between slack and innovation in multinational firms[J]. European Management Journal, 15 (6):603 - 611.

NONAKA I,1994. A dynamic theory of organizational knowledge creation[J]. Organization Science, 5(1): 14 - 37.

NONAKA I,1997. The knowledge-creation company[J]. Harvard Business Review, (11 - 12):96 - 104.

O'CASS A, VOOLA R,2010. Implementing competitive strategies: the role of responsive and proactive market orientations[J]. European Journal of Marketing, 44(1 - 2): 245 - 266.

OBEIDAT B Y, AL-SURADI M M, MASA'DEH R, et al,2016. The impact of knowledge management on innovation: An empirical study on Jordanian consultancy firms [J]. Management Research Review, 39 (10): 1214 - 1238.

ODE E, AYAVOO R,2020. The mediating role of knowledge application in the relationship between knowledge management practices and firm innovation[J]. Journal of Innovation & Knowledge, 5(3): 210 - 218.

EUROSTAT,2005. Oslo manual, guidelines for collecting and interpreting innovation data(3ed)[M]. Paris: OECD Publishing.

PANNE G V D, BEERS C V, KLEINKNECHT A,2011. Success and failure of innovation: a literature review[J]. International Journal of Innovation

Management，7(3)：309 – 338.

PEKOVIC S，GALIA F，2009. From quality to innovation：Evidence from two French Employer Surveys[J]. Technovation，29(12)：829 – 842.

PENROSE E T，1959. The Theory of the Growth of the Firm[M]. New York：Wiley.

PERDOMO-ORTIZ J，2006. Total quality management as a forerunner of business innovation capability[J]. Technovation，26(10)：1170 – 1185.

PERDOMO-ORTIZ J，GONZÁLEZ-BENITO J，GALENDE J，2009. The intervening effect of business innovation capability on the relationship between total quality management and technological innovation [J]. International Journal of Production Research，47(18)：5087 – 5107.

PHELPS C C，2010. A longitudinal study of the influence of alliance network structure and composition on firm exploratory innovation[J]. Academy of Management Journal，53(4)：890 – 913.

PLESSIS DU M，BOON J A，2004. Knowledge management in e-business and customer relationship management：south african case study findings[J]. International Journal of Information Management，24(1)：73 – 86.

PODOLNY J M，1993. A status-based model of market competition[J]. American Journal of Sociology，98(4)：829 – 872.

PORTER M E，1996. What is strategy? [J]. Harvard Business Review，(8)：61 – 78.

PRAHALAD C K，1997. HAMEL G. The core competence of the corporation [M]. Strategische Unternehmungsplanung/Strategische Unternehmungsführung. Springer.

PRAJOGO D I，SOHAL A S，2001. TQM and innovation：a literature review and research framework[J]. Technovation 21(9)：539 – 558.

PRAJOGO D I，SOHAL A S，2003. The relationship between TQM practices，quality performance，and innovation performance：An empirical examination[J]. International Journal of Quality Reliability Management，20(8)：901 – 918.

PRAJOGO D，SOHAL A，2004. The sustainability and evolution of quality improvement programmes-an australian case study [J]. Total Quality Management & Business Excellence，15(2)：205 – 220.

PRAJOGO，D I，SOHAL A S，2006. The Integration of TQM and

technology/R&D management in determining quality and innovation[J]. The International Journal of Management Science, 34 (3): 296 - 312.

PRIEM R L, BUTLER J E, 2001. Is the resource-based "view" a useful perspective for strategic management research [J]. Academy of Management Review, 26(1):41 - 56.

REED F M, WALSH K, 2000. Technological innovation within the supply chain[C] // IEEE international conference on management of innovation & technology.

ROFFE I, 1999. Innovation and creativity in organisations: a review of the implications for training and development [J]. Journal of European Industrial Training, 23(4/5):224 - 241.

RUBIN P H, 1973. The Expansion of Firms[J]. Journal of Political Economy, 81(4):936 - 949.

RYAN R M, DECI E, 2014. Self-Determination Theory[J]. International encyclopedia of the social & behavioral sciences, 91(2):486 - 491.

SADIKOGLU E, ZEHIR C, 2010. Investigating the effects of innovation and employee performance on the relationship between total quality management practices and firm performance: an empirical study of turkish firms[J]. International Journal Of Production Economics, 127(1): 13 - 26.

SAFFAR A G A N, OBEIDAT M A, 2020. The effect of total quality management practices on employee performance The moderating role of knowledge sharing[J]. Management Science Letters, 10(1):77 - 90.

SAIDU N S, DALEEP P, SHRADHA M B, 2016. Openinnovation a new paradigm in innovation landscape: an analytical overview[J]. International Journal of Innovative Research and Development, 5(7): 70 - 76.

SANTOS-VIJANDE M L, ÁLVAREZ-GONZÁLEZ L I, 2007. Innovativeness and organizational innovation in total quality oriented firms: The moderating role of market turbulence[J]. Technovation, 27(9): 514 - 532.

SARAPH J V, BENSON P G, SCHROEDER R G, 1989. An instrument for measuring the critical factors of quality management[J]. Decision sciences, 20(4): 810 - 829.

SCHNEIDER S, SPIETH P, 2013. Business model innovation: towards an integrated future research agenda[J]. International Journal of Innovation Management, 17(01):1340001.

SCHOENECKER T，SWANSON L，2002. Indicators of firm technological capability: validity and performance implications[J]. IEEE Transactions on Engineering Management，49(1): 36 – 44.

SCHUHMACHER A，GERMANN P G，TRILL H，et al，2013. Models for open innovation in the pharmaceutical industry[J]. Drug Discovery Today，18(23 – 24):1133 – 1137.

SCHUMPETER J A，1942. Socialism，capitalism and democracy[M]. New York: Harper and Row.

SHUJAHAT M，SOUSA M J，HUSSAIN S，et al，2019. Translating the impact of knowledge management processes into knowledge-based innovation: The neglected and mediating role of knowledge-worker productivity[J]. Journal of Business Research,(94): 442 – 450.

SINGH P J，SMITH A J R，2004. Relationship between TQM and innovation: an empirical study[J]. Journal of Manufacturing Technology Management，15(5): 394 – 401.

SIRMON D G，HITT M A，IRELAND R D，et al，2011. Resource orchestration to create competitive advantage[J]. Social Science Electronic Publishing，37(5):1390 – 1412.

SLATER S F，NARVER J C，1998. Customer-led and market-oriented: let's not confuse the two[J]. Strategic Management Journal，19(10): 6.

SONG M，DROGE C，CALANTONE H R，2005. Marketing and technology resource complementarity: an analysis of their interaction effect in two environmental contexts[J]. Strategic Management Journal，26(3): 259 – 276.

SONG X M，PARRY M E，1993. R&D-marketing integration in japanese high-technology firms: hypotheses and empirical evidence[J]. Journal of the Academy of Marketing Science，21(2): 125.

SOUSA R，VOSS C A，2002. Quality management revisited: a reflective review and agenda for future research [J]. Journal of Operations Management，20(1):91 – 109.

SOUSA R，VOSS C A，2001. Quality management: universal or context dependent[J]. Production & Operations Management，10(10):383 – 404.

SPENCER B，1994. Models of organizational and total quality management: a comparison and critical evaluation [J]. The Academy of Management Review，19(3):446 – 471.

SPENDER J C,1996. Organizational knowledge, learning and memory: three concepts in search of a theory [J]. Journal of organizational change management, 9(1): 63 – 78.

SPITHOVEN A, CLARYSSE B, KNOCKAERT M, 2010. Building absorptive capacity to organise inbound open innovation in traditional industries[J]. Technovation, 30(2), 130 – 141.

STARBUCK W H, GREVE A, HEDBERG B,1978. Responding to crises[J]. Journal of Business Administration, 9(2): 111 – 137.

SU Q, LI Z, ZHANG S, LIU Y,2008. The impacts of quality management practices on business performance: an empirical investigation from China [J]. International Journal of Quality&Reliability Management, 25(8): 809 – 823.

SUBRAMANIAM M, YOUNDT M A,2005. The influence of intellectual capital on the types of innovative capabilities[J]. Academy of ManagemenT Journal, 48(3): 450 – 463.

SULL D N,1999. Why good companies go bad[J]. Harvard Business Review, 77(4):42 – 48.

SUN Y, LIU J, DING Y,2020. Analysis of the relationship between open innovation, knowledge management capability and dual innovation [J]. Technology Analysis & Strategic Management, 32(1): 15 – 28.

TARI J J, MOLINA J F, CASTEJON J L,2007. The relationship between quality management practices and their effects on quality outcomes[J]. European Journal of Operational Research, 183(2):483 – 501

TEECE D J,2008. Dosi's technological paradigms and trajectories: insights for economics and management[J]. Industrial and Corporate Change, 17 (3): 507 – 512.

TEECE D J,1986. Profiting from technological innovation: Implications for integration, collaboration, licensing and public policy[J]. Research Policy, 15(6):285 – 305.

TEECE D, PISANO G, 1994. The dynamic capabilities of firms: an introduction[J]. Industrial & Corporate Change, 3(3):537 – 556.

TERZIOVSKI M, GUERRERO J L, 2014. ISO 9000 quality system certification and its impact on product and process innovation performance [J]. International Journal of Production Economics, 158:197 – 207.

TRITOS L, PRAJOGO D I, ADEBANJO D,2014. The relationships between firm's strategy, resources and innovation performance: resources - based view perspective[J]. Production Planning & Control, 25(15):1231 - 1246.

TSAI, CHEN-YI, JULIA L, SHIH FANG,2008. The paradox of threat and organizational inertia [M]. International Conference on Business and Information, Seoul, South Korea.

UTTERBACK J M,SUAREZ F F,1993. Innovation,competition,and industry structure[J]. Research Policy, 1993,22(1):1 - 21.

VRANDE V, et al,2009. Open innovation in SMEs: trends, motives and management challenges[J]. Technovation, 29(6 - 7): 423 - 437.

VANHAVERBEKE W, BELDERBOS R, DUYSTERS G, et al, 2015. Technological performance and alliances over the industry life cycle: evidence from the ASIC industry [J]. Journal of Product Innovation Management, 32(4):556 - 573.

WANG C L, AHMED P K,2004. Leveraging knowledge in the innovation and learning process at GKN [J]. International Journal of Technology Management, 27(6 - 7):674 - 688(15).

WANG Q, TUNZELMANN N, 2000. Complexity and the functions of the firm: breadth and depth[J]. Research Policy, 29(7 - 8): 805 - 818.

WERNERFELT B,2011. Invited editorial: The use of resources in resource acquisition[J]. Journal of Management, 37(5):1369 - 1373.

WERNERFELT, BIRGER, 1984. A resource-based view of the firm [J]. Strategic management journal, 5(2): 171 - 180.

WEST J, GALLAGHER S,2006. Challengers of open innovation: the paradox of firm investment in open-source software [J]. R&D Management, 36: 319 - 331

WIKLUND H, 2016. The challenge of integrating innovation and quality management practice [J]. Total Quality Management & Business Excellence, 27(1 - 2): 34 - 47.

WIND J, MAHAJAN V, 1997. Issues and opportunities in new product development:An Introduction to the special issue[J]. Journal of Marketing Research, 34(1): 1 - 12.

WOLFE R A,1994. Organizational innovation: review, critique and suggested research directions[J]. Journal of Management Studies, 31(3): 405 - 431.

WU S J, ZHANG D,2013. Analyzing the effectiveness of quality management practices in China[J]. International Journal of Production Economics，144 (1)：281 - 289.

XIE Y, BOADU F, CHEN Z, et al, 2022. Multinational enterprises' knowledge transfer received dimensions and subsidiary innovation performance：the impact of human resource management practices and training and development types[J]. Frontiers in Psychology，13.

YEUNG A C L, CHAN L Y, LEE T S,2003. An empirical taxonomy for quality management systems：a study of the hong kong electronics industry [J]. Journal of Operations Management，21(1)：45 - 62.

YOON E,1995. New industrial product performance：the effects of market characteristics and strategy[J]. Journal of Product Innovation Management，2 (3)：134 - 144.

YOUNDT S M A,2005. The influence of intellectual capital on the types of innovative capabilities[J]. The Academy of Management Journal，48(3)：450 - 463.

YOUNÈS M E, MOSTAPHA I E, ZAKARIA L, 2023. Soft quality management practices and product innovation ambidexterity：the mediating role of market orientation ambidexterity [J]. European Journal of Innovation Management，26(5)：1333 - 1364.

ZAHRA S A, IRELAND R D, HITT M A,2000. International expansion by new venture firms：international diversity, mode of market entry, technological learning, and performance [J]. Academy of Management Journal，43(5)：925 - 950.

ZAHRA S A, NIELSEN A P,2010. Sources of capabilities, integration and technology commercialization[J]. Strategic Management Journal，23(5)：377 - 398.

ZENG J, CHI A P, MATSUI Y,2015. The impact of hard and soft quality management on quality and innovation performance：An empirical study [J]. International Journal of Production Economics,(162)：216 - 226.

ZHANG D, LINDERMAN K, SCHROEDER R G, 2012. The moderating role of contextual factors on quality management practices[J]. Journal of Operations Management，30(1 - 2)：12 - 23.

ZHAO X, YEUNG A C L, LEE T S, 2004. Quality management and

organizational context in selected service industries of China[J]. Journal of operations management，22(6)：575－587.

ZHENG L，MA P C，HONG J F L，2022. Internal embeddedness of business group affiliates and innovation performance：Evidence from China[J]. Technovation，(116)：102494.

ZOLLO M，WINTER S G，2002. Deliberate learning and the evolution of dynamic capabilities[J]. Organization science，13(3)：339－351.

安世民,张祯,2020.心理资本对突破性创新绩效的影响研究:基于隐性知识获取的中介作用[J].技术经济,39(11):97－105.

白景坤,2007. 基于组织惰性视角的组织理论演进路径研究[J].经济与管理,21(12)：157－160.

白景坤,2009. 组织惰性的生成与克服研究[D]. 东北财经大学.

白景坤, 2017. 组织惰性生成研究:环境选择、路径依赖和资源基础观的整合[J]. 社会科学,(3)：55－65.

白俊红,蒋伏心,2015. 协同创新、空间关联与区域创新绩效[J]. 经济研究,50(7)：174－187.

曹艳华,姜丽璇,周键,2021.中小企业创新网络、资源拼凑与创新绩效:被调节的中介模型[J].管理现代化,2021,41(06)：62－68.

曾珍,王宗军,2017. 政府质量奖对质量管理实践与企业绩效关系的调节效应：基于新制度主义理论[J].管理评论,(10)：180－197.

陈传明,张敏,2005. 企业文化的刚性特征及其克服[J].江海学刊,(2):76－81.

陈国权,马萌,2000.组织学习的过程模型研究[J].管理科学学报,(3):15－23.

陈太义,张月义,2023.质量管理创新对产品创新影响实证研究[J].科研管理,44(4):136－143.

陈小洪,2009.中国企业 30 年创新:机制、能力和战略[J].管理学报,6(11)：1421－1429.

翟晓荣,刘云,2023.国际化战略、资源基础与新能源汽车企业创新绩效:基于模糊集定性比较分析[J].中国科技论坛,(10)：95－104.

董振林,2017. 外部知识搜寻、知识整合机制与企业创新绩效:外部环境特性的调节作用[D].吉林大学.

杜海东,严中华,2013.环境动态性对战略导向与产品创新绩效关系的调节作用:基于珠三角数据的实证研究[J].研究与发展管理,25(06)：27－33.

奉小斌,2015. 质量管理实践与企业创新真的相悖吗?:以组织学习为中介变量的实证研究[J].研究与发展管理,(5)：88－98.

高桃璇,陈铭,王国长,2018.基于函数型数据的中国经济区划分[J].数理统计与管理,37(04):669-681.

桂波,2011.组织学习,组织惯性与企业战略变革[J].中国商论,(20):249-250.

郭海,沈睿,2014.如何将创业机会转化为企业绩效:商业模式创新的中介作用及市场环境的调节作用[J].经济理论与经济管理,(03):70-83.

郭晓玲,李凯,石俊国,2021.买方市场势力、市场竞争环境与研发投入:基于高新技术上市公司的经验证据[J].科研管理,42(11):129-136.

韩磊,2021.企业质量管理实践与新产品开发绩效关系研究[D].江苏大学.

何培旭,王晓灵,李泽,2019.市场创新关键资源、市场创新模式、战略地位优势与企业绩效[J].华东经济管理,33(02):44-53.

侯鹏,刘思明,2013.内生创新努力、知识溢出与区域创新能力:中国省级面板数据的实证分析[J].当代经济科学,35(06):14-24,122.

姜鹏,苏秦,党继祥等,2009.不同类型的质量管理实践与企业绩效影响机制的实证研究[J].中国软科学,(7):134-143.

姜鹏,苏秦,张鹏伟,2013.质量管理实践与企业绩效关系模型研究:扩展知识路径的研究视角[J].科学学研究,31(6):904-912.

姜鹏,苏秦,2013.质量管理:企业绩效关系模型研究述评与展望[J].外国经济与管理,35(1):47-54.

姜涛,2015.质量管理实践对组织运营惯例更新的作用机制研究[D].浙江大学.

蒋勇,2013.制造企业质量管理实践与企业绩效关系实证研究[D].重庆大学.

荆宁宁,龚晓明,胡汉辉,2007.从波多里奇卓越绩效准则的变化看质量管理的演变[J].科学学与科学技术管理,28(10):163-167.

赖俊明,2017.基于分层线性模型的质量管理实践对新产品开发的影响研究[J].科技管理研究,(21):203-212.

李军锋,龙勇,杨秀苔,2009.质量管理的核心活动与基础活动:重庆制造业的实证研究[J].南开管理评论,(6):150-157.

李军锋,2009.质量管理与企业绩效:一个制造技术的视角[D].重庆大学.

李立颖,2023.虚拟集聚联盟、知识资源整合与企业创新:对二元能力悖论治理的思考[J].湖北经济学院学报(人文社会科学版),20(11):54-58.

李敏,杜鹏程,孙丽丽,2016.国际创新绩效研究领域的知识图谱和热点主题[J].中国科技论坛,(6):28-34.

李鸣,2019.质量管理实践,知识转移与企业创新绩效关系研究[D],江苏大学.

李全喜,孙磐石,金凤花,2011. 质量管理与组织创新、组织绩效的关系:以我国制造类企业为例的实证研究[J]. 科技进步与对策,28(6):88-93.

李泽,何培旭,彭正龙,2017. 关键资源获取、新产品创造性、战略地位优势与新服务产品开发绩效[J]. 科学学与科学技术管理,(07):131-142.

李钊,苏秦,宋永涛,2008. 质量管理实践对企业绩效影响机制的实证研究[J]. 科研管理,29(1):41-47.

梁欣如,许庆瑞,2006. TQM 是否阻碍了全员创新?:TQM 的管理控制模式与全员创新模式[J]. 中国地质大学学报(社会科学版),6(2):48-53.

廖筠,魏孟华,赵雪伟,2023. 市场竞争强度对企业开放度的影响:基于吸收能力的调节效应分析[J]. 现代财经(天津财经大学学报),43(01):103-121.

林山,蓝海林,黄培伦,2004. 组织学习、知识创新与组织创新的互动研究[J]. 科学管理研究,(05):26-28,82.

林毅夫,张鹏飞,2005. 后发优势、技术引进和落后国家的经济增长[J]. 经济学(季),(04):53-74.

刘德胜,谢明磊,张鲁秀,2022. 关系作为中小企业创新资源的来源:客户共创的中介效应[J]. 科研管理,43(11):134-142.

刘海建,2012. 企业战略演化中的惯性:概念、测量与情境化[J]. 中央财经大学学报,(4):55-61.

刘海建,2005. 企业组织结构刚性与企业战略调整[D]. 南京大学.

刘敏,2011. 知识型企业组织惯性的维度构成及实证研究[D]. 东华大学.

刘睿泳,2010. TQM 对企业创新绩效的影响和作用机制研究[D]. 浙江大学.

刘思明,赵彦云,侯鹏,2011. 区域创新体系与创新效率:中国省级层面的经验分析[J]. 山西财经大学学报,33(12):9-17.

刘新艳,赵顺龙,2014. 集群氛围对集群内企业创新绩效的影响研究:以企业创新能力为中介变量[J]. 科学学与科学技术管理,(7):31-39.

刘源张,2012. 中国的质量,日本的质量:我的"双城记"[J]. 上海质量,(3):17-20.

刘振,黄丹华,2021. "一带一路"参与、高管海外背景与企业技术创新[J]. 管理科学,34(04):71-88.

娄琬婷,龚丽敏,张一驰. 政府补贴对创业企业的创新绩效影响研究[J/OL]. 科学学研究:1-17.

罗洪云,张庆普,2015. 知识管理视角下新创科技型小企业突破性技术创新过程研究[J]. 科学学与科学技术管理,36(03):143-151.

吕一博,韩少杰,苏敬勤,2016. 企业组织惯性的表现架构:来源、维度与显现路径[J]. 中国工业经济,(10):144-160.

孟佳佳,2013. 双元营销能力对企业绩效的影响研究[D]. 大连理工大学.

倪奇红,2012. 组织惯性的维度构成探讨[J]. 现代营销,(10):38-39.

彭新敏,2009.权变视角下的网络联结与组织绩效关系研究[J]. 科研管理,30(3):47-55.

綦良群,王曦研,2022.先进制造企业外部资源获取、协同能力与服务创新绩效研究[J].学习与探索,(10):113-120.

秦剑,王迎军,2010. 跨国公司在华突破性创新的关键资源研究[J].科学学研究,28(8):1273-1280.

沈方达,胡振强,陈曦,2019. 质量管理体系分级量化评价方法[J].信息技术与标准化,(6):67-70.

史丽萍,刘强,2015. 企业质量管理成熟度的评价[J].统计与决策,(3):183-185.

宋华,麦孟达,2018. 供应链知识管理及其二元能力对企业绩效的影响[J].中国流通经济,32(12):63-74.

宋永涛,苏秦,2016. 质量管理实践、新产品开发能力与新产品开发绩效关系研究[J].科技进步与对策,33(09):79-85.

苏博聪,2008. 组织惯性研究文献综述[J].现代商贸工业,20(11):63-64.

苏秦,宋永涛,刘威延,2010. 中国企业质量管理成熟度研究[J].科学学与科学技术管理,31(9):172-177.

苏文杰,2006. 国外质量管理实践和理论的发展研究[J].北华航天工业学院学报,16(6):25-29.

隋静,和金生,于建成,2005. 质量知识价值链分析和质量改进与创新研究[J].西安电子科技大学学报(社会科学版),15(4):54-59.

孙卫,张凌祥,林子鹏,2021. 质量管理实践对企业创新绩效的影响:市场竞争强度的调节作用[J].科技进步与对策,38(7):95-104.

孙卫,赵冰馨,任恋,2024."内外兼修"的质量管理能力如何影响企业创新绩效:来自开放式创新视角[J].科技进步与对策,41(04):43-53.

王立生,2007.社会资本、吸收能力对知识获取和创新绩效的影响研究[D].浙江大学.

王龙伟,李垣,王刊良,2004. 组织惯性的动因与管理研究[J].预测,23(6):1-4.

王萍,宋合义,2003. 不同所有制企业组织结构的差异研究[J].系统工程理论与实践,23(8):96-99.

王天力,2013. 隐性知识获取、吸收能力与新创企业创新绩效关系研究[D].吉林大学.

王伟成,2017. 我国制造业质量管理实践与绩效关系研究[D].天津大学.

王晓辉,2013. 企业社会资本、动态能力对企业成长影响研究[D].辽宁大学.

王志莲,张红,2003. TCL集团组织创新研究[J].经济问题探索,(4):83-87.

卫刚,2002. 企业组织创新研究[D].天津财经大学.

卫汉华,田也壮,杨洋,2011. 产品创新度与创新绩效:技术波动程度的调节作用
[J].研究与发展管理,23(2):8-16.

魏江,许庆瑞,1994. 企业技术创新机制的概念、内容和模式[J].科学学与科学
技术管理,(6):4-7.

吴航,陈劲,郑小勇,2014. 新兴经济体中企业国际多样化与创新绩效:所有权结
构的调节效应[J].科研管理,35(11):77-83.

谢玉华,雷小霞,2009. 员工参与:内容与研究方法:中外研究比较[J].湖南大学
学报(社会科学版),23(6):49-52.

辛蔚,何地,孙凯,2018.创新视角下动态能力研究综述:脉络梳理及理论框架构
建[J].技术经济与管理研究,(06):44-48.

熊伟,奉小斌,2012. 基于企业特征变量的质量管理实践与绩效关系的实证研究
[J].浙江大学学报(人文社会科学版),42(1):188-200.

徐冬明,2014. 中国制造企业质量管理成熟度实证研究[D].天津大学.

徐龙炳,李科,2010. 政治关系如何影响公司价值:融资约束与行业竞争的证据
[J].财经研究,36(10):60-69.

徐巧玲,2013.知识管理能力对企业技术创新绩效的影响[J].科技进步与对策,
30(02):84-87.

许佳琪,汪雪锋,雷鸣,等,2023.从突破性创新到颠覆性创新:内涵、特征与演化
[J].科研管理,44(02):1-13.

许庆瑞,郑刚,陈劲,2006. 全面创新管理:创新管理新范式初探:理论溯源与框
架[J].管理学报,3(2):135-142.

许庆瑞,2007. 全面创新管理[M],科学出版社,北京.

许小东,2000. 组织惰性行为初研[J].科研管理,21(4):56-60.

杨晶照,杨东涛,赵顺娣,2011.“我是”“我能”“我愿”:员工创新心理因素与员工
创新的关系研究[J].科学学与科学技术管理,32(4):165-172.

杨磊,刘海兵,2022.创新情境视角下的开放式创新路径演化[J].科研管理,43
(02):9-17.

杨雪娟,原珂,2022.战略性新兴产业质量管理实践对创新绩效的分维度影响:源
自广东企业2014—2018年的抽样调查[J].国际商务(对外经济贸易大学学
报),(04):139-156.

杨震宁,侯一凡,2022.协同创新网络资源供给、企业创新需求、供需关系与创新

绩效：基于中国科技园数据的实证分析[J].珞珈管理评论，(06)：17-45.

姚铮，2016.开放式创新中企业资源禀赋对新产品开发绩效作用机理研究[D].湖南大学.

余红伟，谭琳，2017.质量管理模式能提高企业创新效率吗？：基于2015年中国企业员工匹配调查数据的实证研究[J].北京工商大学学报(社会科学版)，(02)：104-113.

张刚，1999.知识经济与高等学校[J].重庆大学学报(社会科学版)，1999(01)：22-24.

张江峰，2010.企业组织惯性的形成及其对绩效的作用机制研究[D].西南财经大学.

张琳，席酉民，杨敏，2021.资源基础理论60年：国外研究脉络与热点演变[J].经济管理，43(9)：189-208.

张群祥，奉小斌，2014.质量管理实践对创新绩效影响的实证研究：技术战略导向的调节效应[J].宏观质量研究，(4)：89-99.

张群祥，2015.质量管理实践对企业创新绩效的作用机制研究[M].北京：中国社会科学出版社.

张群祥，2012.质量管理实践对企业创新绩效的作用机制研究：创新心智模式的中介效应[D].浙江大学.

张营营，2014.组织学习、组织惯性和创新绩效的关系研究[D].东北财经大学.

张颖，刘梦晓，胡蕊，等，2021.全面质量管理与创新的中介变量研究：基于组织文化智力视角[J].管理评论，33(08)：116-127.

张志强，刘璇，王立志，2020.双元创新视角下不同质量能力对技术创新的影响[J].科技管理研究，40(08)：1-6.

赵杨，刘延平，谭洁，2009.组织变革中的组织惯性问题研究[J].管理现代化，(1)：39-41.

周锋，顾晓敏，韩慧媛，何建佳，2021.质量管理实践、吸收能力与创新绩效：基于船舶企业智能制造视角[J].科技进步与对策，38(07)：67-75.

朱云鹃，陈金标，2024.跨界搜寻联合与匹配平衡对企业技术创新绩效的影响：知识耦合的中介作用与柔性惯例的调节作用[J].软科学，38(02)：95-102,144.